本书获得教育部人文社会科学研究青年基金项目
(项目批准号：19YJC790096)的资助

贸易增加值核算
在开放宏观经济领域中的应用

The Application of Value Added Accounting in Open Macroeconomic Field

牛 华◎著

经济管理出版社
ECONOMY & MANAGEMENT PUBLISHING HOUSE

图书在版编目（CIP）数据

贸易增加值核算在开放宏观经济领域中的应用/牛华著. —北京：经济管理出版社，2019.9
ISBN 978-7-5096-6679-1

Ⅰ.①贸… Ⅱ.①牛… Ⅲ.①对外贸易—贸易增长—经济核算—应用—中国经济—宏观经济分析—研究 Ⅳ.①F752 ②F221 ③F123.16

中国版本图书馆 CIP 数据核字(2019)第 118545 号

组稿编辑：任爱清
责任编辑：任爱清
责任印制：黄章平
责任校对：王纪慧

出版发行：经济管理出版社
（北京市海淀区北蜂窝 8 号中雅大厦 A 座 11 层 100038）
网　址：www.E-mp.com.cn
电　话：（010）51915602
印　刷：北京虎彩文化传播有限公司
经　销：新华书店
开　本：720mm×1000mm/16
印　张：14.5
字　数：236 千字
版　次：2019 年 9 月第 1 版　　2019 年 9 月第 1 次印刷
书　号：ISBN 978-7-5096-6679-1
定　价：68.00 元

前　言

随着各经济体对外开放步伐的逐步推进，全球生产碎片化和贸易格局加速发展。中间投入品在不同经济体之间多次循环与往复，造成官方贸易总值中出现了相当比例的重复统计，但是决策者仍然依据传统观念和模型来解决开放宏观经济领域中的问题，这样可能会使制定出的贸易政策具有误导性。近年来，前沿统计方法和全球价值链经济理论相继取得重大突破，使基于贸易增加值核算的数据能够为开放宏观经济领域中的贸易失衡、实际有效汇率、垂直专业化分工及显性比较优势等核心问题提供新思路及新见解。综观国内外研究文献不难发现，已有学者对这些问题进行了探索，然而在研究视角、研究方法及研究对象上还有待于进一步改善。

本书着眼于中国实际，采用贸易增加值核算理论与实证相结合的方法，对以下五个方面进行研究：

第一，对主要贸易增加值核算理论的产生及发展进行比较分析。研究发现，贸易增加值核算方法是以垂直专业化方法为基础，通过对其严格假定逐步放松而得，同时贸易增加值核算方法使垂直专业化得以度量且更加准确。贸易增加值核算依托国家投入产出模型和世界投入产出模型两个路径并行发展，一方面，通过对生产活动不断细化以提高出口国内增加值核算的准确度，以我们掌握资料来看，区别企业性质和加工贸易的国家投入产出模型是核算中国、墨西哥等具有二元贸易特征经济体最为准确的模型；另一方面，通过对出口总值分解的不断细化以提高出口中各部分增加值核算的准确度，截至目前，利用世界投入产出模型可以将总出口分解为16种不同性质的增加值，它为贸易增加值核算应用在方法选择方面提供了一定的理论基础。

第二，参照 Nagengast（2014）方法，根据跨境次数原则构建贸易失衡的分解模型，并以此测算中国双边及单边贸易失衡规模；通过从双边贸易伙伴对第三国吸收的增加值、第三国吸收双边贸易伙伴的增加值、间接出口、折返值和重复统计四个方面来解释总值和增加值口径下双边贸易失衡差异的原因。研究发现：相对于官方贸易统计结果，中国与主要贸易伙伴的贸易增加值国别（地区）失衡状况明显好转，美国仍然是中国最大顺差来源国，2011 年顺差扩大到 1961.728 亿美元，占当年中国对外贸易顺差的 66.56%，同时，基于增加值核算的贸易顺差比总值顺差少 17.40%；就所有贸易伙伴而言，总值差额与增加值差额还存在小于（同号）、异号等两种关系，根据绝对值大小和总值差额符号可以将不同视角下失衡结果分为 6 个类别。此外，贸易增加值核算方法并没有改变中国与其他国家（地区）的总体贸易失衡规模，1995～2008 年中国对外贸易一直呈现顺差状态，其规模整体呈现明显的上升趋势。

第三，在贸易增加值视角下重新构建实际有效汇率测算模型，利用贸易增加值核算数据、生产者价格指数及名义汇率分别测算国家和行业层面的实际有效汇率，并将其与总值口径下实际有效汇率进行对比。研究发现：考察期间基于增加值测算的国家实际有效汇率升值幅度约为 16%，行业实际有效汇率的波动范围为［-10%，20%］，尽管两者变化趋势存在一定程度的相似性，但是国家层面实际有效汇率无法解释行业实际有效汇率的异质性；不同视角下相同行业实际有效汇率存在不同程度的差异，普遍表现为贸易增加值实际有效汇率高于总值实际有效汇率，即后者低估了行业出口竞争力的恶化程度。在实际有效汇率变动的贸易效应研究中，面板估计结果显示行业实际有效汇率对出口的解释程度高于加总行业层面；基于出口总值测算的弹性系数有下降趋势，全球化在出口弹性系数下降过程中起到了自然对冲作用，而基于出口增加值测算的弹性系数基本保持不变。

第四，基于总贸易核算方法构建垂直专业化分工指数，中国服务业整体垂直专业化份额呈上升趋势，年均增长率为 1.60%；出口国外增加值来源呈现多元化趋势，作为中国主要进口来源地的 20 个经济体总计占比从 1995 年的 74.75% 下降到 2011 年的 61.24%；新兴工业经济体和部分发达国家是中国服务业出口国外增加值的主要来源地，来自俄罗斯、墨西哥、巴西和印度等新兴市场经济体的国外增加值份额增长较快；资本密集型服务业垂直专业化程度明显高于知识、劳动密集型服务业及公共服务业；就细分行业而言，中国服务业出口中隐含的日本、中国台湾和希腊三个经济体的增加值份额都呈现不同程度的下降趋势。此外，本书还对全球十大贸易出口国的垂直专业化水平及发展速度进行了国际比较，中国服务业国际分工参与程度和发展速度均处于中等水平，水上运输是提升中国资本密集型服务业全球参与水平的关键产业，批发贸易、租赁和其他商业服务分别是导致劳动密集和知识密集领域国际分工参与度增速发展缓慢的主要行业。

第五，基于前向联系增加值核算方法修正显性比较优势指数，并测算出中国服务业按要素密集分类及行业分类的显性比较优势指数，研究显示：服务业比较优势集中在资本密集型服务业领域，且实现了比较劣势向比较优势的转变；劳动、知识密集型服务业及公共服务业均尚未取得比较优势，但是有迹象表明三个领域的比较优势有改善的趋势。与基于前向联系增加值核算结果相比，基于总出口核算结果“高估”了劳动密集型产业的比较优势，其中对建筑业和零售贸易两个行业的估计偏差最大；同时，在资本、知识密集型两个领域存在不同程度的“低估”现象；在与美国的比较中发现，中国大部分行业都不具有绝对比较优势，并且按要素密集度分类的服务业出口比较优势发展状况正好与美国相反。

目 录

第一章　导　论

当今世界，任何经济体都不能与其他经济体在完全隔离的状态下发展，尤其是在全球经济一体化的背景下，没有一个经济体可以脱离世界经济而独立发展，现实中每个经济体社会发展的各个领域都与其外部经济密切相关，而对外贸易是将各经济体联系在一起的重要“纽带”，是促进经济增长的重要动力。由于长期受限于运输与通信成本的制约，国际贸易主体为最终产品，当今集装箱船和互联网技术的发展使分布于全球各地的贸易往来成为可能，中间品替代最终产品成为国际贸易的主体（Miroudot et al.，2009）。正如世界贸易组织（Word Trade Organization，WTO）统计学家贝尔·埃斯凯斯所说：“现阶段商品不再是由一个经济体生产，实际上由分布于世界各地的供应商生产。尽管它们在一个经济体组装，但是在生产过程中使用的原材料和零部件都来自其他经济体。”① 然而，现行的贸易统计标准暗含的假定为：无论产品生产过程复杂程度如何，其价值完全属于出口国（地区）。换言之，它只能测算产品总值，无法准确反映全球化生产过程中各经济体的实际贡献，产品出口国（地区）贸易额容易被高估。尤其是处于生产、组装等中间环节中经济体和新兴经济体往往被大幅度地高估，从而成为贸易伙伴打击的对象。

科学的国际贸易统计对象应该调整为各国家（地区）的贸易增加值，不再是货物和服务进出口总值，国际贸易统计机构应该像核算国内生产总值（GDP）那样核算贸易增加值。2010 年，WTO 在出台的官方文件中明确提出了贸易增加值核算，该方法能够更加准确地反映全球化时代国际贸易现状，同时有助于准确

① 经济日报，http：//news. xinhuanet. com/world/2013 -08/29/c_ 117139320. htm，2013 -08 -23.

评估贸易失衡、实际有效汇率、垂直专业化分工、显性比较优势等开放宏观经济领域中的重要问题，同时改变国际社会的传统贸易观念。

第一节 选题背景与研究意义

经济全球化催生了以全球价值链为特征的新型国际分工体系的建立与发展。当2008年全球经济危机爆发以后，许多发展中国家意识到完全依靠自力更生以实现工业化发展之路变得异常艰难，融入全球化的生产体系、通过要素比较优势以在全球价值链中获取财富成为发展中国家经济发展的快速通道（商务部，2016）。跨国企业为实现产品最小化的生产成本尽可能地细化生产工序，中间品贸易规模急剧增加。然而，现行的贸易统计方式却没有考虑到生产与贸易方式的新变化，仍然以跨越国境为主要统计标准，这种统计方式难以体现各经济体在全球化生产中的实际贡献，进而对开放宏观经济领域中的核心问题解释力日趋下降。鉴于此，对贸易统计方法的改革成为当今国际贸易领域面临的主要问题之一。2010年，WTO提出贸易增加值统计改革，同时联合其他国际研究机构和有关专家相继开展了贸易增加值核算方法的相关研究，试图更加清晰地反映包含在国际贸易流中各经济体的实际利益；与此同时，中国政府也高度重视与贸易增加值核算有关的议题。截至目前，国内外研究已经取得了较为丰硕的成果，研究方法日趋成熟。毋庸置疑，贸易增加值核算方法的改进将对以贸易流为基础的经济问题产生深刻影响。本书以当前经济全球化与国际生产共享为背景，拟专题探究贸易增加值核算在开放宏观经济领域中的应用，比较分析国内外各界关于贸易增加值核算方法的研究和工作进展。希望本书结论能为中国制定贸易政策和贸易发展战略以及相关决策研究提供数据参考。

一、选题背景

1. 全球价值链特征明显

随着通信技术、运输成本及国际贸易壁垒的降低，产品生产不再完全按照比较优势的原则仅局限在一个国家（地区）进行，而是以最终产品的形式进行国际贸易（吴明，2012），进而被分成若干个生产环节，这些生产环节分别由相应具有比较优势的国家（地区）完成，因此，商品在形成最终产品之前，已经吸收了多个经济体在产品设计、零部件制造、物流支持等方面的价值创造，因此，很多出口产品的价值实际上属于多个国家，而不是仅由最终出口该产品的经济体所有，全球价值链特征明显①。以苹果公司生产的IPAD为例，美国向中国进口一个中档IPAD的价格为290美元，但是中国贡献的增加值仅是海关统计的5%，其中芯片等电子产品来自韩国、日本和美国，电池由位于中国内地及香港地区的日本公司生产。电子产品并非是全球制造的唯一例子，第一架大型喷气式飞机在法国图卢兹组装完毕后出口新加坡，其机翼由英国和西班牙生产，德国则为其提供了制造客舱和机身的产品，将其定义为欧洲制造仍有争议，因为发动机是在美国的空中客车工业公司生产的，资料显示该公司零部件由分布在27个国家的1500个供应商提供（张磊，2015）。同制造业生产的国际分工一样，服务业也面临着全球“碎片化”的生产。联合国贸发会议（UNCTAD）2013年《贸易和发展报告》显示，全球范围内服务外包特别是离岸外包发展非常迅速，规模不断扩大，70%的服务进口属于中间产品，发展中国家通过承接服务外包融入到全球价值链体系中。

2. 融入全球价值链逐步成为共识

全球价值链有利于调动各国充分利用自身资源优势、参与全球产业分工、促进贸易和投资，并带动实现自身经济的发展，经过多年的海量计算和实证分析，各国已深刻认识到其功能及作用。

近年来，不同经济组织已经就融入全球价值链问题达成共识，同时多个全球价值链相关的国际研讨会相继在中国举行。2014年APEC第22次领导人非正式会议批准了《亚太经合组织推动全球价值链发展合作战略蓝图》《亚太经合组织贸易增加值核算战略框架》及《亚太经合组织贸易增加值核算战略框架行动计划》，目的是为了建立更加有效的全球管理体制和更好地实施全球贸易政策，为

① 联合国工业发展组织将全球价值链定义为实现商品的全部价值而连接生产、销售、回收处理等环节的全球性跨国企业，涉及原材料的购买、运输、中间产品和最终产品的生产与销售，直至最终产品的消费吸收的整个过程（UNIDO，2002）。

跨境产品带来增加值的各个贸易环节通畅地连接起来，从而促进亚太经济组织各经济体内部的全球价值链发展。《二十国集团领导人安塔利亚峰会公报》（2015年11月15～16日）显示“G20支持所有发展中国家的各种规模企业，尤其是中小企业，参与并充分利用全球价值链，同时鼓励发展中国家深入参与并创造更多价值”[①]。此外，2013年6月24～26日，中美全球价值链与经济结构调整国际讨论会在北京举办，会议认为，融入以发达国家为主导的全球价值链，进而布局发展中国家的全球价值链事关国际竞争力的提升和优势地位的巩固。2013年11月4日，中日全球产业价值链国际研讨会在西安举行，中日学者就“全球价值链在中国展开形式”“光伏产业全球价值链和贸易救济效应”“中国国内外价值链与区域间产业转移、碳强度分析”等问题进行了交流；2013年11月19日中欧全球价值链研讨会在北京举行，来自英国苏塞克斯大学、上海WTO事务咨询中心、清华大学等多个机构的学者分别就“中欧全球价值链创造”“全球价值链下开展贸易增加值案例分析方法”“中国出口的国内增加值及其所有制分布”等问题进行了汇报。鉴于融入全球价值链逐步成为各经济体的共识，可以预计基于全球价值链的国际分工体系会进一步走向深化。

3. 全球化生产对贸易统计的影响

作为世界上最大的发展中国家，中国在国际生产网络中往往承担着最后组装环节，这使在现行贸易统计方法下中国对最终品进口国经常出现巨额贸易顺差，这种顺差成为美国、加拿大、欧洲、亚非和拉美等国家和地区抵制中国出口的主要诱因，继而严重地阻碍了中国经济的健康发展。据统计，2015年上半年中国共计遭遇14个国家（地区）发起的贸易救济调查37起，其中反倾销案件32起，反补贴案件4起，保障措施1起；涉案金额高达35亿美元[②]，同样的情况还出现在墨西哥等加工出口占比较大的国家。另外，基于现有官方数据无法解释全球经济危机后的贸易规模的骤然下降。然而，理查德·柏木（Rudolfs，Bem）等[③]从全球价值链的视角对这一现象给予了合理的解释，例如，美国可能减少对日本出

① 二十国集团领导人安塔利亚峰会公报［N］．人民日报，2015－11－17.

② 资料源自商务部官网。

③ Rudolfs Bem，Robert Johnson，Kei－Mu Yi. The Collapse of Global trade：Update on the Role of Vertical Linkages［M］. The Great Trade Collapse：Causes Consequences and Prospects. A VoxEU. org Publication，2009.

口品的支出，而生产日本最终产品需要国内外中间投入，如果这些中间产品为来自美国的零部件生产，那么美国减少进口的同时可能引发本国出口品的减少。

全球生产过程“分段化”加速发展以及贸易模式迅速转变，国际贸易的对象不再是完整的产品而是产品的一部分（工序）。然而现行的国际贸易统计制度和方法没有考虑这些新变化，只统计产品跨境时的进出口总值，无法准确地描述产品的整个生产过程，由于不同国家生产的中间产品需要多次跨境，造成了不同程度的重复核算问题，间接贸易流的存在也扭曲了双边贸易失衡状况，从而容易导致误判宏观经济形势和错误决策贸易政策（商务部，2016），因此，亟须出现新的贸易统计方法来评价各个经济体在全球化生产中的实际利益。

全球价值链的发展正在迅速改变国际经济的相互作用方式，使许多分析、分类方式（如“原产国”）过时，这促使国际组织机构研究者不断探寻全新的可用于贸易政策分析的经济及统计学核算框架。2010 年 WTO 总干事拉米明确指出：“现行的贸易统计歪曲了国家间贸易不平衡，而应该考虑有多少增加值产生于贸易流中”（贾怀勤，2012）。此后 WTO 提出“世界制造倡议”，倡导国际贸易统计方式改革，如同国内生产总值核算一样，世界贸易也应采用增加值的核算方式以反映世界贸易的真实图景。同时 WTO 与其他国际组织合作率先开发可用于测度贸易增加值的方法，并形成了《东亚的贸易模式和全球价值链——从货物贸易到任务贸易》[①]《全球化与贸易流量：所见非所得》[②]《全球价值链和发展：全球经济中的投资和增加值贸易》[③] 等一系列有价值的研究成果。

4. 中国政府高度重视贸易增加值核算相关研究

为重新评估贸易伙伴之间贸易失衡及相关的国际竞争力，推动贸易自由化、投资便利化，促进国内经济结构调整与升级，根据国务院的指示，中国商务部政策研究室联合海关总署综合统计司、国家统计局国民经济核算司、国家外汇局国际收支司已经开展“全球价值链与国际贸易利益关系”的课题研究，其阶段研究成果“全球价值链与中国贸易增加值核算数据库”已经在商务部网站同步发布，包含 2010 ~ 2012 年三个年度的中国进出口增加值数据，研究者可以根据商

① 该报告由 WTO 和日本亚洲经济研究院（IDE - JETRO）于 2011 年 6 月发布。

② 该报告由 WTO 经济研究和统计司主任 Andreas Maurer 和 Christophe Degain 于 2010 年 6 月合著。

③ 该报告由联合国贸发会议（UNCTAD）于 2013 年 2 月 27 日发布。

品名称、商品编码、部门名称、部门编码、贸易伙伴①、贸易类型和年份七个维度查询生产者价格、进出口增加值、就业拉动、单位增加值、单位就业拉动、进出口总额六个度量指标。然而，一方面，虽然这些增加值数据可以在一定程度上反映中国对外贸易整体情况及与主要贸易伙伴的双边贸易不平衡，但受限于时间序列较短，无法准确地揭示近年来中国对外贸易的变迁；另一方面，由于增加值数据主要基于中国投入产出表核算，故其部门数据难以与其他经济体发布的统计结果相衔接。同时，商务部官方网站还实时披露政府为促进全球价值链相关工作进展和学术成果；诚然，这些研究在教育和学术界推广国际贸易领域这一新的理论探索和实践应用等方面起到了较大的促进作用，但是还未形成系统的研究成果。此外，在商务部的支持下对外经济贸易大学于 2015 年 5 月成立了全球价值链研究院，该机构致力于定期发布全球价值链相关研究报告，构建亚太地区贸易增加值数据库、中国企业微观数据库和电子商务大数据库，同时构建金融、税制改革和全球价值链 CGE 模型以定量化分析各经济指标之间的关联性。

5. 贸易增加值核算相关问题仍需深入

国内外贸易增加值核算还没有得到系统全面的探讨，尤其是在开放宏观经济中的应用。首先，一方面，尽管利用 OECD – WTO 发布的 TiVA（Trade in Value Added）数据库可以得到以总贸易额和增加值衡量的双边贸易差额，但这些增加值数据的可用年份仅为 1995 年、2000 年、2005 年、2008 ~ 2011 年七个年份，无法全面揭示中国对外贸易格局的变迁；另一方面，这些数据无法显示导致两者差异的原因。其次，尽管已有学者对贸易增加值视角下中国国家层面的实际有效汇率进行了重新测算，但是该研究并未深入到产业层面，同时其科学性有待讨论。相应地，实际有效汇率的贸易效应也需要在此逻辑下展开，而这些探讨对于中国正确认识出口行业的价格竞争力具有重要意义。最后，已有学者对中国垂直专业化分工及显性比较优势进行了探讨，然而这些研究在对象上则侧重于国家层面和制造业的探讨，对服务业的关注较少，此外，其测算指标还有进一步改进的空间。

当前在贸易增加值核算方法研究方面国际组织或发达国家具有先发优势，虽

① 并非所有贸易伙伴，仅含美国、欧盟、韩国、日本、印度和东盟。

然专家高屋建瓴、见识敏锐，但都是侧重于对某一核算方法的研究，缺乏对各种贸易增加值核算方法的原理、演化路径进行对比研究。国内学者以“融入者”的身份参与到贸易增加值核算方法的研究中，然而当前主要处于跟随模仿阶段。中国政府虽然高度关注全球价值链的相关研究，但尚未形成具有覆盖面广、连续、可比的贸易增加值数据，同时相关研究成果也呈现出碎片化的特点。此外，各国尚未使用统一的采集规则补充测算贸易增加值所需要的企业调查数据，所以目前还没有国际组织按照国际通行标准发布全球层面贸易增加值核算数据。因此，选择一套合适的方法对开放宏观经济中的核心问题进行研究就显得十分迫切与必要。一方面，本书对各种贸易增加值核算原理、演化路径进行对比研究，并将其作为构建贸易增加值核算的理论基础；另一方面，基于贸易增加值核算视角对开放宏观经济领域的核心问题进行重新研究，期望本书结果能够为相关政策制定提供决策依据。

总体来看，贸易增加值是当前的热点话题，也是世界贸易组织在未来相当长的一段时间内需要去直面和解决的难点问题。自 21 世纪以来，贸易增加值先后得到了国际贸易组织、各种经济组织、国内外学者和中国政府的高度关注，涌现了大量相关的研究，这充分说明了官方及学界对此问题关注度越来越高。因此，本书以贸易增加值核算在开放宏观经济领域中的应用为主题，不仅符合世界发展潮流，同时也紧随中国未来研究重点及热点。

二、研究意义

当前，全球价值链分工与贸易已经成为世界经济发展的显著特征，越来越多的商品（货物和服务）选择在技术、原材料价格和质量有竞争优势的经济体进行生产，这使以国境为界限的官方贸易统计数据无法正确地反映全球价值链中各个经济体实际价值的创造。以 WTO 为首的国际组织倡导使用贸易增加值评估各国在国际贸易中的利益，因此，本书《贸易增加值核算在开放宏观经济领域中的应用》具有重要理论意义和现实意义。

1. 可更正官方贸易核算的错误理念

官方贸易核算体系认为，一国（地区）出口（进口）的全部价值为该经济（贸易伙伴）生产活动的结果，因此，将其计入该经济体的贸易盈余（赤字）

中。事实上，通过对产品生产价值链的研究可知，这种观念存在一定的误区。从贸易产品的价值构成来看，不仅包括本经济体因投入劳动、资本、技术和管理等生产要素直接创造的增加值，还包括为生产这些产品所购进国外中间产品价值。因此，在出口产品中，只有直接增加值及国内中间投入品的价值才是出口经济体实际创造的价值，而进口的中间产品是其他经济体创造的价值，这些价值作为投入成本转移到本国（地区）出口产品的价值中。贸易增加值的核算理念将使统计部门更加准确地核算贸易不平衡问题，同时也使人们清楚地认识到各经济体之间的依赖程度，以达到透过现象看本质的目的。

2. 可进一步完善贸易增加值核算方法

核算方法是贸易增加值核算框架的技术难点，也是连接官方贸易统计数据与贸易增加值统计数据的“桥梁”。从 2001 年 Hummels 等提出以垂直专业化的角度核算一国（经济体）参与国际分工程度到 2013 年 Wang 等提出可以详细分解贸易流的总贸易核算方法以来，都在一定程度上推动了国际贸易增加值核算的发展。然而，贸易增加值核算方法仍然是一个不断发展的领域，对现有的贸易增加值核算方法进行研究，比较各种方法的优缺点及适用范围，厘清各种方法的区别与联系，可为进一步完善贸易增加值核算方法提供改进思路，这对于推进贸易增加值核算研究进程具有重要的理论意义。

3. 可为国际贸易统计核算制度修订提供理论基础

为了适应经济全球化的发展趋势，尽管 2002 年和 2008 年国际贸易组织先后对国际服务贸易统计制度及国际贸易统计核算制度进行了一系列修订，但是这些修订尚未触及贸易增加值核算。本书对国内外贸易增加值核算的理论及方法研究，可为国际贸易统计核算制度修订提供理论基础，并可能在一定程度上起到推动制度修订的作用。纵观国际贸易统计核算制度的修订历程不难发现，国际贸易核算制度修订一般会经历“国际贸易方式发生改变”“新概念的提出及研究”“国际谈判中涉及”和“国际贸易核算制度修订”四个阶段。其中“国际贸易方式发生改变”是贸易核算制度修订的起因与现实依据，“新概念的提出及研究”是对国际贸易方式的最直接反映，并为贸易核算制度修订提供理论基础，“国际谈判中涉及”突出了制度修订的紧迫性，并加速制度修订的进程，本书属于第二阶段范畴。

4. 可进一步推动国际贸易增加值的应用研究

一方面，本书利用改进的 Koopman 等（2012c）方法构造出一国的双边贸易净值分解模型，并对中国的双边贸易失衡度进行了重新测算，然而，尽管该研究侧重于国家层面失衡度的测算，但却可以推动产业层面失衡度的相关研究。另一方面，利用总贸易核算方法分别对中国 35 个行业的贸易增加值进行测算，首先，结合生产者价格指数和官方年度平均汇率两个指标测算 1999 ~ 2012 年 14 个制造业行业层面的实际汇率，填补了贸易增加值在实际汇率测算中的空白，由于目前尚不能够取得国际可比的行业生产者价格指数，本书还有待于进一步完善，但是在一定程度上可以推动国际贸易增加值在实际汇率测算方面的应用研究；其次，本书利用 17 个服务行业的前向增加值数据重新测算并分析了服务业的行业显性比较优势，并没有对 40 个经济体所有出口行业进行测算分析，但是本书在一定程度上可以推动出口行业竞争力的国际比较研究。

5. 可为中国制定产业和贸易政策提供参考

利用贸易增加值核算理论思路，应用于对国家（地区）贸易增加值的估算，其计算结果可为各国制定产业和贸易政策提供参考。可以表现为以下四个方面：①国家间贸易失衡度估算。尽管贸易增加值核算并不能改变一个国家（地区）对于世界其他地区整体贸易失衡，但是该统计量可以重新分配贸易伙伴之间的顺差和逆差关系。这就意味着如果以双边贸易增加值核算结果作为各国政策制定的依据，可能会降低贸易摩擦发生的次数。②实际有效汇率的测算。针对实际有效汇率出现显著升值的行业，中国政府可以通过控制名义汇率升值，尤其是可以通过控制国内要素价格水平，或从国外进口低价的原材料，并提高其价格竞争力。③垂直专业化份额及来源。本书研究结果显示，相比世界十大服务贸易强国，中国服务业垂直专业化水平及发展速度均处于中等水平，鉴于此，应扩大与新兴市场经济体的贸易协商与垂直专业化合作的机会，培育服务贸易来源的新增长点。④显性比较优势测算。研究结果显示，除资本密集型服务业以外，其他三个领域尚缺乏比较优势，对此本书提出扩大开放与发挥跟随模仿的战略。

第二节 国内外研究综述

在全球化生产的背景下，一个经济体从特定贸易伙伴中进口的中间产品中通常包含非直接贸易伙伴的价值，甚至本国中间产品；同理，一个经济体出口的产品不仅可以被直接贸易伙伴吸收，还可能被直接贸易伙伴加工出口至世界其他经济体，其中含有一部分价值通过全球生产网络又回到本国。当充分考虑这些循环往复的贸易流时，出口产品中最初要素投入就可以被识别出来，这便是贸易增加值核算的（Trade in Value Added）内涵（Baldwin，2013）。两个核算恒等式是理解贸易增加值核算内涵的关键：一方面，一个产品的出口价值等于国内外中间投入成本和出口产品部门的“直接”国内增加值；另一方面，一个产品的出口价值还等于产品部门中包含的所有国内外生产的增加值及使用其他部门的中间投入（Baldwin，2013）。国内外学者正是沿着这两个关键的恒等式对世界贸易流进行分解，即贸易增加值核算方法。

对概念的准确界定是一切研究的起点，贸易增加值核算方法亦如此。有学者认为：“贸易增加值核算框架是以垂直专业化为基础，由对该指标计算过程中不符合实际假设条件的修正与放松而得”（潘文卿等，2014，2015）。然而，这一观点却不能准确概括贸易增加值核算方法多元化发展的现实。鉴于此，本书结合已有研究成果将贸易增加值核算方法概括为：“对出口或进口贸易商品总值按照各参与国家（地区）在全球生产链上的贡献进行分解的方法。”按照这一定义，对隐含在最终消费品中不同来源增加值或要素（劳动和资本）进行分解的方法也属于贸易增加值核算范畴。

贸易增加值分解结果会对开放宏观经济领域各种研究及政策问题产生一定的影响。首先，在对外贸易失衡方面：由于目前双边贸易失衡按照总值进行计算，最终产品生产上的顺差或逆差往往因包含着国外投入而被错估，尽管应用贸易增加值核算方法并不会改变一个经济体与世界其他国家或地区间的整体失衡，但是可以改变其失衡格局（徐清军，2013）。其次，在实际有效汇率方面，美国联邦储备委员会和国际货币基金组织定期使用基于总出口和进口的贸易权重计算实际有效汇率，然而，测算贸易伙伴权重更好的方法应该为基于贸易增加值的相对重要性而不是总值（KWW，2012c）。再次，在垂直专业化方面，相比 HIY（2001）测算方法，基于贸易增加值分解的测算结果不仅可以更加准确地度量垂直专业化程度，而且可以清晰地展示各经济体的贡献份额。最后，在显性比较优势（RCA）方面，RCA 的标准定义为："一国总出口中特定部门份额相对于全世界总出口中该部门出口之和"，然而，在官方贸易统计中增加值的重复统计使传统 RCA 测算结果往往具有一定的误导性，贸易增加值分解却提供了一种剔除多重核算导致扭曲的科学方法。

一、贸易增加值核算在贸易失衡中的应用

当以总贸易量衡量双边贸易差额时，最终产品出口国与进口国之间的顺差往往被高估，因为最终产品中包含了大量的国外增加值。这种对贸易失衡的不正确理解往往导致最终产品出口国成为贸易伙伴打击的对象（张磊，2015）。尽管贸易增加值核算不能改变一个经济体对世界其他地区的整体贸易失衡，但是该统计量可以重新分配贸易伙伴之间的顺差与逆差关系（Stehre，2013）。换言之，基于增加值视角重新评估各经济体利得，更容易识别贸易失衡的结构问题，这是贸易增加值核算方法的重要体现（马涛、刘仕国，2013）。正因如此，国内外学者在对贸易增加值核算理论研究的同时也注意将其运用到对外贸易不平衡的核算之中，并取得了丰硕的研究成果。

1. 贸易失衡的国外研究综述

国外学者对外贸失衡的研究可以概括为三个方面：双边失衡度的测算及比较、不同测算方法下对外贸易失衡之间的关系研究及对外贸易失衡研究方法的改进。从理论上来讲，所有关于出口总值分解的方法都可以用于国家层面双边失衡度的测算，这是由于一国（地区）出口可以看成贸易伙伴的进口。因此，Johnson 和 Noguera（2012a，2012b，2014，J&N）、Koopman 等（2010，2012，KWW）、Dean 等（2009）等学者提出的总出口分解模型可以直接用于双边失衡程度测算，在实际研究中，大部分学者在测算出口总值及增加值之后，也注重对比两种核算口径下双边失衡程度的差异。

具体而言，J&N（2009，2012）将增加值出口定义为由国外最终需求对本国增加值的拉动；相应地，将增加值进口定义为由本国最终需求对国外增加值的拉动[①]，两者之差即为一国（地区）对外贸易失衡，如果将上述定义中的国外特指某一经济体，那么增加值出口与进口之差即可反映一国（地区）的双边贸易失衡程度。他们利用GTAP数据库测算发现贸易增加值核算口径下亚洲经济体之间的双边贸易失衡有显著变化：美国与中国逆差下降30%～40%，美国与日本逆差则大约上升33%。此外，美国与澳大利亚、新加坡、中国台湾、韩国、日本之间贸易差额的调整量基本等于美中贸易逆差的减少量，统计数据背后折射出亚洲经济体内部存在“三角生产共享”的现象，即这些经济体向中国出口中间产品经加工后出口至美国。基于相同的数据，KWW（2010）将一国总出口分解为五种性质不同的增加值成分，研究发现中日贸易失衡中中方由顺差变为逆差。他们用双边增加值出口比重差异解释贸易增加值和总值失衡结果之间的差异。在此基础上，KWW（2012）通过分解出口中国外增加值的成分，进一步将出口总值分解为九种性质不同的成分。以上研究重点侧重于提出一种新的出口总值分解方法，对外贸易失衡或双边贸易失衡的测算只是突出新方法与总值核算口径存在一定的差异。与此对应的是，其他学者则借鉴其研究方法注重对某一经济体或经济组织实际失衡规模的分析。

基于亚洲投入产出表，Nakamura（2015）利用KWW（2010）方法对美国、中国、日本及亚洲其他七个经济体之间的贸易失衡进行了测度，结果表明，尽管在增加值口径下这些经济体对外贸易顺差或逆差的符号并没有发生改变，但是其绝对值普遍缩小[②]。换言之，增加值视角下十个经济体内部贸易失衡程度缩小。Andreas等（2010）利用两国的双边投入产出表对2008年中美贸易进行重新估算，研究结果显示：中美贸易顺差由原来的2850亿美元调整为1650亿美元，即中美贸易顺差中的42%的价值来自其他国家，这一研究结果与J&N（2009，2012）相似。Nagengast和Stehrer（2014）以欧盟经济体为研究对象，利用世界投入产出数据库WIOD研究表明，欧盟经济体之间不平衡程度被低估。此外，

① Stehrer（2012）在提出TIVA方法中延续了这一定义。

② 这里日美贸易除外，增加值口径下日美贸易顺差大于总值口径计算结果。

Mauro 等（2014）和 European Commission（2010）分别对欧元区内部、欧盟与亚洲之间的贸易不平衡程度进行了再测算。此外，还有学者从要素投入角度详细考察了一国对外贸易失衡程度，如 Stehrer 等（2012b）通过适当地设置贸易流矩阵，核算出 40 个经济体按要素分类（劳动、资本）的对外贸易净额。以上研究侧重于从贸易增加值的视角，重新核算经济体的双边贸易失衡程度，并将其与官方贸易失衡程度进行比较，突出前者在双边贸易失衡应用中的重要性。相比于这些研究，还有学者注重考察贸易增加值与总值方法在核算一国对外贸易失衡中的关系。

不同测算方法下对外贸易失衡之间的关系研究。Stehrer（2012b）讨论了贸易增加值（Trade in Value Added，TiVA）和增加值贸易（Value Added in Trade，VAiT）的核算问题，他将贸易增加值定义为包含在其他国家最终消费中的一国直接增加值和间接增加值，从进口国最终需求的角度测算出口增加值扣除了出口后折返回国的部分；将双边总贸易流中的增加值定义为增加值贸易，两个概念的主要区别在于前者以最终产品的使用为依托考察增加值的进出口，而后者以传统贸易为依托考察他们引发的增加值净流。进一步地，Stehrer（2012b）通过适当的设置贸易流矩阵，证明出两种核算方法在测度一国对外贸易失衡度时的一致性，及双边贸易失衡度测算中的异质性。Kuboniwa（2014a）用理论证明及实证测算两种方法探讨了两国多部门情形下基于总值和增加值所反映的贸易失衡程度具有相等的性质，此外，他还利用三国多部门模型分别测算出总值及增加值视角下一国对外贸易净额，结果显示两者具有一致性，然而该研究并未对多国多部门情形下两者的一致性给予理论证明。这一缺憾被 Kuboniwa（2014b）所弥补，此外他还运用 WIOD 测算了 2010 年中国与七个贸易伙伴①的部门及国家层面双边贸易净值②，发现在总值和增加值口径下，中国对外贸易净值均为 3101 亿美元。Kuboniwa（2014c）从理论上证明了多国多部门情形下贸易增加值（Trade in Value Added，TiVA）和增加值贸易（Value Added in Trade，VAiT）在一国对外贸易净值测算方面具有相等性质，进而利用 WIOD 测算了总值、TiVA、VAiT 三种口

① 他将 WIOD 中的 41 个经济体重新划分为：巴西、印度、日本、欧盟、俄罗斯、美国及其他。

② 本章提到的“差额”和“净值”含义相同。

径下2005年中国出口、进口及贸易失衡度，结果显示，在三种口径中贸易净值均为1667亿美元，并且在TiVA和VAiT两种方法下中国出口及进口增加值均相等。此外，Benedetto（2012）利用出口价值和进口价值分解相互抵消的方法说明基于总值及增加值核算的一国贸易净值相等，由此他进一步指出，尽管增加值口径下中美贸易顺差下降，这并不能说明中国位于“组装车间”的最后一个环节，因为中美顺差缩小的同时也意味着中国与其他贸易伙伴的顺差扩大。以上研究都反映增加值核算方法并不会改变一个国家与世界其他国家（地区）间的总体贸易平衡，从而可以用其验证双边贸易增加值净值核算结果准确与否，此外，如果上述结论成立，那么可以推断贸易增加值核算方法并不影响支出法核算GDP的最终结果。

对外贸易失衡研究方法的改进。基于修正的分解方法，Nagengast和Stehrer（2014）利用WIOD提供的投入产出数据测算了欧盟27国内部双边贸易失衡，结果显示欧盟内部双边贸易失衡是由其他经济体最终需求引致。Borin和Mancini（2015）指出，Koopman等（2012）方法不能精确地区分直接进口国吸收的增加值和第三国最终需求中包含的增加值。为了得到双边一致的分解结果，他们参照Wang等（2013）、Nagengast和Stehrer（2014）的方法，将双边总出口分解为16个不同的成分，进而利用该方法对意大利与其他经济体之间的贸易总值进行分解，但是该研究并未进一步测算意大利的双边贸易净值。

2. 贸易失衡的国内研究综述

国内学者侧重于从增加值视角考察中国对外失衡问题。近年来，对外贸易失衡的分析工具逐渐由国家投入产出表转向世界投入产出表；分析视角从中美贸易失衡逐渐发展到中日、中韩、中印及中国与所有经济体的双边贸易失衡测算；研究内容不仅关注国家层面也涉及产业层面；研究方法主要借鉴KWW（2010，2012c）①、J&N（2012）、Stehrer（2012b，2014）等方法。

在双边贸易失衡研究中，Lawrence等（2007）将生产活动区分为国内需求生产（D）、加工生产（P）和非加工生产（N），首次以增加值的视角审视中美贸易失衡，他们使用中美两国权威统计机构提供的基础数据编制了2002年中美两

① 两种方法的区别在于对总出口分解成分不同，详见第二章。

国非竞争型投入产出表，测算中美两国出口对各自国内增加值的拉动，研究结果显示，美国对中国的单位出口对国内增加值的贡献，是中国对美国单位出口对国内增加值的贡献的两倍。据此，Lawrence 等（2007）提出双边贸易失衡不应该仅从总值角度衡量，而应从增加值视角进行衡量，然而该研究并未对中美贸易差额的具体数值进行度量。此外，鉴于直接利用（单国）非竞争投入产出表无法追踪全球生产网络中错综复杂的商品流转关系，例如，转口贸易和价值转移等。李冀申（2012）利用“原产地原则”① 和垂直专业化对 1994 ~ 2010 年中国与主要贸易伙伴的双边贸易数据进行了修正，分别在一定程度上解决了转口贸易及价值转移问题。然而，香港政府统计处不能提供转口商品增加值的详细数据，这使基于“原产地原则”对贸易数据修正中存在一定偏差；另外，他们只是利用 HIY 方法粗略地估计出每个经济体出口中国外增加值，针对 OECD 数据库中缺少马来西亚、菲律宾和泰国投入产出表的情况，采用其他东南亚垂直专业化程度进行替代，这种剔除双边贸易中价值转移的方法往往影响测算结果的准确度。鉴于单国投入产出表无法反映双边贸易直接与间接联系，因此，需要站在国际贸易全局的角度来通盘考虑和追踪双边贸易联系（拓晓瑞、许久香，2016）。

张咏华（2013）根据 J&N（2012）对增加值出口的界定构建了增加值出口模型，并利用 WIOD 提供的 1995 ~ 2009 年国际投入产出数据，对中美贸易失衡程度进行了分年度与分技术类别测算，同时将其测算结果与官方贸易统计方法做了对比分析，研究显示，相比于官方贸易数据，增加值核算口径下中美制造业失衡程度平均减少 46%。但是在模型构建中，该研究将一国国内增加值率矩阵与一国生产被直接进口国吸收产出的乘积作为增加值出口，换言之，虽然这种核算方法基于国际投入产出表，但并未考虑出口品在国内及其他经济体产业内部循环往复所产生的间接增加值。基于相同的数据库，王岚和盛斌（2014）借鉴 KWW（2010）的分解方法，测算了整体及行业层面中美增加值和总值贸易差额，并对中美、美中出口的价值和中美贸易差额进行分解。研究发现，官方贸易统计数据极大地高估了中美贸易失衡程度，两国实际贸易差额与贸易利益存在严重错配；

① 原产地原则是指商品无论是通过直接贸易还是转口贸易出口至目的地都被计入目的国从原产地进口额。

中国对美国出口的获利能力正在逐渐下降，同时越来越多的国家参与到中美贸易中，即双边贸易利益需要更多的国家进行分摊；第三国价值、服务业净出口和国内价值增值净出口对总值贸易差额的贡献度依次增加。该研究不仅测算总值及增加值口径下中美国家层面及行业层面贸易差额，还提出中美双边贸易差额分解有助于理解两种口径下双边贸易差异产生的原因，但值得注意的是，该研究并未给出贸易差额具体分解方法。基于相同的分解方法和数据来源，葛明等（2015，2016a）从国家层面和行业层面解构了 1995～2011 年中美双边贸易的利益格局①，并对出口中国外增加值的主要国别来源进行了测算，结果显示，来自中国台湾、德国、英国、加拿大及墨西哥等经济体的价值转移对中美贸易顺差影响显著；中美各部门贸易净额有所下降，顺差主要来自制造业部门，而逆差则主要来自服务部门。尹伟华（2016a）基于 Wang 等（2013）的分解方法，从制造业整体及分技术类别两个层面对中国向美国出口及美国向中国出口价值进行了分解，并采用两种核算口径对四种技术类别中美贸易差额进行了测算比较，研究显示不同技术类别贸易差额被高估，但是该研究并未揭示总值及增加值口径下中美双边失衡的原因。值得注意的是，葛明（2015，2016a）和尹伟华（2016a）在测算部门层面双边贸易差额时存在一个明显的误区，他们将中美、美中双边部门出口之差视为中美产业部门的双边贸易差额，忽略了美国特定部门出口并不代表中国相应部门进口的事实②。常冉等（2019）基于 WW2 方法重新审视中美贸易失衡及利益结构，研究表明传统统计方法严重高估中美贸易顺差，中国制造业的竞争优势并没有带来匹配的贸易获得。段世德等（2019）进一步测算显示中国对美国的贸易利益主要来自劳动者报酬。

尽管以上研究分解方法不尽相同，但是都一致显示基于官方贸易数据测算的中美贸易顺差被夸大。然而，国内学者不仅关注中美双边贸易，而且也对中日、中韩、中印及中国与所有经济体双边贸易失衡问题进行了相关研究。具体而言：康振宇（2015）利用 Koopman（2010）的分解法对中日双边贸易进行了分析，结果表明：贸易增加值核算口径下双边贸易更趋平衡，两国之间的贸易重要性对日

① 中国对美国出口的 GVC 分解，美国对中国的 GVC 分解，中国与美国贸易差额的 GVC 分解。

② 从国家层面来讲，美国对中国的出口可视为中国对美国的进口，然而部门层面这一结论并不成立，例如，2011 年美国电气、电子及光学设备对中国出口，中国进口部门多达 33 个。

本而言正在上升，对中国而言正在下降；传统贸易核算方法高估了中日贸易尤其是制造业的结构的优化程度。蒋庚华、林丽敏（2014）利用 Koopman（2010）的出口分解方法对中日贸易的最终品流向和价值来源国进行了测算，结果表明，中日双边贸易以最终品为主，中间产品为辅并且通过双边贸易实现间接出口的贸易量显著增加；双边出口价值主要体现为以本国国内增加值为主，东亚经济体增加值比例较大。康振宇、徐鹏（2015）借鉴 Stehrer（2012）的 TiVA 方法和 Koopman（2012c）的出口总值分解方法对中日双边贸易收支及双边贸易重要性差异等方面进行了分析，结果显示增加值核算方法下中日双边贸易更趋于平衡，双边贸易对日本重要性正在上升，而中国则相反。此外，该研究将所有产业划为初级资源、制造业和服务业三个类型，从而对不同类型产业失衡度进行了测算。黎峰（2015，2016）利用 Stehrer（2012b）的 VAiT 方法分别对国家层面及产业层面的中日、日中收益及中日双边贸易收益进行了测算，研究显示多数年份中国对日本的传统统计口径高估了中国贸易顺差，却低估了中方贸易逆差，这种现象在电子及光学设备部门体现得尤为明显[①]。此研究结论与康振宇、徐鹏（2015）并不一致，产生这种差异的原因可能对后者首先只是对 1995 年和 2011 年进行对比分析，其次可能是所使用的核算方法也不同。

张建清、郑雨楠（2015）根据 KWW（2012c）对中韩国家层面及行业层面的双边贸易进行了测算，表明传统口径下中韩逆差被高估，但是此结论在行业层面并不成立。郑国姣、杨来科（2016）借鉴 J&N（2012）方法对中印、印中出口增加值进行了测算。同样，孙玮瑛、黎峰（2015）研究结果显示，传统口径下中印贸易顺差被高估约 20%，除农林牧渔、采掘、食品饮料烟草和公路交通等四个部门外，中国其他部门在中印双边贸易中居于相对有利地位。此外，还有学者对中国对外贸易失衡程度进行了探讨，拓晓瑞、徐久香（2016）利用 OECD－WTO 发布的 TiVA 数据库整理出中国与 40 个经济体三个年份的贸易增加值差额，并将其与传统贸易差额比较，发现除了德国、印度及芬兰三个经济体以外，中国与多数贸易伙伴的顺差需要下调；与韩国的逆差需要上调，与爱尔兰、南非、挪威等贸易伙伴的顺逆差关系出现了逆转。陈继勇等（2016a）借鉴 Stehrer

① 在行业层面的研究仍存在“贸易伙伴行业出口并不代表本国行业进口”的问题。

（2012）的 VAiT 方法和 KWW（2010）的双边出口分解方法，构建了一国对外贸易不平衡的全球价值链分解模型，利用 1995～2011 年的 WIOD 数据库，测度了中国对外不平衡的商品结构、国别结构及产业结构，研究表明，剔除国外转移增加值的影响，中国对外贸易不平衡程度大幅下降。中国对外贸易呈现如下特点：首先，最终产品和中间产品分别呈现明显顺差与逆差；其次，顺差主要来自欧美等发达经济体，而逆差主要来自东南亚发展地区；最后，顺差主要来自制造业部门，而初级资源和服务业处于逆差状态。该研究在双边贸易失衡方面只比较了 1995 年、2008 年和 2011 年增加值差额及占总值差额的比较情况，缺乏对导致两者差异因素的分析。陈继勇等（2016b）在一定程度上弥补了上述缺陷，他们通过构建两个经济体的投入产出模型和海关统计模型，比较发现中国出口中包含的外国增加值和进口中包含的国内增加值使出口规模和进口规模存在“虚增”现象，研究发现统计核算方法的改变并不影响中国贸易差额与贸易地位，然而并未对外贸失衡原因进行定量分析。

此外，陈雯和李强（2014）根据 Stehrer（2012b）的 TiVA 方法测算出中国货物和服务贸易进出口规模①，然而，该研究中贸易增加值净额与官方贸易净额数值并不相等，且在所有测算年份②前者大于后者，然而这与大多数研究者持有的观点不相同。文东伟（2018）基于 Hummels 等（2001）、J&N（2012）的分析方法测算出中国制造业整体贸易顺差被夸大 40% 左右，其中劳动和技术密集型行业的贸易顺差分别被夸大 50% 和 60%。以上研究在一定程度上有助于进一步认识中国的外贸失衡规模和结构具有重要的政策意义。

通过对国内外文献的回顾与评述，不难发现，已有研究成果有助于全面理解和认识经济体间贸易失衡问题，研究中使用的投入产出分解模型具有创新性和启发性，可为后续研究提供有益借鉴。但是也应该看到，目前研究鲜有涉及中国对所有贸易伙伴双边失衡的时间序列分析，对两种核算方法结果之间的关系阐述不够全面。在研究角度上，主要侧重于不同口径下双边贸易净值之间的差异，缺乏对背后原因的深度挖掘，然而这对贸易失衡结构调整至关重要；在研究方法上，国

① 一国对外贸易净额可以理解为双边贸易净额，此时将其他所有经济体视为一个贸易伙伴。

② 所有测算年份为 1995 年、2000 年、2005 年、2009 年和 2011 年。

内研究主要利用 KWW（2010，2012c）方法、J&N（2012）方法、Stehrer（2012）方法，而缺乏对国外最新研究成果的借鉴。

二、贸易增加值核算在实际有效汇率测算中的应用

一国名义有效汇率等于本国及与其有贸易关系经济体的双边名义汇率加权平均，通过剔除名义有效汇率中的通货膨胀因素即可得到实际有效汇率（Real Effective Exchange Rate，REER）①。一方面，REER 将贸易伙伴经济体之间名义汇率的相对变动考虑在内；另一方面，又扣除了通货膨胀带来的干扰，能够较好地、综合地反映本经济体货币竞争力。鉴于 REER 在经济学中的重要作用，诸如国际货币基金组织（IMF）、国际清算银行（BIS）和经济合作与发展组织（OECD）等国际组织都定期公布包含不同数量经济体的 REER 指数，这些汇率指数成为各经济体政策制定的重要参考之一（盛斌、张运婷，2015）。值得注意的是，这些国际组织构建的 REER 都基于一个重要假定：每个国家只出口最终产品，并且在其生产过程中没有利用进口中间产品（Patel N.，et al.，2014）。然而，在"世界制造"的今天，多个国家共同参与同一产品生产的不同阶段，进口中间产品、加工、复出口的现象非常普遍，因此，以"不存在中间产品贸易"为理论基础的 REER 测算方法已经不能真实地反映一国货币竞争力水平。

1. 实际有效汇率测算的国外研究综述

以贸易总值作为评价贸易伙伴重要性的方法适合于产品的价值完全属于本国的情形，然而在全球范围内资本和要素流动日益加剧的背景下，中间产品贸易成为国际贸易的主要组成成分，一国出口品中往往包含着不同国家的增加值。Miroudot 等（2009）的研究发现，货物和服务中间产品的份额占比分别为 56% 和 73%，Baldwin 等（2014）研究结果显示：自 1980 年以来，发展中经济体中间品贸易规模已经翻了数倍，KWW（2012c）测算中国加工贸易比重较高的某些行业出口的国外增加值占比高达 90% 以上；这意味着两个经济体之间的贸易额越大并不一定代表关系越紧密。值得欣慰的是：已有学者意识到这个问题，尝试以增

① 在谷歌搜索中"effective exchange rate"显示将近 5800 万的点击量，远高于"inflation target"（500 万）和"comparative advantage"（900 万），以上转引自 Patel N. 等（2014）。

加值的视角测算实际有效汇率。Bems 和 Johnson（2015）认为，经济体之间的竞争应该是实际创造增加值的竞争，而不是最终制成品全部价值的竞争。他们以总产出模型和世界各经济体之间的贸易流为基础，推导出基于增加值的 REER 测算公式，这种方法被称为基于任务的实际有效汇率（REER－in－Task）。同时，基于 J&N（2012）① 编制的世界投入产出表得出贸易伙伴之间的权重系数，测算出 42 个经济体 1970～2009 年实际有效汇率，研究发现基于贸易增加值的实际有效汇率与总值实际有效汇率存在显著差异，例如，2000～2009 年，中国基于贸易增加值的实际有效汇率比国际货币基金组织用官方统计数据测算的结果高出 20 个百分点，而德国基于贸易增加值测算的实际有效汇率则出现显著贬值趋势。从具有全球价值链特征生产方式出发，需要同时建立最终消费品和中间消费品需求模型，用这种方式推导实际有效汇率在一定程度上满足了 REER 理论基础，然而在计算过程中存在较多的假定，计算结果的准确性难以保证。

在后续研究中，Satio 等（2013）对 REER－in－Task 的测算公式进行了简化。Bayoumi 等（2013）通过将 CPI 内生化的方法，在一个产品世界里改进标准 REER 测算方法（又称为基于产品的实际有效汇率，REER－in－Goods）。其基本思想是通过使用特定方法将总成本函数和生产函数表达成其他经济体的增加值，从理论上推导能够反映全球价值链特征的价格方程，用其替代 CPI 进入标准 REER 测算方程。Patel 等（2014）根据最终使用分类区分出中间品和最终品，定义并计算出总产出实际有效汇率（Gross Real Effective Exchange Rate ，G－REER）和基于全球价值链的实际有效汇率（Global Value Chain Real Effective Exchange Rate ，GVCREER），研究发现国家层面和产业层面的实际有效汇率变动趋势存在显著差异，如样本期内墨西哥国家层面的 G－REER 出现显著的升值，而金融部门实际有效汇率则出现显著贬值，这意味着尽管墨西哥整体出口价格竞争力在下降，但金融部门出口竞争力却在增加。该研究只展示了中国加总层面和两个细分行业实际有效汇率，而没有详细列示其他行业实际有效汇率的变迁趋势。

2. 实际有效汇率测算的国内研究综述

国内学者张运婷（2014）基于 OECD－TiVA 数据库整理出 1990～2009 年主

① Johnson R C and Noguera G. Fragmentation and Trade in Value Added over Four Decades [R] . NBER Working Paper, 2012.

要经济体的出口增加值，利用国际货币基金组织最新的简化公式对中国国家层面的贸易增加值实际有效汇率进行了测算，结果表明：基于增加值的贸易竞争力相对不断恶化。牛华等（2016a）基于 Koopman 等（2010）提出的贸易增加值核算方法，利用世界投入产出数据库（WIOD）对中国实际有效汇率进行了重新测算，并将其与传统实际有效汇率进行比较。结果表明：自 2002 年以来，基于传统算法的实际有效汇率严重低估了中国实际有效汇率的升值幅度；外界经济环境会对两种核算口径下的实际有效汇率产生一定的影响，其中基于出口总值测算出的实际有效汇率容易受国内经济环境的干扰，而基于出口增加值测算的实际有效汇率则易受到全球经济环境的影响；为了维持整体出口竞争力，中国政府需适当控制人民币升值速度与国内要素价格水平。盛斌和张运婷（2015）对 Bems（2015）和 Bayoumi M. T.（2013）提出的实际有效汇率及 IMF 的实际有效汇率的测算方法进行系统介绍和评述比较；并结合双边贸易数据和 TiVA 提供的增加值数据计算了三种口径下人民币 REER 月度数据，研究指出，国内生产成本上升是导致传统实际有效汇率相对于基于贸易增加值实际有效汇率升值更多的原因。在全球价值链视角下倪红福（2018）重新定义实际有效汇率，研究表明中国制造业分行业出口价格竞争优势逐渐消失。田侃等（2019）重点测算了中美分行业全球价值链实际有效汇率。研究表明，中国对美国在电子和光学仪器制造业等领域实际有效汇率呈现先下降后上升态势。

值得注意的是，一方面，有的细分行业以主要参与区域价值链为主，与地域相邻的经济体有贸易往来；而其他行业则可能以参加全球价值链为主，与分布在全球的经济体进行贸易（Patel，2014）。另一方面，有的行业以进口原材料等初级产品和出口最终产品为主，而其他行业的贸易类型可能与之相反。参与价值链的不同方式使行业对国内外价格水平产生不同的影响，这就使各行业面临的实际有效汇率不相同。但是国家层面的实际有效汇率具有加总性质，以其判断行业实际有效汇率容易导致错误决策。虽然国外学者 Patel（2014）在实际有效汇率测算时已经细化到行业层面，但是研究对象却主要针对墨西哥，缺乏对中国实际情况的分析。鉴于此，本书选择以中国为研究对象，一方面，将实际有效汇率的测算范围细化到行业层面；另一方面，考虑了全球化生产对实际有效汇率测算的影响。最后探索了不同口径下实际有效汇率的贸易效应及变化。

三、贸易增加值核算在垂直专业化测算中的应用

垂直专业化（Vertical Specialization，VS）是指随着产品的生产过程被不断细化分解，各个经济体的中间品贸易规模不断增加，跨越多个经济体的生产链条不断加长，每个经济体以其比较优势承担某个阶段的商品生产，获得相应增加值的现象（潘文卿等，2014）。这种分工方式改变了世界经济的贸易和生产方式（Arndt and Kierzkowski，2001；魏浩等，2015），为此，受到国内外研究者的密切关注。

1. 垂直专业化测算的国外研究综述

垂直专业化强调了国际贸易的多次跨境和循环往复特征，Hummels 等（2001）具体给出了垂直专业化发生的条件：首先，产品的生产需要满足多阶段、序列生产特征；其次，产品生产过程中需要有两个或两个以上国家投入劳动、资本等生产要素；最后，至少需要一个国家在生产过程中使用进口中间产品并将生产的部分产品出口至其他国家。他们开创性地提出使用出口中的进口投入（VS）和出口中间产品被进口国加工复出后到其他国家的增加值占总出口的比重（VS1）来度量垂直专业化。为了将直接生产与间接生产投入考虑在内，他们首次将投入产出分析法运用于垂直专业化研究中，并在国际上得到了广泛应用。

Chen 等（2008）测算了 1965 ~ 2000 年 OECD 国家的垂直专业化份额，研究表明除了丹麦和日本以外，其他经济体的垂直专业化水平均有显著提升；丹麦和荷兰等规模较小的国家垂直专业化水平最高，而规模较大、地理位置相对独立的经济体如美国、日本和澳大利亚的垂直专业化水平最低。Dean 等（2009）对中国来自两大贸易伙伴的垂直专业化份额进行了比较，研究发现从日本进口的 74% 属于中间产品，其中半数中间产品来自加工贸易部门，这部分产品经中国再加工出口至其他国家；而从美国进口的 60% 属于中间产品，其中仅有 25% 中间产品来自加工贸易部门；美日两国与中国形成垂直专业化分工的主要贸易部门不同，美国主要为农业和造纸业，日本主要为化学制品和钢铁制造。Chang 等（2016）认为，VS1 是韩国关键出口行业参与国际分工的主要方式，而 VS1 – VS 份额增加则可以表明行业在全球价值链中地位的上升。

HIY 方法假设相同产品不论生产类型如何（一般出口、国内消费、加工贸易）其生产投入产出系数相同。但是在加工贸易比例较高的中国、墨西哥、越南等经济体中，加工贸易产品对国外进口中间产品的使用量较高，对国内中间产品的使用量较低。Koopman 等（2012）测算结果显示中国垂直专业化水平由 1997 年的 17%提高到2006 年的26.3%，在此基础上他们利用中国加工贸易信息编制非竞争型投入产出表，结果显示中国垂直专业化水平从 47.7%上升到 49.3%。Dean 等（2011）发现，2002 年中国出口世界的垂直专业化份额高于 30%，其中 58%的国外增加值来源于日本、韩国和南亚经济体；在诸如塑料制品、钢铁加工、通信设备、金属和计算机等行业，垂直专业化水平高达 50%；Koopman 等（2008）发现中国加入 WTO 后垂直专业化份额有所下降，就细分行业而言，电子器械等技术密集型制造业出口中含有大量的国外增加值。Yang 等（2015）分别对 2002 年和 2007 年加工贸易和非加工贸易出口的垂直专业化份额进行了测算，其中加工贸易垂直专业化份额从 0.7 下降到 0.63，非加工贸易垂直专业化份额则保持不变（0.22），加总垂直专业化份额则由 0.45 下降到 0.41。

2. 垂直专业化测算的国内研究综述

自 21 世纪以来，国内学者基于不同的数据，利用 HIY 或改进方法从不同角度测算了中国贸易垂直专业化程度，并形成了丰硕的研究成果。刘志彪和刘晓昶（2001）在研究的基础上，运用完全消耗系数矩阵重新推导出垂直专业计算公式，并测算出中国大陆与其他各国（地区）总出口的垂直专业化程度，研究发现，中国的垂直专业化水平远远高于美国、日本和德国等经济大国。利用相同的垂直专业化率测算公式，北京大学中国经济研究中心课题组（2006）对中国出口贸易垂直专业化及中国对美国出口的垂直专业化程度作了分年度及分产业的测算。黄先海和韦畅（2007）从整体及四大要素密集型产业两个层面测度了中国制造业出口的垂直专业化程度，结果显示，中国制造业垂直专业化程度稳步提高，从 1992 年的 16.8%上升至 2003 年的 29.4%。陈丰龙和徐康宁（2012）采用 2002 ~ 2008 年中国省级面板数据，计算各地区出口贸易的垂直专业化比重，发现东部与中西部差异尤为突出，并指出工业基础水平、人力资本存量及对外开程度等因素对中国垂直专业化水平有显著的正向影响，而工资水平和自然资源则有显著的负向影响。以上研究分别从国际比较、双边贸易、要素密集度和地区比较等角度测度了中国出口垂直专业化程度，为准确识别中国在全球价值链中的分工地位提供了数据参考，但是上述研究都是利用中国投入产出表及进出口数据，依据严格的比例假定将中间投入品分解为国外中间投入和国内中间投入。此外，他们在识别中间投入时也存在一定的主观性。借助 OECD 提供的三类投入产出表①可以有效地解决中间投入系数确定的难题，文东伟和冼国明（2009）从整体、技术层次及细分行业三个方面测算了中国制造业出口的垂直专业化水平，结果同样显示，中国垂直专业化水平迅速提升，按照要素层次划分的制造业垂直专业化水平差异显著，其中，高技术制造业的垂直专业化份额和发展速度均为最高。胡昭玲和张咏华（2012）将垂直专业化分工中的进口来源和出口方向联系起来用以判断中国在全球生产网络中的位置，由于该研究依赖的 OECD 仅提供若干基年的非竞争投入产出表，对于其他年份的数据只能采取推算的方式，这大大降低了测算结果的准确性。2012 年，由欧盟委员会资助的 WIOD 的发布为全球垂直专业化研究提供了良好的数据基础，李金昌和项莹（2014）将国外直接要素投入考虑在内，在 HIY 的基础上重新定义了一国出口中国外增加值的份额公式，并对 1995 ~ 2009 年中国制造业及细分行业出口的国外增加值份额及国别（地区）来源进行了测算。尹伟华（2015a）、王岚（2019）借鉴 Wang（2013）的总贸易核算方法对中国出口增加值进行分解，并重新构建了前向与后向垂直专业化率指标，结果表明中国制造业以后主要以垂直专业化方式参与到全球价值链中。张如庆等（2019）利用 Hummels 的分析框架测算了世界主要国家的生产服务业垂直专业化水平，研究表明：各经济体生产服务业出口垂直专业化水平波动较大；中国垂直专业化水平整体呈下降趋势，并且大国垂直专业化水平低于小国。周焱等（2018）对中国动漫产业垂直专业化进行研究，发现游戏是中国动漫最具竞争力的一个环节。李正等（2019）基于 TiVA 数据库对新兴市场国家的全球价值链动态演进过程进行了分析。

综上所述，现有文献对中国出口垂直专业化及相关问题进行了大量有益的探索，但是研究对象普遍侧重于整体出口贸易和制造业出口贸易，鲜有文献关注到服务贸易垂直专业化及来源问题。将 Wang 等（2013）的总贸易核算方法嵌入垂

① 包括使用表、供给表和投入产出表。

直专业化国际分工体系，通过计算出中国服务业出口国外增加值份额来判断中国服务业在全球垂直专业化分工中的地位。按照要素密集度将服务业划分为劳动密集型服务业、资本密集型服务业、知识密集型服务业及公共服务业，对服务业出口中来自新兴市场经济、新兴工业经济体和发达经济体中增加值份额进行测度与比较，并试图揭示国外增加值的国别（地区）来源变迁机理，将对进一步推进中国服务业参与国际分工具有重要意义。

四、贸易增加值核算在显性比较优势测算中的应用

显性比较优势（Revealed Comparative Advantage，RCA）是经济学领域中刻画贸易竞争力最常用的指标之一。Balassa（1965）提出的 RCA 是考察某行业或产品在国际市场上是否具有比较优势的常用指标，其基本思想为：一国某部门出口价值在本国出口总值中所占的比重与世界该部门出口价值占世界总出口的比重之比。当 RCA 指数接近 1 时，表明具有中性相对比较利益，即该部门的显性比较优势处于中等水平；当 RCA 大于 1 时，表示该部门具有比较优势，当 RCA 小于 1 时，表示该部门具有比较劣势（牛华等，2016c）。此外，这一指标经常被产业和贸易政策制定者用于预测哪些部门在贸易开放政策中受益或受损（Ito et al.，2015）。然而，在生产和贸易全球化的背景下仍然使用 Balassa（1965）定义的 RCA 判断产业部门竞争力，可能做出错误的决策，这样做不仅没有考虑国际生产分工，也没有考虑国内各产业之间的生产分工（王直等，2015）。

1. 显性比较优势的国外研究综述

为了克服传统比较优势指数的缺陷，Koopman 等（2012）提出，应该从贸易增加值的视角修订 RCA，主张从部门出口中剔除属于国外生产要素报酬和重复统计，将国内生产的增加值代入 RCA 测算公式中，研究发现同一行业在两种测算口径下的 RCA 指数存在显著差异。Brakman 等（2016）利用 KWW（2012）贸易增加值核算结果，从全球范围视角下系统地研究了总值出口和增加值出口的 RCA 指数特征，研究表明传统比较优势指数比基于增加值修订的 RCA 波动程度更大，前者比后者波动程度更大，不同经济体两种视角下的 RCA 差异程度不相同，这可能是由于各经济体出口国内增加值率不同。Timmer 等（2013）将 WIOD 中制

造业重新分为六类[①]，对欧盟27国及具体国别的行业RCA进行了测算，研究发现欧盟27国在机械设备和交通运输设备两个类别的出口中具有显性比较优势，且呈现明显的上升趋势，化学产品则呈现“下降、上升”态势，其他三个类别出口产品都呈现不同程度的下降趋势；具体到每个国家出口行业的显性比较优势指数变化趋势不尽相同。这与Mauro和Forster（2008）基于总出口测算欧盟国家的显性优势指数结果完全不同，他们认为欧盟国家出口比较优势基本没有发生变化。此外，还有学者对要素贸易增加值进行测算，并构建了基于要素贸易增加值的RCA指数，如Roster等（2011）利用WIOD提供的1995～2006年的数据测算了41个经济体的高技术劳动力、中技术劳动力、低技术劳动力、信息技术资本（Information and Communication Technology Capital，ICT－Capital）及非信息技术资本（Non ICT－Capital）要素的RCA指数。

2. 显性比较优势的国内研究综述

国内学者张丽娜（2015）利用Koopman等（2012）提出的方法将总出口根据来源和吸收地分为不同的经济成分，并将国内增加值代入RCA测算公式中，研究表明中国在建筑业、燃油零售批发（不含汽车和摩托车）、金融业和房地产业四个产业具有比较优势。其增加值的核算方法属于Wang等（2013）定义的后向联系增加值，即从使用者的角度定义的增加值。还有学者（戴翔，2015a，2015b；黎谧、冯迪，2015；尹伟华，2016b）基于修订的RCA指数对中国整体及制造业细分行业进行测算，研究显示相对于传统RCA指数，基于增加值测算的RCA指数较小，在某些行业两者还存在异号现象，这都可以表明传统RCA指数具有“统计幻象”之嫌。已有研究在经济全球化背景下，基于贸易增加值核算的RCA指数对于正确识别各行业竞争力，促进服务产业进一步发展、转型、升级都有重要的政策意义（戴翔，2015b；龚静等，2018）。

综合来看，现有研究已经意识到传统RCA指数的缺陷，并在贸易增加值视角下进行了相关探索。就研究方法而言，主要采用后向增加值出口作为核算标准，缺乏从生产者角度评估行业竞争力的研究；就研究对象而言，普遍侧重于整

① 六个类别为：最终食品制造业、其他非耐用品、化学产品、机械和金属制品、电子机械产品和运输设备。

体出口或制造业出口，缺乏对服务业及与强国的比较研究。实际上，同制造业一样，服务业也出现了全球化现象。

第三节 研究内容与主要研究方法

开放宏观经济相对于封闭经济突出的特点是强调一国经济与世界经济之间的联系，其中对外贸易便是沟通国内经济与世界经济的桥梁；毋庸置疑，贸易核算方法的改变会对以贸易为基础的开放宏观经济领域中的问题产生一定的影响。本书正是围绕贸易增加值核算而展开的，对开放宏观经济领域中的核心问题再进行研究。期间涉及多种研究方法，投入产出分析法是最为核心的方法。

一、研究内容与结构图

1. 研究内容

在全球生产共享的背景下，如何使国际贸易核算数据准确地反映国际贸易模式，及核算方法改变对开放宏观经济领域的核心问题产生怎样的影响是一个十分重要的研究课题。当前国内外学者对贸易核算方法的研究进展如何？这些研究之间有何区别与联系？为此国际组织做出过哪些努力？中国官方机构对待贸易增加值统计的态度如何？贸易增加值视角下中国的双边贸易失衡会发生哪些变化？这些变化是否有助于缓解日益增多的贸易摩擦？贸易增加值视角下实际有效汇率是否会发生显著变化？服务业垂直专业化分工及显性比较优势如何？这些问题的回答对推进国际贸易统计体系改革、制定贸易政策具有重要意义。

本书的研究内容共包括七章。

第一章为导论。该部分主要阐述了研究背景及意义，并回顾了贸易增加值核算方法在对外贸易失衡、实际有效汇率测算、垂直专业化及显性比较优势等领域中的应用，在此基础上提出研究方向。此外，还阐述了本书的研究内容、主要研究方法、可能的创新点及研究不足。

第二章为贸易增加值核算的理论基础。该部分以垂直专业化理论为研究起点，主要对基于国家及世界投入产出模型的贸易增加值核算理论进行辨析与比较，同时对贸易增加值核算的基础数据包括单国、多国的投入产出数据表结构及世界主要投入产出数据库内容进行阐述；最后对当前主流贸易增加值失衡模型的原理及发展进行了说明。本章研究为后文构建模型奠定了理论基础。

第三章为贸易增加值核算在贸易失衡中的应用。本章参照 Nagengast（2014）的方法，构建出可以识别进出口贸易失衡的分解模型。基于全球价值链从理论上推导出双边贸易失衡受到双边贸易伙伴对国外增加值需求、第三国对国内外增加值需求、间接贸易、重复核算及折返值四类因素的影响，并利用 1995～2011 年 WIOD 提供的世界投入产出数据，一方面，测算并分解了中国与 39 个贸易伙伴的双边贸易差额，尤其关注主要贸易伙伴和典型贸易伙伴；另一方面，对中国对外贸易失衡现状及变迁情况进行了分析。研究发现：从整体来看，增加值视角下中国对外双边贸易不平衡程度会显著减小；然而，在中国与少数经济体贸易中还会出现贸易增加值顺差大于总值顺差及两者异号等情形；不同的测算方法不会改变中国对外贸易净出口，换言之，增加值视角下支出法核算的 GDP 不会发生改变。

第四章为贸易增加值核算在实际有效汇率测算中的应用。由于传统实际有效汇率测算公式没有考虑中间品贸易，因此，无法准确评估一国出口竞争力。本章借助中国贸易核算增加值分析框架，测算了 2000～2011 年中国对贸易伙伴增加值出口，并将其作为实际有效汇率计算公式中的贸易权重，继而测算出贸易增加值视角下中国制造业实际有效汇率的演变趋势，研究发现：考察期间基于增加值的实际有效汇率升值 16% 左右；不同核算方法下相同行业实际有效汇率存在差异，普遍表现为基于增加值测算的实际有效汇率略高于基于总值测算的实际有效汇率，然而两者在数值上并非表现出显著差异，这是由于基于总值和增加值出口赋予贸易伙伴的权重之间的差异较小所致。在实际有效汇率变动的贸易效应研究中，本书发现行业出口总值对行业实际有效汇率的解释程度高于加总制造业层面；基于出口总值测算的出口弹性系数有所下降，全球化在出口弹性系数下降中起到了自然对冲作用。在考察期间，基于增加值测算的出口弹性系数变化不大，整体小于总值测算的出口弹性系数。

第五章为贸易增加值核算在垂直专业化分工中的应用。本章从出口分解中选择适当指标重新构建垂直专业化分工指数，考察了中国服务业国际分工地位。研究发现：中国服务业整体垂直专业化份额呈上升趋势，年均增长率为1.60%；出口国外增加值来源呈现多元化趋势，作为中国主要进口来源地的20个经济体总计占比从1995年的74.75%下降到2011年的61.24%；新兴工业经济体和部分发达国家是中国服务业出口国外增加值的主要来源地，来自俄罗斯、墨西哥、巴西和印度等新兴市场经济体的国外增加值份额增长较快，与中国服务业形成垂直专业化分工潜力较大。在与世界十大服务贸易经济体比较中发现，中国服务业垂直专业化分工程度及发展速度均处于中等水平。

第六章为贸易增加值核算在显性比较优势中的应用。现有以增加值为视角的研究往往忽视部门贸易增加值可以隐含在该国其他部门而实现间接出口，用本部门出口的国内增加值代替本部门直接或间接创造的出口增加值。因此，本书利用具有连续时间序列（1995～2011年）性质的世界投入产出表，利用前向联系分解法对中国服务业细分产业层面及根据要素密集特征分类层面的增加值进行了测算，并将其代入RCA计算公式中，重新评估服务贸易的国际竞争力，研究显示中国在全球价值链的分工中，比较优势集中在资本密集型服务业领域，且实现了比较劣势向比较优势的转变；劳动、知识密集型服务业及公共服务业均尚未取得比较优势，但是有迹象表明三个领域的比较劣势有改善的趋势；与基于前向联系的增加值核算结果相比，基于总值核算结果“高估”了劳动密集型产业的比较优势，其中对建筑业和零售贸易两个行业的估计偏差最大；同时，资本、知识密集型两个领域存在不同程度的“低估”现象。此外，与美国相比，大部分行业不具有显性比较优势。

第七章为主要结论、政策建议及研究展望。该部分对本书的理论研究与应用研究分别进行总结，并提出相应的政策建议，最后从提高贸易增加值核算数据精准性及拓展贸易增加值核算的应用领域两个方面对未来研究方向进行展望。

2. 研究结构图

本书在理论部分着眼于世界，而应用部分则落脚在中国。采用理论推演、比较与实证相结合的方法，图1-1展示了本书的研究结构：

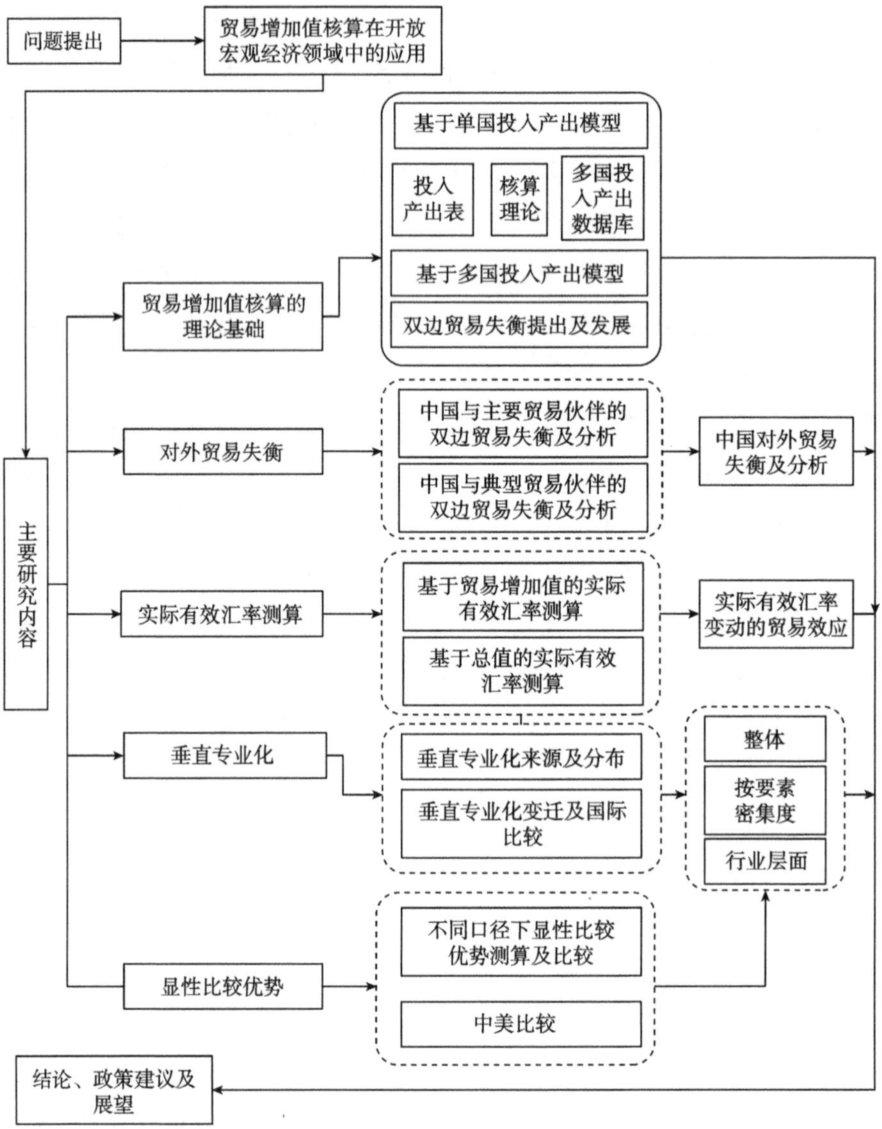

图 1－1　本书的研究结构

二、主要研究方法

“贸易增加值核算在开放宏观经济领域中的应用”既是当前经济学领域的热点问题，又是前沿问题，内容不仅涉及投入产出分析、宏观经济学、国民经济核算、统计学、国际贸易学五个学科知识，还将管理学、运筹学和金融学等多个学科理论融为一体，为使整个研究框架更加系统化且具特色，本书综合使用了“投入产出分析法”“定性与定量分析法”“比较分析法”和“实证分析法”等多种研究方法。

1. 投入产出分析法

它是本书的核心方法，这是由于贸易失衡、实际有效汇率、垂直专业化分工及显性比较优势测算的研究基础均为贸易增加值核算，而贸易增加值核算则是以投入产出分析方法为基础。其核算原理为：单位出口产品中投入的国内劳动和资本等生产要素创造了第一轮的增加值，这部分价值被称为出口直接增加值；此外，生产单位产品还需要投入一定比例的国内中间产品和国外中间产品，生产这些中间产品所投入的生产要素创造第二轮国内与国外增加值，即出口的间接国内与国外增加值；这些中间投入品的生产又需要使用其他中间投入品。这一过程不断延续，而投入产出表能够追踪整个经济系统的所有生产阶段。因此，单位出口价值等于单位出口生产中所创造的直接增加值和所有间接国内与国外增加值之和（牛华等，2016a）。世界投入产出表将其他国家的投入产出数据按照统一的标准汇总到一张表中，各经济体内部的投入产出矩阵结合进口系数矩阵可以形成一个巨大的投入产出系数矩阵，可以清晰地捕捉所有贸易伙伴及国内生产要素对一国出口的贡献。以投入产出法为基础，本书分别利用基于跨境次数分解出口总值的KWW方法、总贸易分解方法和前向增加值分解方法，从不同的角度对开放宏观经济中的具体问题进行了研究。

2. 定性与定量分析法

它是研究经济学问题时广泛采用的方法，可以将其视为规范研究的主要方法之一，因为仅定性分析不足以使研究问题形象化，而仅定量分析又难免使文章显得枯燥。本书定性地分析了贸易核算口径的变化对实际汇率的影响，并通过实际汇率测算公式计算基于官方贸易出口总值及增加值两种口径下国家层面及行业层面的实际有效汇率，两种计算结果的偏离程度即为核算口径对实际有效汇率的量化影响；此外，基于贸易增加值构建国家或行业实际有效汇率、垂直专业化分工指数及显性比较优势指数，以此进行定量分析。本书在数据运算及分析中先后使用SAS、STATA、EVIEWS等统计工具。

3. 比较分析法

它是本书大部分章节普遍采用的研究方法，在贸易增加值核算理论基础部分，对国内外各种研究方法之间的异同进行了比较分析。在对外贸易失衡部分，比较分析法不仅体现在总值与增加值之间的差异上，还体现在分析不同情形下导致两者差异的影响因素上；在实际有效汇率中，比较分析方法不仅体现在国家层面和行业层面实际有效汇率的分析上（可称为横向分析），还体现在各行业实际汇率的变化程度分析上。在显性比较优势中，首先，本书参照樊茂清和项莹（2013）按照要素密集度特征分类的方法，将世界投入产出表中的所有服务业分为劳动密集型、资本密集型、知识密集型和公共服务四个类别，比较分析四个领域显性比较优势变化特征（可称为纵向分析）；其次，将各行业基于前向联系增加值测算的比较优势指数与基于总出口测算的比较优势指数进行了比较分析。不同层面的比较分析丰富了本书的研究结论，有助于对本书的理解。

4. 实证分析法

在分析实际有效汇率的贸易效应时，本书在一定理论分析的基础上构建了计量面板模型，利用40个国家和行业的数据，通过选择适当的分析方法，对构建计量模型进行估计，进而测算两种口径下实际汇率对出口的影响程度及变化趋势。

第四节　创新点与研究不足

一、可能的创新点

首先，以贸易增加值为视角，较为全面地梳理了以单国投入产出模型、世界投入产出模型为基础的贸易增加值核算的研究成果。按照文献发展脉络与逻辑关系，一方面，对垂直专业化测量方法的发展、增加值贸易与贸易增加值核算理念异同、总值与贸易增加值失衡核算的区别与联系等进行分析与总结；另一方面，指出各种贸易增加值核算方法的利弊及适用范围。由于贸易增加值核算方法仍然是一个不断发展的领域，至今尚未有一种方法能够解决开放宏观领域中的所有问题。通过系统比较分析现有主要核算方法或许可以启发新的研究思路。

其次，有关双边贸易失衡的研究，主流文献主要是借鉴 Stehre 等（2012）分解方法，此方法只能粗略测算出双边的失衡程度，而缺乏对总值和增加值视角下测算双边失衡的差异影响因素分析。本书则借鉴 Nagengast（2014）提出的依据跨境次数核算原则构建双边失衡模型，理论模型显示双边贸易伙伴对国外增加值需求、第三国对国内外增加值需求、间接贸易、重复核算及折返值四类因素对双边贸易失衡测算会产生影响，在此基础上核算中国对外失衡规模及失衡结构。相对于主流文献，本书详细的分解有助于提高结果的准确性，还清晰地显示了导致总值和增加值核算失衡之间差异的影响因素。同时，将其运用于中国失衡问题的研究，可提供另一种理解失衡的视角。

再次，借鉴 Wang 等（2013）提出的多层面（包括国家/部门层面、双边层面、双边/部门层面）总贸易流分解方法创新性地构建了实际有效汇率测算指数，同时利用投入产出数据、双边名义汇率和生产者价格指数，首次从贸易增加值的视角测算了中国国家层面和行业层面的实际有效汇率；通过建立面板数据模型（含出口与实际汇率的函数）的方法，将其与贸易总值为口径的实际有效汇率贸易效应进行比较分析，发现贸易增加值实际汇率对出口的解释力度较大，该研究结果在一定程度上为倡导使用贸易增加值实际有效汇率提供了佐证，同时本书也明确提出行业实际有效汇率的改进方向：用行业 PPI 替代整体 PPI。

最后，以总贸易核算方法及前向联系增加值出口为基础，分别构建垂直专业化及显性比较优势指数。相对于已有研究，本书不仅测算出垂直专业化程度，而且对国外增加值的来源及变迁情况进行了分析，也对中国垂直专业化程度及发展水平进行了国际比较，从而有助于在世界范围内了解中国国际化分工程度。在比较优势方面，本书较为系统地阐述了基于前向与后向联系增加值测算显性比较优势的区别，以前者为依据对比较优势指标进行了测算，同时将其与传统比较优势指数进行了比较，突出贸易增加值核算对比较优势指数的影响；在与美国显性比较优势的比较中，有助于找出中国与强国的具体差距。

值得注意的是，本书并非一成不变地使用特定贸易增加值核算方法解决开放宏观经济领域中的所有问题，因为贸易增加值核算方法仍然是一个开放领域，尚未形成一个统一的方法。本书根据研究问题的性质选择合适的方法，换言之，使用不同的贸易增加值核算方法重新审视开放宏观经济领域中的核心问题。

此外，一方面，目前有关贸易增加值核算的文献，研究对象较多地集中在国家层面或制造业上，对服务业研究较为匮乏，然而同制造业一样，服务业也存在全球化生产现象，况且作为大众创业、万众创新的载体，党中央、国务院在“十三五”开局之年对服务贸易提出了更高的要求。另一方面，中国是一个具有二元贸易结构的国家，制造业中存在相当比例的加工贸易，已有研究表明，加工贸易的存在使得基于 WIOD 测算制造业的垂直专业化分工程度被低估，而服务贸易领域中不存在二元贸易结构特征问题，这一点在刘维林（2013）及中国 2007 年投入产出表分析课题组（2010）的研究中都有所涉及，只分析服务业可能会提高结果的准确性。鉴于此，本书将垂直专业化和比较优势两个方面的研究都锁定在中国服务贸易上，以期为服务贸易发展提供有益的决策依据，同时丰富该领域的研究。应该指出的是，本书使用的指标及分析思路对国家层面及制造业同样适用。

二、研究不足

首先，因投入产出表编制时间较长，对贸易增加值进行分析的数据存在较长时间的滞后，本书最新数据截至 2011 年，分析结果能在多大程度上反映当前国际贸易模式存在一定的疑问，可能会对当前政策的指导意义打一些折扣。

其次，不同经济体公布的行业层面 PPI 难免基于不同分类标准，若按照统一标准测算行业层面 PPI，需要大量的分解与合并运算，而且最终结果的准确性也难以保证；考虑到目前掌握的资料和笔者的精力有限，本书将各经济体的制造业 PPI 作为实际汇率运算过程中的价格指数，碍于数据的可得性，印度、印度尼西亚和中国台湾三个经济体采用批发价格指数（WPI）。因此，采用行业层面价格指数以提高行业实际有效汇率测算的准确性是未来的一个研究方向。

再次，在对中国服务业比较优势指数进行测算时，偏重于对基于前向联系增加值和总值下两种比较优势的对比分析，若纳入基于后向联系增加值比较优势，结果可能更为丰富；此外，若能够构建一个计量模型用于检验两种结果的准确性，其核算结果将会更加有说服力。

最后，本书较为详细地阐述了考虑加工贸易的贸易增加值核算理论，但是由于缺少投入产出专项调查数据、海关货物进出口数据和外汇管理局服务贸易的详细数据，因此，凭个人能力及时间限制，没能编制出能够反映出中国贸易结构的投入产出表；另外，缺乏中国和墨西哥对贸易伙伴的来料加工出口及进料加工贸易出口数据，双边贸易流信息及微观企业调查数据，于是没有完成将中国、墨西哥等经济体非竞争投入产出表（区别企业性质和贸易类型）嵌入到世界投入产出数据库中（编制体现加工贸易特性的全球投入产出表）这项重要且困难的工作，因而有必要在未来的研究方向上引起关注。

本书只是撬开了贸易增加值核算在开放宏观经济领域中应用的“冰山一角”，未来在贸易增加值核算方法的统一及应用范围方面还有极大的探索空间。

第二章　贸易增加值核算的理论基础

贸易增加值核算是依托于全球价值链的发展而来，是对全球价值链上各国利益的一种测算。其雏形来源于测算出口中包含国外价值的垂直专业化方法，并以投入产出表为核算起点的。按照所包含经济体的数量，投入产出表可分为国家投入产出表和世界投入产出表。其中，国家投入产出表根据对进口品的处理方式又可分为一般非竞争型投入产出表和区分加工贸易的非竞争型投入产出表，在此基础上还形成了区别内外资企业性质的非竞争型投入产出表。为了更好地阐述贸易增加值核算的理论基础，首先，本章对不同类型投入产出表进行简单介绍；其次，对垂直专业化方法的提出及发展进行阐述；再次，依照国家投入产出表与世界投入产出表两个路径对已有贸易增加值核算原理、模型及研究结论等一系列问题进行深入研究；最后，对贸易增加值失衡模型的提出及发展给予了探讨，同时对其适用范围进行了阐述，并提出改进方向，本章将为后文模型构建奠定理论基础。

第一节　投入产出表

投入产出表是20世纪30年代由美国经济学家列昂惕夫（1936）在前人关于经济活动相互依存性研究的基础上编制的。它以棋盘式的表格反映了不同经济体、部门之间的投入产出结构关系，同时能够反映每个经济体单位产出所需要投入中间品的数量和种类，由此可对最终产品生产过程中每一阶段的投入进行追溯

（王直、魏尚进和祝坤福，2015）。根据不同的计量单位，投入产出表可以分为实物表和价值表。一般用于投入产出分析使用的是标准价值表，其最重要的应用为核算最终需求的总投入，其作用不仅可以测算产业部门在生产过程中的直接需求，而且可以测算来自其他部门中间投入产品所有间接需求（谢清华，2016）。

一、国家投入产出表

一般非竞争型投入产出表如表2－1所示：

表2－1　一般非竞争投入产出表

产出投入			中间使用	最终使用	国内总产出或进口
			1，…，n		
中间投入	国内生产	1，…，n	Z^{DD}	Y^D	X^D
	进口	1，…，n	Z^{MD}	Y^M	X^M
	增加值		VA^D		
	总投入		$(X^D)'$		

资料来源：陈锡康，杨翠红．投入产出技术［M］．北京：科学出版社，2011.

表2－1中，Z表示部门①之间的中间投入矩阵，VA是投入资本、劳动等生产要素所获得的增加值向量，X和Y同为列向量，分别表示各部门的总产出和最终需求。上标D表示国内需求生产，M表示进口，上标“′”表示矩阵的转置。从投入产出表的行向上可以看出产品在各部门的使用情况，列向上表示不同部门对同一部门生产的投入情况。Z^{DD}中的元素Z_{ij}^{DD}表示部门j对部门i的使用，同理，Z_{ij}^{MD}表示部门②j对外国部门i的使用。若定义国内直接消耗系数矩阵为A^{DD}，则其中元素A_{ij}^{DD}的计算方法为$A_{ij}^{DD}=\frac{Z_{ij}^{DD}}{X_j^D}$，表示第j部门生产单位用于国内需求产品对第i部门产品的直接消耗量；若定义进口消耗系数矩阵为A^{MD}，其中元素A_{ij}^{MD}的计算方法为$A_{ij}^{MD}=\frac{Z_{ij}^{MD}}{X_j^D}$，表示第j部门生产单位用于国内需求产品对国外第i部

① 本书中提到的部门与行业实质相同，在书中交替使用。

② 本节部门是指国内部门，外国部门会特殊说明。

门产品的直接消耗量；若定义增加值系数矩阵为 VA^D，其中元素的计算方法为 $V_j = \frac{VA_j}{X_j^D}$，表示部门 j 单位产值所需的国内要素投入。

利用一般非竞争投入产出表，能够详细地反映进口产品在国内使用中的分配情况，为研究对外贸易与本国经济系统之间的关系提供详细基础数据和可靠的测算模型。但是一些发展中国家（中国和墨西哥）为了支持本国贸易发展，对加工贸易制定了关税减免和退税等优惠政策，促使进口中间产品更多被用于出口①，在此背景下，一般出口和加工出口中对进口中间产品的使用比例往往不同，这种二元贸易结构现象已经被广泛地认可（Naughton，2007）。鉴于加工出口占比为中国总出口的 50% 左右，并且中国和墨西哥两国加工贸易占据世界加工贸易的 85% 以上（KWW，2010），若忽视加工贸易的存在会在一定程度上低估出口中国内增加值。Lawrence 等（2007）首次提出构建中国非竞争投入产出模型（进口品和国内生产的投入品被分别核算），并将加工贸易纳入非竞争投入产出表中。他们利用 1995 年投入产出表测算出 33 个产业出口国内增加值，它是由一般加工出口和非加工出口中包含的国内增加值加权平均而得。其中，包含加工贸易的非竞争投入产出表，如表 2-2 所示。

表 2-2　区分加工贸易的非竞争投入产出表

			中间使用			最终使用	国内总产出或进口
			国内生产	加工出口	非加工出口		
			1，…，n	1，…，n	1，…，n		
中间投入	国内生产	1，…，n	Z^{DD}	Z^{DP}	Z^{DN}	Y^D	X^D
	加工出口	1，…，n	0	0	0	Y^P	X^P
	非加工出口	1，…，n	Z^{ND}	Z^{NP}	Z^{NN}	Y^N	X^N
	进口	1，…，n	Z^{MD}	Z^{MP}	Z^{MN}	Y^M	X^M
增加值			VA^D	VA^P	VA^N		
总投入			X^D	X^P	X^N		

资料来源：Lawrence 等．非竞争型投入占用模型及其应用——中国贸易顺差透视［J］．中国社会科学，2007（5）：91-103.

① Chen 等（2012）认为，加工贸易更多依赖进口品的另一个原因是外国附属公司主导着加工贸易，相比于国内企业，他们更容易融入全球供应链中。

表2－2中，D和M含义同表2－1，P和N分别表示加工出口生产和非加工出口生产；X^D、X^P和X^N分别表示不同类型产出的列向量；Y^D、Y^P和Y^N分别表示不同类型最终需求列向量；DD表示国内各部门之间的投入产出，DP表示国内中间产品用于加工出口，DN则表示国内产品用于一般出口，Z^{DD}、Z^{DP}和Z^{DN}分别表示国内产品用于D、P、N的中间投入（祝坤福等，2007），Z^{ND}、Z^{NP}和Z^{NN}分别表示非加工生产用于D、P、N的中间投入；Z^{MD}、Z^{MP}和Z^{MN}分别表示进口中间产品用于D、P、N的中间投入；VA^D、VA^P和VA^N分别表示D、P、N的初始投入；Y^D、Y^P、Y^N分别表示D、P、N的最终需求；Y^M表示总进口。

中国海关总署统计数据显示，在20世纪90年代早期，加工贸易出口份额已经占据中国出口的“半壁江山”，外商投资企业在加工贸易领域占据绝对主导地位，国内企业占加工贸易出口的比例仅为15%左右，不同性质企业生产对进口品的依赖程度有显著差异。因此，若忽视公司之间生产技术的不同会导致出口中的国内份额产生偏差。出于以上原因，Ma等（2015，MWZ）利用2007年投入产出表，并结合国家统计局编制的工业生产年度调查数据和中国海关总署企业层面的进出口数据，编制了区分内外资企业和贸易方式的非竞争投入产出表，如表2－3所示：

表2－3 区分企业性质和加工贸易的非竞争投入产出表

				中间使用				最终使用	国内总产出或进口
				内资企业		外资企业			
				N	P	N	P		
				1，…，n	1，…，n	1，…，n	1，…，n		
中间投入	内资企业	N	1，…，n	Z^{CCN}	Z^{CCP}	Z^{CFN}	Z^{CFP}	Y^{CN}	X^{CN}
		P	1，…，n	0	0	0	0	Y^{CP}	X^{CP}
	外资企业	N	1，…，n	Z^{FCN}	Z^{FCP}	Z^{FFN}	Z^{FFP}	Y^{FN}	X^{FN}
		P	1，…，n	0	0	0	0	Y^{FP}	X^{FP}
	进口		1，…，n	Z^{MCN}	Z^{MCP}	Z^{MFN}	Z^{MFP}	Y^M	X^M
增加值				VA^{CN}	VA^{CP}	VA^{FN}	VA^{FP}		
总产出				X^{CN}	X^{CP}	X^{FN}	X^{FP}		
国外收入				G^{CN}	G^{CP}	G^{FN}	G^{FP}		

注：此表中N代表一般贸易和国内生产，为表2－2中N和D合并后的结果，P为加工出口。

资料来源：Ma H，Wang Z，Zhu K F. Domestic Content in China’s Exports and its Distribution by Firm Ownership［J］. Journal of Comparative Economics，2015（43）：3－18.

表2－3中，C表示内资企业（包括国有企业、集体企业和私营企业），F表示外资企业（包括外商独资企业和合资企业），N、P、M分别代表一般出口、加工出口和进口，G表示国外要素收入，表2－3中符号含义同表2－1和表2－2。

在测算包含在最终产品中不同经济体的贡献时，国家投入产出表显示出一定的不足之处，这是由于该表只能描述国家各部门之间的投入产出关系，无法展示国内与其他经济体之间的贸易流向，因此，需要可以反映不同经济体投入产出关系的世界投入产出表。

二、世界投入产出表

相对于国家投入产出表，世界投入产出表不仅可以提供国内外各部门产出与要素投入数据，还可以清晰地展示不同国家（地区）行业之间的投入产出关系，表2－4为世界投入产出表的简单结构。

表2－4　世界投入产出表（WIOT）

			中间使用					最终产品					总产出
			s国	r国	t国	…	m国	s国	r国	t国	…	m国	
			1，…，n	1，…，n	1，…，n	…	1，…，n	1，…，n	1，…，n	1，…，n	…	1，…，n	
中间投入	s国	1，…，n	Z^{ss}	Z^{sr}	Z^{st}	…	Z^{sm}	Y^{ss}	Y^{sr}	Y^{st}	…	Y^{sm}	X^s
	r国	1，…，n	Z^{rs}	Z^{rr}	Z^{rt}	…	Z^{rm}	Y^{rs}	Y^{rr}	Y^{rt}	…	Y^{nm}	X^r
	t国	1，…，n	Z^{ts}	Z^{tr}	Z^{tt}	…	Z^{tm}	Y^{ts}	Y^{tr}	Y^{tt}	…	Y_{tm}	X^t
	…	…	…	…	…	…	…	…	…	…	…	…	…
	m国	1，…，n	Z^{ms}	Z^{mr}	Z^{mt}	…	Z^{mm}	Y^{ms}	Y^{mr}	Y^{mt}	…	Y^{mm}	X^m
增加值			VA^s	VA^r	VA^t	…	VA^m						
			总投入	X^s	X^r	X^t	…	X^m					

资料来源：Timmer M P. The Word Input－Output Database（WIOD）：Contents，Sources and Methods［R］. WIOD Working Paper，2012（10）.

表2－4中，Z^{ij}是n×n矩阵，表示j国生产中使用i国的中间产品（i，j＝s，r，t，…，m），Y^{ij}是n×1矩阵，表示j国吸收的i国生产的最终产品；X^i是n×1矩阵，X^i和VA^i分别表示总产出和增加值矩阵。同国家投入产出表相同，横向表示产品在不同国家的投入情况，纵向表示某一特定国家对来自国内和国外中间

投入品的使用情况。表2-4只是世界投入产出表的基本结构，现实中的世界投入产出表往往在基础数据来源、经济体及产业部门数量等方面存在一定程度的差异。

第二节　垂直专业化理论基础

一、垂直专业化理论的提出

研究贸易增加值核算，诸多文献都会涉及垂直专业化，它被学界视为贸易增加值核算方法的雏形。早在1965年，Balassa在其《贸易自由化与显性比较优势》一文中就对全球化生产过程进行了概括，他指出：每个国家根据其比较优势对产品生产过程分别进行附加值化，由此便形成了一条垂直的贸易链，并将这种现象定义为垂直专业化。然而，作为现代意义上的与产业间分工和产业内分工共生互补的垂直专业化分工，直到20世纪90年代，才随着运输、通信、数据处理技术的进步而得到空前迅猛的发展。学者（Grossman，1982；Sanyal，1983；Yeats，1998；Venables，1995；Feenstra and Hanson，1996，2000；Farrell，2005；Jones and Kierzkowski，1997）就"垂直专业化"现象提出诸如"价值链分割"（Slicing up the Value Chain）、"国际外包"（International Outsourcing）、"生产分解"（Disintegration of Production）、"生产碎片化"（Fragmentation）、"产品内分工"（Intra-Product Specialization，IPS）、"全球生产共享"（Global Production Sharing）和"任务贸易"（Trade in Tasks）等相近概念。虽然这些术语含义不尽相同，但在某种程度上均体现了跨越国界生产的广泛性。

在此基础上，Hummels、Ishii和Yi（2001，HIY）不仅开创性地从进口与出口两个方向给出了垂直专业化的具体定义，而且使得垂直专业化测量成为可能。其中，从进口方向来讲，垂直专业化是指一国出口商品中所包含的从其他国家进口的中间产品的增加值，又称为VS；从出口方向来讲，垂直专业化是指一国出口的中间产品被他国用于生产出口品的增加值，又称为VS1。具体地：

$$VS_{ki} = (\frac{\text{imported intermediates}_{ki}}{\text{Gross output}_{ki}}) \times \text{Exports}_{ki} \tag{2-1}$$

其中，k 和 i 分别表示国家和商品。

$$VS1_{ki} = \sum_{j=1}^{n} \text{Exported intermediates}_{kji} \times (\frac{\text{Exports}_{ji}}{\text{Gross output}_{ji}}) \tag{2-2}$$

其中，j 表示 k 国的出口贸易伙伴。由式（2－1）和式（2－2）可知，通过加总跨境商品可以得到国家层面的 VS 和 VS1。不难看出，VS1 的测算需要很好地了解一国出口到另一个国家产品的使用用途，因此，其测算方法比 VS 的测算方法复杂。

在理想条件下，VS 和 VS1 可以在产品层面进行测算，进而加总至国家层面。鉴于无法获得产品层面的数据支持，HIY 主要利用包含行业进口投入、增加值、总产出和总出口的国家投入产出表。然而，使用投入产出表最大的优点是不用区分中间产品和最终产品，同时，其缺点是只能反映产业层面的垂直专业化水平。正如 HIY（2001）指出的那样，由于对进出口产品分类不够细致，投入产出表可能高估或低估真实 VS。例如，一个行业生产两种产品，一种使用从国外进口的中间产品且用于国内最终消费，另一种使用本国中间产品且全部用于出口，在这种情况下测算的 VS 为 0，然而在产业层面将会产生一个正值。与此相反的另一种情况为：一种产品主要使用国外进口产品且用于出口，另一种产品主要使用本国产品且用于消费，从行业层面测算的 VS 会被高估。

在没有详细数据的条件下，HIY 根据非竞争投入产出表（见表 2－1）在水平和竖直方向上存在的平衡关系，推导出垂直专业化的测算公式，其水平方向上的平衡关系为：

$$A^D X^D + Y^D = X^D \tag{2-3}$$

$$A^M X^D + Y^M = X^M \tag{2-4}$$

其中，$A^D = Z^{DD}/X^D$，$A^M = Z^{MD}/X^D$ 分别表示各部门生产过程中国内中间产品和进口中间产品的直接消耗系数矩阵，表示生产单位总产品所需要中间投入品的数量。竖直方向的平衡关系为：

$$uA^D + uA^M + A_v = u \tag{2-5}$$

其中，u 为全部元素为单位 1 的矩阵，$A_v = VA^D/X^D$，代表了单位产出的国内增加值率。由公式（2-3）可得：

$$X^D=(I-A^D)^{-1}Y^D \tag{2-6}$$

其中，$(I-A^D)^{-1}$为列昂惕夫逆矩阵，反映了单位最终需求所引致的总产出，进而可得出国内增加值系数 DVS：

$$DVS=A_v\Delta X/\Delta Y=A_v(I-A^D) \tag{2-7}$$

结合式（2-5）和式（2-7）可得垂直专业化系数：

$$VS=u-A_v(I-A^D)^{-1}=uA^M(I-A^D)^{-1} \tag{2-8}$$

然而，HIY 指出 VS1 测算要比 VS 测算困难，它需要将双边贸易数据与投入产出表中的信息匹配起来，所以他们并未给出基于投入产出表测算的 VS1 公式。HIY 利用 OECD 国家投入产出表和爱尔兰、韩国、中国台湾、墨西哥四个经济体的国家（地区）投入产出表测算了这些国家（地区）的垂直专业化程度，结果表明，1990 年垂直专业化分别占 OECD 国家和四个经济体商品出口的 20% 和 40%，世界垂直专业化程度在 25 年间上升了 40%。

但是 HIY 方法存在两个关键的假设：其一，进口中间产品在国内生产和出口生产的使用比例相同；其二，假定进口中间产品 100% 都是国外增加值，即进口品中不存在国内成分。然而，前一个假定与循环往复的国际生产方式不相符，后一个假定不适合用于分析加工贸易比重较大的经济体，例如，中国和墨西哥。此后一段时期内，学者们的研究围绕着放松这两个假定展开。

二、垂直专业化理论的发展

如上节所述，HIY 方法假定所有产品的中间产品的投入结构相同，这与加工比重较高的国家的生产现实相违背。为区别加工出口和一般出口对进口中间产品的依赖程度，KWW（2008）基于加工贸易进口数据和 UNBEC 等数据信息，用二次规划方法估计出不同类型生产活动的投入产出系数矩阵。他们首先基于扩展的非竞争投入产出表，建立横向平衡关系式：

$$\begin{bmatrix} I-A^{DD} & -A^{DP} \\ 0 & I \end{bmatrix}\begin{bmatrix} X-E^P \\ E^P \end{bmatrix}=\begin{bmatrix} Y^D-E^P \\ E^P \end{bmatrix} \tag{2-9}$$

$$A^{MD}(X-E^P)+A^{MP}E^P+Y^M=M \tag{2-10}$$

$$uA^{DD}+uA^{MD}+A_v^D=u \tag{2-11}$$

$$uA^{DP}+uA^{MP}+A_v^P=u \tag{2-12}$$

各符号含义同表2-2相同。进一步地，KWW（2008）将式（2-9）写为总需求拉动总产出的形式：

$$\begin{bmatrix} X-E^P \\ E^P \end{bmatrix}=\begin{bmatrix} I-A^{DD} & -A^{DP} \\ 0 & I \end{bmatrix}^{-1}\begin{bmatrix} Y^D & -E^P \\ & E^P \end{bmatrix} \tag{2-13}$$

$$其中,B=\begin{bmatrix} I-A^{DD} & -A^{DP} \\ 0 & I \end{bmatrix}^{-1}=\begin{bmatrix} (I-A^{DD})^{-1} & (I-A^{DD})^{-1}A^{DP} \\ 0 & I \end{bmatrix} \tag{2-14}$$

结合式（2-13）和式（2-14）可得：

$$X-E^P=(I-A^{DD})^{-1}(Y^D-E^P)+(I-A^{DD})^{-1}A^{DP}E^P \tag{2-15}$$

将式（2-15）代入式（2-10）可得：

$$M-Y^M=A^{MD}(I-A^{DD})^{-1}(Y^D-E^P)+A^{MD}(I-A^{DD})^{-1}A^{DP}E^P+A^{MP}E^P \tag{2-16}$$

由式（2-16）可直接写出每个行业加工贸易和一般出口中的垂直专业化份额：

$$\begin{vmatrix} VSS^D \\ VSS^P \end{vmatrix}=\begin{vmatrix} uA^{MD}(I-A^{DD})^{-1} \\ uA^{MD}(I-A^{DD})^{-1}A^{DP}+uA^{MP} \end{vmatrix} \tag{2-17}$$

一方面，由于每个产业出口的国外成分份额为两种类型出口的加权平均，则垂直专业化份额公式为：

$$VS=uA^{MD}(I-A^{DD})^{-1}\frac{E-E^P}{te}+u(A^{MD}(I-A^{DD})^{-1}A^{DP}+A^{MP})\frac{E^P}{te} \tag{2-18}$$

其中，$\frac{E-E^P}{te}$和$\frac{E^P}{te}$分别为一般贸易和加工贸易的权重，te是标量，代表一国总出口，这是由HIY方法提出计算国家层面垂直专业化份额的广义公式。在特殊的情形下，当$A^{DD}=A^{DP}$和$A^{MD}=A^{MP}$时，式（2-18）退化为式（2-8）。

另一方面，Daudin和Rifflart（2009，D&R）对垂直专业化定义进行了扩展：将一国出口品中用于进口国最终产品形成，而后通过出口被本国吸收的部分定义为VS1*，进而估算出各个部门VS、VS1和VS1*。他们基于GTAP[①]数据库计算了66个国家的增加值贸易，分析垂直专业化如何产生区域贸易，并试图回答世

① 关于GTAP数据库的编制见Narayanan等（2008）。

界上“谁为谁生产”的问题。

第三节　贸易增加值核算理论基础

作为致力于解决国际经济发展与官方贸易统计矛盾的新兴核算方法，贸易增加值核算方法在提出后的一个相对较短时期内得到了 WTO、经济合作与发展组织（OECD）、欧盟（EU）等国际组织及贸易经济研究者的广泛关注，随着非竞争投入产出表编制技术进步及世界投入产出数据表相继发布，有关贸易增加值核算方法已经取得了丰硕的成果并应用到相关的研究领域中。其中，有代表性与影响力的研究为：KWW 方法、J&N 方法、MWZ 方法、WWZ 方法和 Timmer 法（2012b）等。这些方法多数以垂直专业化为基础，通过对该指标计算过程中不符合实际的假设条件的修正与放松，形成的贸易增加值核算框架（潘文卿等，2014，2015）。值得注意的是，贸易增加值核算方法的发展是多元化的，并非沿着单一方向发展，所以很难沿一条主线对已有的研究进行梳理。因此，本章首先采用分类思想并在每一个类别中遵循演化思想对贸易增加值核算方法的原理、结论及适用范围进行探究，这种思路不仅有助于清晰理清基于国家投入产出模型和世界投入产出模型核算方法之间的区别，也考虑到不同核算方法之间的内在联系。

一、基于国家投入产出模型的贸易增加值核算理论

1. 基于国家投入产出模型的贸易增加值核算理论

荷兰格罗宁根大学教授 Marcel 等（2016）利用“假设抽取法”对一国出口总值进行分解。该方法的核心思想是：通过灵活改变投入系数矩阵和最终需求矩阵来实现对一国出口品的分解。他们将一个经济体实际 GDP 与没有从事出口相关生产活动下 GDP 的差定义为出口中的国内增加值。具体地，首先将全球经济体分成本国（用 s 表示）和其他经济体两部分（用 r 表示），全球投入产出系数矩阵可以用：$A=\begin{bmatrix} A_{ss} & A_{sr} \\ A_{rs} & A_{rr} \end{bmatrix}$表示。其中 A_{ij} 表示 j 国各产业对 i 国的使用系数矩

阵，当 i = j 时，A_{ii}表示本国国内投入产出系数矩阵。同理，最终使用可以表示为：$Y=\begin{bmatrix} Y_{ss} & Y_{sr} \\ Y_{rs} & Y_{rr} \end{bmatrix}$。其中，$Y_{ij}$表示 i 国生产的产品被 j 国最终使用的部分。那么，一国实际 GDP 可以用式（2－19）表示：

$$GDP_s = V_s(I-A)^{-1}Y \tag{2-19}$$

其中，V_s 为 S 国增加值系数矩阵。

在 S 国不存在出口的情况下，Marcel 等（2016）将全球投入系数矩阵和最终使用矩阵分别设定为：$A^*=\begin{bmatrix} A_{ss} & O \\ A_{rs} & A_{rr} \end{bmatrix}$和 $Y^*=\begin{bmatrix} Y_{ss} & O \\ Y_{rs} & Y_{rr} \end{bmatrix}$，S 国出口的国内增加值（Domestic Value Added in Exports）可以用式（2－20）表示：

$$DVA_s = GDP_s - GDP_s^* \tag{2-20}$$

其中，$GDP_s^* = V_s\ (I-A^*)^{-1}Y^*i$ 表示 S 国不存在出口时的 GDP。

进一步地，通过灵活地设定 $Y^{**}=\begin{bmatrix} Y_{ss} & 0 \\ Y_{rs} & 0 \end{bmatrix}$，可以将出口中最终被国外吸收的增加值表示为①：

$$DVA(A)_s = GDP_s - V_s(I-A)^{-1}Y^{**}i \tag{2-21}$$

出口经国外加工并返回国内的增加值为 DVA_s 与 DVA（A）$_s$ 之差：

$$DVA(R)_s = DVA_s - DVA(A)_s \tag{2-22}$$

最后，Marcel 等（2016）通过将 Y_{sr}从最终需求矩阵 Y 中移除得到 Y^*i，从而，最终品出口中被国外吸收的增加值可以表示为：

$$DVA(A,Fin)_s = GDP_s - V_s(I-A)^{-1}Y^*i \tag{2-23}$$

那么，中间品出口中被国外吸收的增加值可以表示为：

$$DVA(A,Int)_s = DVA(A)_s - DVA(A,Fin)_s \tag{2-24}$$

通过灵活变换投入系数矩阵和最终需求矩阵，Marcel 等（2016）最终得出了总出口的完全分解式：

$$E_s = [DVA(A,Fin)_s + DVA(A,Int)_s + DVA(R)_s] + RES_s \tag{2-25}$$

---

① 表示 r 不存在国内最终需求和国外最终需求时的全球投入产出系数矩阵。

其中，E_s 为 s 国的总出口，RES_s 为外国增加值和重复统计项。

可以看出，Marcel 等（2016）通过灵活利用“假设抽取法”，主要基于一国投入产出表便可以对出口总值进行分解，如果研究目的仅限于求出一国总出口中国内增加值的使用去向，这种方法较为简单易操作，如果要详细了解一国总出口价值的组成成分，还需借助于世界投入产出表。

2. *考虑加工贸易的贸易增加值核算理论*

针对中国对外贸易特点，Lawrence 等（2007）和 Chen 等（2012）放松了 HIY（2001）关于对进口品使用同质的假定，将中国的生产活动区分为用于国内需求、加工出口及非加工出口三种类型的生产活动，如表 2－2 所示，利用 2002 年国家投入产出表数据对中美双边贸易增加值进行了测算。然而，这些研究均没有准确地描述不同类型生产活动投入产出系数的估计方法，因此，对于其他研究者来说很难复制投入产出矩阵的估算方法。KWW（2008）将非加工出口生产并入国内需求生产，利用加工贸易进口数据和 UNBEC 等数据信息，用二次规划方法估计出不同类型生产活动的投入产出系数矩阵，在推导出不同类型生产活动垂直专业化的同时（见本章第二节），同时得到了一般出口和加工出口的国内增加值份额为：

$$\begin{vmatrix} DVS^D \\ DVS^P \end{vmatrix}^T = A_v B = (A_v^D \quad A_v^P)\begin{bmatrix} (I-A^{DD})^{-1} & (I-A^{DD})^{-1}A^{DP} \\ 0 & I \end{bmatrix} = \begin{vmatrix} A_v^D(I-A^{DD})^{-1} \\ A_v^D(I-A^{DD})^{-1}A^{DP}+A_v^P \end{vmatrix} \tag{2-26}$$

一国总出口中的国内增加值份额为：

$$TDVS = A_v^D(I-A^{DD})^{-1}\frac{E-E^P}{te} + (A_v^D(I-A^{DD})^{-1}A^{DP}+A_v^P)\frac{E^P}{te} \tag{2-27}$$

其中，当 $A^{DD}=A^{DP}$ 和 $A^{MD}=A^{MP}$ 时，式（2－27）退化为式（2－7）。

KWW 通过将加工出口和一般出口投入产出系数分开的方式，更加准确地考察了在加工贸易盛行时中国出口的国内增加值，基于中国 1997 年、2002 年和 2007 年投入产出表的研究显示：加入 WTO 之前，中国出口中的国内增加值约为 50%，而加入 WTO 后，这一比例超过 60%。此外部门之间的出口增加值比例不同，值得注意的是：那些标识高科技的部门，如电子设备行业国内增加值竟然不足30%，De等（2011）利用稍加修改的KWW（2008）方法①测度了墨西哥2000年、2003年和2006年制造业出口的国内增加值和国外增加值，研究发现制造业出口中包含的国内份额只有34%，80%出口制造业中国内增加值份额不足50%，只有5.1%的出口企业国内增加值份额高于60%，这种方法被称为出口产品国内增加值（Domestic Value Added，DVA）测度方法。

在KWW（2008）模型的基础上，MWZ（2015）考虑到不同性质企业的生产技术和中间投入结构可能存在一定的差异，在区分加工贸易的非竞争投入产出表的基础上，构建了区分企业性质和贸易方式的非竞争投入产出表（段玉婉等，2013）。按照所有权性质进一步将企业分为国有企业和外商投资企业，进而编制区分内资企业和外资企业性质与包含加工贸易的非竞争投入产出表（见表2-3）。根据投入产出关系恒等式，得出扩展的列昂惕夫逆矩阵：

$$\bar{B}=\begin{bmatrix} I-A^{CCN} & -A^{CCP} & -A^{CFN} & -A^{CFP} \\ 0 & I & 0 & 0 \\ -A^{FCN} & -A^{FCP} & I-A^{FFN} & -A^{FFP} \\ 0 & 0 & 0 & I \end{bmatrix} \tag{2-28}$$

其中，$\bar{B}$表示反映最终需求与总产出的数量关系，C表示中国国有企业（包括国有企业、集体企业和私营企业），F表示外国企业（包括外商独资企业和合资企业），A^{olk}（$0=C$，F，M；$l=C$，F；$k=N$，P）表示投入产出系数，此外N、P、M含义同上。

在使用二次规划模型估计出八个中间投入产出矩阵的基础上，MWZ推导出口中的国内份额为：

$$\overline{DVS}=(DVS^{CN}\quad DVS^{CP}\quad DVS^{FN}\quad DVS^{FP})=\bar{A}_v\bar{B} \tag{2-29}$$

其中，$\bar{A}_v=(A_v^{CN}\quad A_v^{CP}\quad A_v^{FN}\quad A_v^{FP})$表示四种类型企业初始投入产出系数矩阵。因此，每个部门出口的国内增加值份额为四种类型企业增加值的加权平均：

$$TDVS=\sum_l\sum_k DVS^{lk}\hat{s}^{lk}(l=C,F;k=N,P) \tag{2-30}$$

其中，$\hat{s}^{lk}$是每种类型企业的出口份额。同理，出口中的国外增加值为四种类

① 墨西哥统计局编制了含加工贸易的投入产出表，因此不需要用优化方法估计投入产出系数。

型企业出口中国外增加值的加权平均：

$$TFVS = \sum_{l}\sum_{k} FVS^{lk}\hat{s}^{lk} \tag{2-31}$$

其中，FVS 为出口中的国外增加值份额。

进一步地，他们在行向上拓展了 I/O 表，该行元素代表了流入国外要素所有者的收入，因此，产出中国外要素的收入份额可以表示为：

$$A_G^{lk} = [a_{Gj}^{lk}] = [g_j^{lk}/x_j^{lk}] \tag{2-32}$$

其中，g_j^{lk} 为 lk 类企业的国外收入。因为国有企业和外商投资企业都需要支付外国员工劳动报酬，则国内成分中的国外要素份额可以表示为：

$$\overline{FIS} = (FIS^{CN} \quad FIS^{CP} \quad FIS^{FN} \quad FIS^{FP}) = \overline{A_G}B \tag{2-33}$$

结合 TDVS 和$\overline{FIS}$可得出口中的国民收入表达式：

$$TDNIS = \sum_{l}\sum_{k}(DVS^{lk} - FVS^{lk})\hat{s}^{lk} \tag{2-34}$$

该式为国内成分剔除一定比例国外要素的加权平均。

基于 2007 年的投入产出数据，MWZ 的研究结果显示出口中的国内成分约为 59%，其中国有企业一般贸易占国内成分的 50%，而国有企业一般贸易仅占国内成分的 4.8%，外资企业一般贸易大概占 17.8%，外资企业的加工贸易占比近 27.5%。此外，越复杂、外资持股或加工贸易占比越大的行业出口中的国内增加值含量越低，在行业层面即使相同的贸易模式下国有企业和外商投资企业的国内增加值含量都存在差异，因此，对投入产出表按照贸易方式和所有权进行分解是改进现有研究的必要补充。

从总体来看，MWZ 的主要贡献体现在以下三个方面：第一，按照所有权（国有和外资所有）和贸易模式（加工出口和一般出口）将总出口分解成国内和国外成分，即每个部门存在四种企业类型。第二，构建约束优化模型估计 I/O 表中不可得的投入产出系数。第三，利用所有权结构信息，计算出国内增加值中流入到国外要素所有者中份额，进一步计算出口中国内外要素的收入分布。将在中国境内产生的增加值定义为国内增加值，包含在中国经营的所有类型公司产生的增加值。因此，它与 GDP 计算口径一致，但是与增加值如何在不同要素所有者之间进行分配不相同，它包括劳动补偿和利润。将产生的增加值转换成各种要素的收入，进而转变为国民收入（GNI）的一部分。基于拓展的投入产出表（体现每个产业公司之间投入的异质性)，测算结果显示出口中的52.6%的价值被国外要素所有者获得。该方法真正实现了宏观数据与微观数据的结合，但是碍于微观数据的限制与各国统计标准的差异，目前只能在单国模型下测算增加值贸易，如果将该方法拓展至多国投入产出表，那么由此测算的贸易增加值核算数据将更加接近现实。如果基础数据更加详尽，还可以进一步将国内生产和一般出口生产分开，即在表2-3的基础上进一步区别企业性质（段玉婉等，2013）。

基于国家投入产出表的贸易增加值核算方法仅放松了HIY关于对进口中间产品同质性的假定，研究视角由国外增加值的核算转向国内增加值。然而，一方面，上述方法主要是用于矫正加工贸易进口中间投入比重，但是由于关键数据特别是中国海关贸易微观数据的可得性较差，该方法目前主要由中国科学院陈锡康教授带领的团队及商务部相关课题组利用，在个人研究者中并未得到广泛应用；另一方面，国家产出表主要是对总出口分解缺乏完整的框架，难以建立全球统一的概念。相对而言，利用世界投入产出表的研究方法及其应用已经广泛展开。

二、基于世界投入产出模型的贸易增加值核算理论

世界投入产出表能够显示不同国家部门之间的投入产出联系，可以对全球价值链上各生产环节创造的价值进行详细追踪。世界（多国）投入产出表的发布使在世界范围内贸易增加值核算成为可能（Timmer，2012b；Dietzenbacher et al.，2013；Lenzen et al.，2013；Meng et al.，2013；李昕，2014）。

1. 基于世界投入产出模型的贸易增加值核算理论

基于世界投入产出模型的贸易增加值核算理论是在对HIY方法拓展与修订的基础上发展而来的。其中J&N（2009）首次尝试在直接增加值系数向量和进口系数向量之间建立联系，将研究视角由出口中国外增加值的视角扭转对国内增加值的核算，如在一个2国组成的简化世界里：$\begin{bmatrix} A^{11} & A^{12} \\ A^{21} & A^{22} \end{bmatrix}$表示投入系数矩阵。其经济解释为：为生产单位产出1国需要国内和进口中间产品的数量。因此，1国国内产出的增加值可以表示为$V_1 = u - uA^{11} - uA^{21}$，由此便在国内中间投入、进口中间投入系数和直接增加值系数之间建立了联系，2国的直接增加值向量同理可得。在此基础上，他们首次给出了增加值出口率（Value - Added to Export Rate）

的定义：一国生产并最终被其他国家吸收的增加值占总出口的比值，并用以测量生产共享程度。在一个拥有多个国家的经济系统中，其测算如式（2－35）所示：

$$vax_{ij}=\frac{VA_{ij}}{X_{ij}}=\frac{[I-A^{ii}-A^{Ii}]y_{ij}}{X_{ij}}=\frac{[I-A]^{-1}Y_{ij}}{X_{ij}} \tag{2-35}$$

其中，VA_{ij}表示i国生产且最终被j国吸收的增加值，X_{ij}表示i国生产且出口到j国的价值，A^{ii}表示i国的中间投入矩阵，$A^{Ii}=\sum_{j\neq i}A^{ji}$表示i国从其他国家进口中间投入，$Y_{ij}$表示i国生产并出口到j国的最终产品。考虑到中国和墨西哥两个经济体的贸易特点，他们利用中国加工贸易数据和墨西哥银行提供的有关墨西哥出口加工部门信息，并利用二次规划模型估算出两个经济体的进口投入矩阵和国内使用矩阵，同时将其整合到GTAP数据库中；研究发现制造业出口VAX率较低，双边层面贸易增加值与官方贸易统计差异显著，即相对于官方贸易统计，中美的贸易增加值顺差缩减了28%，墨西哥和美国的贸易增加值顺差下降了32%；对中国和墨西哥进口数据的调整，并不显著影响其他国家之间的贸易平衡关系。可以看出，J&N在多国投入产出模型的框架下，同时考虑了中国和墨西哥两个国家特殊的贸易结构，使理论上贸易增加值核算结果的准确性得到显著提高，但是该研究并没有解决对出口贸易产品的完全分解问题，同时只完成了对一个年份出口的分解。J&N的研究方法只考虑最终产品贸易，即重点考虑最终被国外吸收的增加值，而不考虑中间产品在国家间的贸易，这种方法便于核算国家间的顺差或者逆差，但是由于该方法依据价值创造核算增加值出口，在计算双边国家层面及行业增加值出口率时容易出现过大或无限大的结果。

Daudin等（2009）则继承并发展了HIY的核心理念，具体表现为继续将VS和VS1视为垂直专业化贸易的测量方法，首次将出口后经国外加工又嵌入本国进口的价值（可以用于消费、投资和中间投入）定义为VS1*，这便放松了HIY关于进口品100%为国外增加值的假定。由此得出不同层面贸易增加值核算方法：

$$\begin{aligned}\text{全球贸易增加值}&=\text{官方统计的全球贸易数据}-\text{垂直专业化贸易}\\&=X-(VS+VS1^{*})\end{aligned} \tag{2-36}$$

然而，Daudin等（2009）指出，式（2－36）在双边贸易关系中并不成立。因为当一个国家与另一个国家的所有贸易方式都是间接贸易，即通过其他国家进行，双边贸易增加值可能高于官方统计的总值。核算双边贸易增加值时，还需将通过第三个国家实现间接出口的贸易考虑在内，他们认为双边贸易增加值的公式为：

A 国出口 B 国的增加值 = 官方统计的 A 国出口 B 国的总值 - （VS + VS1）+ A 国通过其他国家实现间接出口且最终被 B 国最终吸收的价值　（2 -37）

同样，当一个行业的增加值全部通过其他产业实现间接出口时，增加值出口会远高于官方统计的行业出口总值，因此：

行业出口增加值 = 官方统计的行业出口总值 - （该行业出口中包含的其他行业的增加值 + VS + VS1 * ） + 国内其他行业出口中包含的本行业增加值　（2 -38）

Daudin 等（2009）通过定义 VS1 * 的方式，利用式（2 -36）～式（2 -38）及 GTAP 数据库对亚太地区、美洲、欧洲、非洲及中东地区、其他地区及世界之间的贸易增加值进行了测算，首次解答了“谁为谁生产”的难题。但是这种方法只能核算出贸易增加值及占总出口的比值，并不能实现对贸易增加值进一步分解。

KWW（2010）拓展了 HIY、J&N 和 Daudin 等（2009）的研究，首次将依据来源将总出口分解为不同类型的增加值，其原理可以用一个三国模型说明，由于所有产出都被用作国内或国外中间使用或最终使用，则在行向上存在以下平衡关系：

$$\begin{bmatrix} X^s \\ X^r \\ X^t \end{bmatrix} = \begin{bmatrix} A^{ss} & A^{sr} & A^{st} \\ A^{rs} & A^{rr} & A^{rt} \\ A^{ts} & A^{tr} & A^{tt} \end{bmatrix} \begin{bmatrix} X^s \\ X^r \\ X^t \end{bmatrix} + \begin{bmatrix} Y^s \\ Y^r \\ Y^t \end{bmatrix} \quad (2-39)$$

即

$$\begin{bmatrix} X^s \\ X^r \\ X^t \end{bmatrix} = \begin{bmatrix} I-A^{ss} & -A^{sr} & -A^{st} \\ -A^{rs} & I-A^{rr} & -A^{rt} \\ -A^{ts} & -A^{tr} & I-A^{tt} \end{bmatrix}^{-1} \begin{bmatrix} Y^s \\ Y^r \\ Y^t \end{bmatrix} = (I-A)^{-1}Y$$

$$= BY = \begin{bmatrix} B^{ss} & B^{sr} & B^{st} \\ B^{rs} & B^{rr} & B^{rt} \\ B^{ts} & B^{tr} & B^{tt} \end{bmatrix} \begin{bmatrix} Y^s \\ Y^r \\ Y^t \end{bmatrix} \quad (2-40)$$

其中，X^s 代表 s 国的总产出向量，B^{sr}代表 r 国生产中来自 s 国的中间投入系数矩阵，Y^s 表示 s 国的最终产出向量，B^{ss}表示列昂惕夫逆矩阵。在式（2－40）的基础上，Koopman 等（2010）定义了增加值份额（Value Added Share，VAS）矩阵：

$$VAS = VB = \begin{bmatrix} V^sB^{ss} & V^sB^{sr} & V^sB^{st} \\ V^rB^{rs} & V^rB^{rr} & V^rB^{rt} \\ V^tB^{ts} & V^tB^{tr} & V^tB^{tt} \end{bmatrix} \tag{2-41}$$

其中，$V = \begin{bmatrix} V^s & 0 & 0 \\ 0 & V^r & 0 \\ 0 & 0 & V^t \end{bmatrix}$为直接增加值系数的对角矩阵。

进而通过将出口矩阵写成式（2－42），最终完成了对出口的分解式（2－43）。

$$E = \begin{bmatrix} E_{s*} & E_{r*} & E_{t*} \\ E_{s*} & E_{r*} & E_{t*} \\ E_{s*} & E_{r*} & E_{t*} \end{bmatrix} \tag{2-42}$$

其中，E_{s*}表示 s 国出口到 r 国和 t 国的总和，E_{r*}表示 r 国出口到 s 国和 t 国的总和，E_{t*}表示 t 国出口到 s 国和 r 国的总和。

$$VBE = \begin{bmatrix} V^sB^{ss}E_{s*} & V^sB^{sr}E_{r*} & V^sB^{st}E_{t*} \\ V^rB^{rs}E_{s*} & V^rB^{rr}E_{r*} & V^rB^{rt}E_{t*} \\ V^tB^{ts}E_{s*} & V^tB^{ts}E_{r*} & V^tB^{tt}E_{t*} \end{bmatrix} \tag{2-43}$$

每列非对角线上的元素代表出口中国外增加值，在此分解模型中非对角线元素之和与 HIY（2001）所定义的 VS 含义基本一致。非对角线上行元素之和为嵌在其他国家出口中而现实间接出口的价值，记为 VS1。则 s 国最终产品出口中的增加值为：$DV^s = V^sB^{ss}E_{s*}$；s 国出口中的国外增加值为：$FV^s = V^rB^{rs}E_{s*} + V^tB^{ts}E_{s*}$。其中，$V^rB^{rs}E_{s*}$为 s 国出口中的包含的 r 国增加值、$V^tB^{ts}E_{s*}$为 s 国出口中包含的 t 国增加值。s 国通过第三国而实现的间接增加值为：$IV = V^sB^{sr}E_{r*} + V^sB^{st}E_{t*}$。s 国的总出口 $E_{s*} = DV^s + FV^s$。

在此基础上，KWW（2010）将三国模型拓展至多国，任意一个国家 s 的总出口可以分解为：

$$E_{s*} = DV_s + FV_s = \underbrace{V^s B^{ss} \sum_{r \neq s} Y^{sr}}_{(1)} + \underbrace{V^s B^{ss} \sum_{r \neq s} A^{sr} X^{rr}}_{(2)} + \underbrace{V^s B^{ss} \sum_{r \neq s} \sum_{t \neq r,s} A^{sr} X^{rt}}_{(3)} + \underbrace{V^s B^{ss} \sum_{r \neq s} A^{sr} X^{rs}}_{(4)} + \underbrace{FV_s}_{(5)} \quad (2-44)$$

其中，E_{s*}表示 s 国出口总值，DV_s 和 FV_s 分别表示 s 国出口中的国内增加值和国外增加值，V^s 表示 s 国的直接增加值系数，B^{ss}为列昂惕夫逆矩阵，A^{sr}为国家间投入产出系数矩阵，Y^{sr}为 s 国最终产出被 r 国使用的部分，X^{rt}表示 r 国产出用于生产 t 国吸收的部分。等式右端（1）表示出口最终产品中包含的国内增加值并被直接进口国吸收；（2）表示出口中间产品中被进口国用于生产最终产品并吸收的国内增加值；（3）表示被进口国加工后复出口到其他国家的国内增加值（又称间接增加值出口）；（4）表示由进口国加工返回国内并被吸收的增加值；（5）表示出口中的国外增加值。其中，（1）～（3）项之和与出口总值之比为 J&N 提出的出口增加值率（VAX ratio）；（3）与（4）项之和与出口总值之比为 HIY 从出口方向提出的参与度指数 VS1；（4）为 Daudin 等（2009）定义的 VS1*；（5）与出口总值之比为 HIY 从进口方向提出的参与度指数 VS。

KWW（2010）通过构建多国多部门投入产出模型，将用于计算国内增加值的方法推至多国多部门，较为全面地实现了对一国贸易中国内和国外增加值的分解（李昕、徐滇庆，2013），但是没有考虑中间品循环往复贸易所产生的重复统计（Los et al.，2013a，2013b）。Koopman 和 Wang（2012a，2012b）首次根据所有国家的总需求定义了一国总产出分解矩阵，并推导出口国内成分（Domestic Content in Exports）及增加值贸易（Value－Added Trade）[①] 的测算公式，同时证明前者等于后者与出口并回国的国内增加值之和。为了准确测量一个国家参与全球价值链的深度和模式，KWW（2012c）从以下两个方面拓展了 KWW（2010）的方法：其一，他们明确识别出官方贸易统计中重复统计部分及其来源；其二，进一步分解国外增加值。由此，将总出口分解为九个增加值项，如式（2－45）所示：

① 与 J&N 定义的增加值出口含义相同。

$$
\begin{aligned}
E_{s*} = & \underbrace{V^s\sum_{r\neq s}^{G}B^{ss}Y^{sr}}_{(1)} + \underbrace{V^s\sum_{r\neq s}^{G}B^{sr}Y^{rr}}_{(2)} + \underbrace{V^s\sum_{r\neq s}^{G}\sum_{t\neq s,r}^{G}B^{sr}Y^{rt}}_{(3)} + \\
& \underbrace{V^s\sum_{r\neq s}^{G}B^{sr}Y^{rs}}_{(4)} + \underbrace{V^s\sum_{r\neq s}^{G}B^{sr}A^{rs}(I-A^{ss})^{-1}Y^{ss}}_{(5)} + \underbrace{V^s\sum_{r\neq s}^{G}B^{sr}A^{rs}(I-A^{ss})^{-1}E_{s*}}_{(6)} + \\
& \underbrace{\sum_{t\neq s}^{G}\sum_{r\neq s}^{G}V^tB^{ts}Y^{sr}}_{(7)} + \underbrace{\sum_{t\neq s}^{G}\sum_{r\neq s}^{G}V^tB^{ts}A^{sr}(I-A^{rr})^{-1}Y^{rr}}_{(8)} + \\
& \underbrace{\sum_{t\neq s}^{G}V^tB^{ts}A^{sr}\sum_{r\neq s}^{G}(I-A^{rr})^{-1}E_{r*}}_{(9)}
\end{aligned}
\qquad (2-45)
$$

其中，等式右端（1）为最终产品出口中包含的国内增加值；（2）为中间出口品中用于直接进口国生产最终产品并被吸收的国内增加值；（3）为被间接出口至其他国家中间产品中包含的国内增加值；（4）为本国出口的中间产品经加工并以最终产品的形式被本国吸收的国内增加值；（5）为本国出口的中间产品经加工以中间产品的形式被本国吸收的国内增加值；（6）为本国中间产品重复核算项；（7）为最终产品出口中所包含的国外增加值；（8）为中间产品出口中包含的国外增加值；（9）为国外增加值的重复核算项。同样，该种分解方法也能将文献中涉及的常用指标联系起来：（1）~（3）之和为本国增加值出口（Value Added Exports），（1）~（5）包含在本国 GDP 中，（1）~（6）之和为一国出口的国内成分，（7）~（9）之和为 VS，（3）~（6）之和为 VS1，（4）为 Daudin 等（2009）定义的 VS1 *。该研究对 GTAP 中的 26 个国家增加值出口进行了重新分解，并对各行业基于总出口和增加值出口的比较优势指数进行了研究，出口总值中不同成分的变化可以表示该国在全球价值链上角色的变化。其中，对中国和墨西哥两国投入产出表的估算方法与 KWW（2010）相同。这种通过明确官方统计中哪部分为重复统计及来源的分解方法能够将官方贸易统计的总值数据与国民核算中的增加值数据进行统一，从而可以在不改变现有海关数据收集方式的条件下，弥补官方统计数据中遗漏的关键信息（邓军，2014）。

Wang 等（2013）整合了几乎所有国际贸易增加值核算的研究成果，即将所有的研究思想纳入一个核算框架内，根据出口品的价值来源和最终吸收地将总出口分解为 16 个增加值和重复计算部分。它不仅建立了从官方贸易统计到贸易增加值统计的桥梁，而且实现了对中间进口品的分解；不仅适合国家层面总出口的分解，还适用于部门层面的双边分解。其核算起点与 KWW（2010）相同，即都是以在世界投入产出表行向上建立恒等式为起点，区别在于对中间品的分解上。在行向上有：

$$\begin{bmatrix} X^s \\ X^r \\ X^t \end{bmatrix} = \begin{bmatrix} A^{ss} & A^{sr} & A^{st} \\ A^{rs} & A^{rr} & A^{rt} \\ A^{ts} & A^{tr} & A^{tt} \end{bmatrix} \begin{bmatrix} X^s \\ X^r \\ X^t \end{bmatrix} + \begin{bmatrix} Y^{ss} & Y^{sr} & Y^{st} \\ Y^{rs} & Y^{rr} & Y^{rt} \\ Y^{ts} & Y^{tr} & Y^{tt} \end{bmatrix} \tag{2-46}$$

式（2－46）可以改写成由最终需求拉动总产出的形式：

$$\begin{bmatrix} X^s \\ X^r \\ X^t \end{bmatrix} = \begin{bmatrix} I-A^{ss} & -A^{sr} & I-A^{st} \\ -A^{rs} & I-A^{rr} & -A^{rt} \\ -A^{ts} & -A^{tr} & I-A^{tt} \end{bmatrix}^{-1} \begin{bmatrix} Y^{ss} & Y^{sr} & Y^{st} \\ Y^{rs} & Y^{rr} & Y^{rt} \\ Y^{ts} & Y^{tr} & Y^{tt} \end{bmatrix}$$

$$= \begin{bmatrix} B^{ss} & B^{sr} & B^{st} \\ B^{rs} & B^{rr} & B^{rt} \\ B^{ts} & B^{tr} & B^{tt} \end{bmatrix} \begin{bmatrix} Y^{ss} & Y^{sr} & Y^{st} \\ Y^{rs} & Y^{rr} & Y^{rt} \\ Y^{ts} & Y^{tr} & Y^{tt} \end{bmatrix} \tag{2-47}$$

其中，r 国的总产出可以表示为：

$$X^r = B^{rs}Y^{ss} + B^{rs}Y^{sr} + B^{rs}Y^{st} + B^{rr}Y^{rs} + B^{rr}Y^{rr} + B^{rr}Y^{rt} + B^{rt}Y^{ts} + B^{rt}Y^{tr} + B^{rt}Y^{tt} \tag{2-48}$$

r 国使用 s 国的中间产品可以表示为：

$$Z^{sr} = A^{sr}X^r = A^{sr}B^{rs}Y^{ss} + A^{sr}B^{rs}Y^{sr} + A^{sr}B^{rs}Y^{st} + A^{sr}B^{rr}Y^{rs} + A^{sr}B^{rr}Y^{rr} + A^{sr}B^{rr}Y^{rt} + A^{sr}B^{rt}Y^{ts} + A^{sr}B^{rt}Y^{tr} + A^{sr}B^{rt}Y^{tt} \tag{2-49}$$

其中，Z^{sr} 为 r 国生产中使用 s 国的中间产品。

投入产出表列向上存在有总产出＝中间投入＋增加值，其矩阵表达式为：

$$X^s = A^{ss}X^s + A^{rs}X^s + A^{ts}X^s + VA^s \tag{2-50}$$

VA^s 表示 $G \times 1$ 增加值向量矩阵，可以将式（2－50）拓展成全球投入产出模块：

$$\begin{bmatrix} X^s \\ X^r \\ X^t \end{bmatrix} = \begin{bmatrix} A^{ss}+A^{rs}+A^{ts} & 0 & 0 \\ 0 & A^{sr}+A^{rr}+A^{tr} & 0 \\ 0 & 0 & A^{st}+A^{rt}+A^{tt} \end{bmatrix} \begin{bmatrix} X^s \\ X^r \\ X^t \end{bmatrix} + \begin{bmatrix} VA^s \\ VA^r \\ VA^t \end{bmatrix} \tag{2-51}$$

令

$$\Phi=\begin{bmatrix}\Phi^{s} & 0 & 0\\ 0 & \Phi^{r} & 0\\ 0 & 0 & \Phi^{t}\end{bmatrix}=\begin{bmatrix}A^{ss}+A^{rs}+A^{ts} & 0 & 0\\ 0 & A^{sr}+A^{rr}+A^{tr} & 0\\ 0 & 0 & A^{st}+A^{rt}+A^{tt}\end{bmatrix} \quad (2-52)$$

其中，Φ 表示中间投入的对角矩阵，则式（2－51）可以写成：

$$\begin{bmatrix}VA^{s}\\ VA^{r}\\ VA^{t}\end{bmatrix}=\begin{bmatrix}I-\Phi^{s} & 0 & 0\\ 0 & I-\Phi^{r} & 0\\ 0 & 0 & I-\Phi^{t}\end{bmatrix}\begin{bmatrix}X^{s}\\ X^{r}\\ X^{t}\end{bmatrix} \quad (2-53)$$

令

$$V=\begin{bmatrix}V^{s} & 0 & 0\\ 0 & V^{r} & 0\\ 0 & 0 & V^{t}\end{bmatrix}=\begin{bmatrix}I-\Phi^{s} & 0 & 0\\ 0 & I-\Phi^{r} & 0\\ 0 & 0 & I-\Phi^{t}\end{bmatrix} \quad (2-54)$$

其中，V 表示总产出增加值率的对角矩阵。由式（2－48）、式（2－53）、式（2－54）可得：

$$\begin{bmatrix}VA^{s}\\ VA^{r}\\ VA^{t}\end{bmatrix}=\begin{bmatrix}V^{s} & 0 & 0\\ 0 & V^{r} & 0\\ 0 & 0 & V^{t}\end{bmatrix}\begin{bmatrix}B^{ss} & B^{sr} & B^{st}\\ B^{rs} & B^{rr} & B^{rt}\\ B^{ts} & B^{tr} & B^{tt}\end{bmatrix}\begin{bmatrix}Y^{ss} & Y^{sr} & Y^{st}\\ Y^{rs} & Y^{rr} & Y^{rt}\\ Y^{ts} & Y^{tr} & Y^{tt}\end{bmatrix} \quad (2-55)$$

则最终需求增加值系数矩阵可以用 VB 表示。

$$VB=\begin{bmatrix}V^{s} & 0 & 0\\ 0 & V^{r} & 0\\ 0 & 0 & V^{t}\end{bmatrix}\begin{bmatrix}B^{ss} & B^{sr} & B^{st}\\ B^{rs} & B^{rr} & B^{rt}\\ B^{ts} & B^{tr} & B^{tt}\end{bmatrix}=\begin{bmatrix}V^{s}B^{ss} & V^{s}B^{sr} & V^{s}B^{st}\\ V^{r}B^{rs} & V^{r}B^{rr} & V^{r}B^{rt}\\ V^{t}B^{ts} & V^{t}B^{tr} & V^{t}B^{tt}\end{bmatrix} \quad (2-56)$$

其中，第一列 $V^{s}B^{ss}$、$V^{r}B^{rs}$ 和 $V^{t}B^{ts}$ 分别表示 s 国最终产品中本国、r 国和 t 国增加值率，其他列同理可推。对任何一个国家 1 单位最终产出都可以被完全分解为不同国家的增加值率，所以对于 s 国来说有：

$$V^{s}B^{ss}+V^{r}B^{rs}+V^{t}B^{ts}=u \quad (2-57)$$

其中，u 为 1×G 的单位向量，用 E^{sr} 表示 s 国向 r 国的出口，包括中间品出口和最终品出口，则 $E^{sr}=A^{sr}X^{r}+Y^{sr}$。s 国的总出口可以表示为 $E^{sr}=A^{sr}X^{r}+Y^{sr}+A^{st}X^{t}+Y^{st}$，其他两个国家同样可以表示为中间品出口与最终品的和。

$$\begin{bmatrix} X^s \\ X^r \\ X^t \end{bmatrix} = \begin{bmatrix} A^{ss} & 0 & 0 \\ 0 & A^{rr} & 0 \\ 0 & 0 & A^{tt} \end{bmatrix} \begin{bmatrix} X^s \\ X^r \\ X^t \end{bmatrix} + \begin{bmatrix} Y^{ss} & E^s \\ Y^{rr} & E^r \\ Y^{tt} & E^t \end{bmatrix} \quad (2-58)$$

调整可得:

$$\begin{bmatrix} X^s \\ X^r \\ X^t \end{bmatrix} = \begin{bmatrix} L^{ss}Y^{ss} & L^{ss}E^s \\ L^{rr}Y^{rr} & L^{rr}E^r \\ L^{tt}Y^{tt} & L^{tt}E^t \end{bmatrix} \quad (2-59)$$

其中，$L^{ss} = (I - A^{ss})^{-1}$，$L^{rr} = (I - A^{rr})^{-1}$，$L^{tt} = (I - A^{tt})^{-1}$

s 出口到 r 国的中间产品可以表示为:

$$Z^{sr} = A^{sr}X^r = A^{sr}L^{rr}Y^{rr} + A^{sr}L^{rr}E^r \quad (2-60)$$

综合式（2-49）、式（2-57）和式（2-60）可以得到 E^{sr} 的分解式:

$$\begin{aligned} E^{s*} = \sum_{r\neq s}^{m} E^{sr} &= (V^sB^{ss})\#\sum_{r\neq s}^{m} Y^{sr} + V^sL^{ss})\#(\sum_{r\neq s}^{m} A^{sr}B^{rr}Y^{rr}) \\ &+ (V^sL^{ss})\#(\sum_{r\neq s}^{m} A^{sr}\sum_{t\neq s,r}^{m} B^{rt}Y^{tt}) + (V^sL^{ss})\#(\sum_{r\neq s}^{m} A^{sr}B^{rr}\sum_{t\neq s,r}^{m} Y^{rt}) \\ &+ (V^sL^{ss})\#(\sum_{r\neq s}^{m} A^{sr}\sum_{t\neq s}^{m}\sum_{ru\neq s,t}^{m} B^{rt}Y^{tu}) + (V^sL^{ss})\#(\sum_{r\neq s}^{m} A^{sr}B^{rr}Y^{rs}) \\ &+ (V^sL^{ss})\#(\sum_{r\neq s}^{m} A^{sr}\sum_{t\neq s,r}^{m} B^{rt}Y^{ts}) + (V^sL^{ss})\#(\sum_{r\neq s}^{m} A^{sr}B^{rs}Y^{ss}) \\ &+ (V^sL^{ss})\#(\sum_{r\neq s}^{m} A^{sr}\sum_{t\neq s}^{m} B^{rs}Y^{st}) + (V^sB^{ss} - V^sL^{ss})\#(\sum_{r\neq s}^{m} A^{sr}X^r) \\ &+ (\sum_{r\neq s}^{m} V^rB^{rs})\#Y^{sr} + (\sum_{t\neq s,r}^{m} V^tB^{ts})\#Y^{sr} + (\sum_{r\neq s}^{m} V^rB^{rs})\#(A^{sr}L^{rr}Y^{rr}) \\ &+ (\sum_{t\neq s,r}^{m} V^tB^{ts})\#(A^{sr}L^{rr}Y^{rr}) + (\sum_{r\neq s}^{m} V^rB^{rs})\#(A^{sr}L^{rr}E^{r*}) \\ &+ \sum_{t\neq s,r}^{m} (V^tB^{ts})\#(A^{sr}L^{rr}E^{r*}) \end{aligned} \quad (2-61)$$

各部分含义如图 2-1 所示。

考虑加工贸易的贸易增加值核算理论与基本贸易增加值核算理论，区别在于对中国、墨西哥等贸易结构特殊国家投入产出表的处理上。在上述研究者中，J&N（2009）、Koopman 等（2010，2012）就对加工贸易比重较大国家的投入产出表进行了处理。其处理过程大致如下：为了获得投入产出表中各产业间和国家间的中间投入数据，他们利用联合国 BEC 分类方法，将获得的 HS6 位分类的贸易流按照最终品和中间品进行分类，而不是使用传统比例方法①区分进口中间品和最终品；同时使用中国和墨西哥投入产出表及双边贸易数据估计了两国的中间投入系数矩阵；在国家间直接消耗系数的估计方面，他们借鉴了日本经济发展研究院和日本国家统计局研制亚洲投入产出表的部分成果；在 GTAP 数据库（第七版）的基础上，并结合 UN COMTRADE 利用二次规划法进一步构建出一个反映国家间投入产出关系的全球投入产出表。

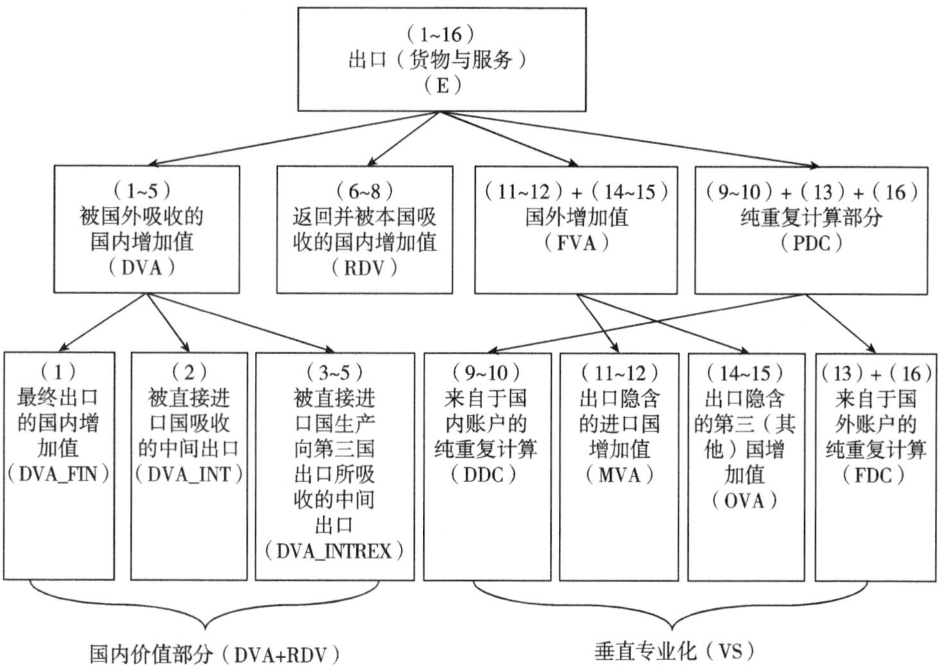

图 2－1 总贸易核算框架

资料来源：王直等．总贸易核算法：官方贸易统计与全球价值链的度量［J］．中国社会科学，2015（9）：108－127.

2. 世界投入产出数据库

世界投入产出数据库的不断完善有助于促进贸易增加值核算方法的发展（潘

① 假定进口在中间使用和最终使用中的比例相同。

文卿、李根强，2014）。为此本书对世界投入产出数据库进行了梳理，当前世界上构建的五个主要的投入产出数据库有：欧盟世界投入产出数据库（WIOD）、美国普渡大学的GTAP数据库、全球投入产出数据库Eora、OECD构建的ICIO数据表和亚洲投入产出数据表，各个数据库之间存在一定的差异，具体如下：

（1）欧盟世界投入产出数据库（WIOD）。为了更好地研究全球化对主要国家的贸易模式、环境压力和社会经济发展的影响，2009年欧盟委员会贸易司委托以格罗宁根大学为首的12个研究机构创建世界投入产出数据库（又称WIOD），2013年11月第二次发布的WIOD数据库提供了1995~2011年的投入产出数据表，涵盖40个经济体（见表2-5），其中包括27个欧盟成员国和13个其他主要发达经济体和新兴经济体。WIOD数据库采用的原始数据类型有各国国民经济核算统计数据、各国供给和使用表（national Supply and Use Tables，SUTs）①及国际贸易统计数据，而非直接利用各经济体的投入产出表②，从而在一定程度上提高了数据之间的融合度。利用联合国经济大类（BEC）分类数据③和贸易数据库，将各经济体进口产品按照使用类型（中间产品和最终产品④）进行分类，并假定来自不同国家产品在本国的使用流向相同，通过以上步骤估计进口矩阵。然而，研究表明（Feenstra，2012；Winkler and Milberg，2012）比例假定具有一定的误导性，因为不同用途产品中间投入结构并不相同。为提高中间投入矩阵的准确性，研究者进一步利用源自COMTRADE数据库中协调制度（HS）的6位产品层面数据确定进口产品的具体用途。此外，服务数据是整合了各国国际数据源（联合国，UN；经济合作与发展组织，OECD；欧盟，EU；国际货币基金组织，IMF；世贸组织，WTO）。在行业划分方面，研究者将所有出口行业分为35个类别（见表2-6）⑤。据统计，2008年所选定的40个经济体GDP总额占全球85%

① 供应表显示每种产品的来源（国内行业或者进口），使用表显示每种产品的最终去向（国内中间需求、最终需求或者进口）。供给表和使用表一般由国家统计局提供，概念与分类一致，并且根据SUT-RAS方法每年进行更新。

② 投入产出表只提供特定基年数据，各年份之间的间隔并不固定，况且每个经济体提供投入产出表的年份也不同。

③ 确定产品的三个分类：中间使用、最终使用和投资。

④ 最终使用包括家庭、政府消费及投资目的。

⑤ SUTs提供了35个行业59种产品。

以上；研究者将其他经济体命名为“世界其他经济体”，其产出数据为世界总产出数据与40个经济体的差额，同时增加值和贸易流的投入系数源自中国、巴西、印度、印度尼西亚和墨西哥的平均值（陈继勇等，2016b；Stehrer，2012a），这样就使得整个经济系统成为一个封闭的系统。其中，中间投入产出矩阵的维度为1435×1435。除提供世界投入产出表之外，WIOD还提供社会核算矩阵，它涵盖各经济体不同部门要素投入情况，包括低、中、高技术水平工人（按照教育程度分类）的工作时间和报酬等信息①。

表2-5 WIOD中的经济体

国家代码	国家名称	国家代码	国家名称	国家代码	国家名称	国家代码	国家名称
AUS	澳大利亚	DNK	丹麦	IRL	爱尔兰	POL	波兰
AUT	奥地利	ESP	西班牙	ITA	意大利	PRT	葡萄牙
BEL	比利时	EST	爱沙尼亚	JPN	日本	ROM	罗马尼亚
BGR	保加利亚	FIN	芬兰	KOR	大韩民国	RUS	俄罗斯联邦
BRA	巴西	FRA	法国	LTU	立陶宛	SVK	斯洛伐克共和国
CAN	加拿大	GBR	英国	LUX	卢森堡	SVN	斯洛文尼亚
CHN	中国	GRC	希腊	LVA	拉脱维亚	SWE	瑞典
CYP	塞浦路斯	HUN	匈牙利	MEX	墨西哥	TUR	土耳其
CZE	捷克共和国	IDN	印度尼西亚	MLT	马耳他	TWN	中国台湾
DEU	德国	IND	印度	NLD	荷兰	USA	美国

表2-6 WIOD中的行业分类

类别 行业	ISIC rev. 3	产业名称	类别 行业	ISIC rev. 3	产业名称
c1	AtB	农业、狩猎、林业和渔业	c6	20	木材和软木制品
c2	C	采掘业	c7	21t22	纸浆、纸张、印刷和出版
c3	15t16	食品、饮料和烟草	c8	23	焦炭、精炼石油和核燃料
c4	17t18	纺织产品	c9	24	化学品及化学制品
c5	19	皮革、皮革制品和鞋类	c10	25	橡胶和塑料

① 这些信息来自各国（地区）就业和收入调查。

续表

类别 行业	ISIC rev. 3	产业名称	类别 行业	ISIC rev. 3	产业名称
c11	26	其他非金属矿物	c24	61	水上运输
c12	27t28	基本金属和金属	c25	62	航空运输
c13	29	机械	c26	63	其他辅助运输
c14	30t33	电气和光学设备	c27	64	邮电和通信
c15	34t35	运输设备	c28	J	金融中介
c16	36t37	制造业	c29	70	房地产
c17	E	电、气和水的供应	c30	71t74	机械设备租赁及其他商务活动
c18	F	建筑业	c31	L	公共管理和国防
c19	50	汽车和摩托车的销售和维修	c32	M	教育
c20	51	批发贸易	c33	N	健康和社会工作
c21	52	零售贸易及维修	c34	O	其他社区社会服务
c22	H	住宿和餐饮	c35	P	家政
c23	60	内陆运输			

资料来源：http：//www. wiod. org/home.

（2）美国普渡大学的 GTAP 数据库①。1992 年，美国普渡大学和 27 个研究机构共同参与了全球贸易分析数据库的开发。其建立目的主要是为各界提供一套具有国际公信力的数据分析模型，量化分析全球化中的各项经济议题。经过不断地扩展与更新，第九版 GTAP 已经包含 140 个国家（地区），57 个部门的数据（Lenzen et al. ，2013）②。在利用 GTAP 对全球价值链进行的相关研究中，多数研究者都会结合国家投入产出表和双边贸易数据，并假定所有进口品的使用流向相同，由此编制国际投入产出表。Wang 等（2009）正是根据这种投入产出表测算出一国出口国内增加值。Bems 等（2015）将总出口与增加值出口之差定义为垂直专业化，利用 GTAP 数据库研究表明垂直专业化是导致金融危机时期各国贸易流急剧下降的原因。

① https：//www. gtap. agecon. purdue. edu/.

② GTAP 数据库中参考年份较少，分别为 2004 年、2007 年和 2011 年三个年份。

由于建立 GTAP 的目标是构建贸易可计算一般均衡（CGE）模型，其关注点在于如何全面模拟世界贸易关系。因此，该数据并不直接采用各国官方的统计数据，而是根据学术研究进行相应的调整，其测算结果的权威性相对有限（张磊，2015）。

（3）全球投入产出数据库 Eora[①]。全球投入产出数据库 Eora 是在澳大利亚研究理事会的资助下，由悉尼大学教授 Manfred Lenzen 带领的团队编制而成。该数据库主要基于各个国家的供给使用表（Supply Use Tables，SUTs），除此之外，还结合了来自联合国国民账户体系、商品贸易统计数据库、欧盟统计局和亚洲投入产出项目研究所（IDE - JETRO）的数据。2015 年版的 Eora 涵盖了 190 个国家 15909 个部门 1990 ~ 2013 年的投入产出数据，并成为迄今包含国家和部门数目最多的全球投入产出数据库[②]，基于 Eora 数据库，联合国贸易和发展会议（UNCTAD）发布了《全球价值链、投资发展和全球经济增加值》的研究报告，报告指出，全球价值链的深化源于服务业，服务业在出口贸易中的占比仅为 20% 左右，但是服务贸易增加值占比高达 46%；发展中国家贸易增加值对 GDP 的贡献平均为 28%，而这一比例在发达国家仅为 18%（UNCTAD，2013）。2014 年非洲发展银行（African Development Bank）、OECD 发展中心和联合国开发计划署联合发布了《2014 非洲经济展望——全球价值链与非洲工业化》，报告中很多结果系基于该数据库计算而得。此外，该表还包括了 35 种类型的环境指标，如空气污染、能源使用、温室气体排放、水的使用、土地占用、氮和磷排放量等。

（4）OECD 构建的 ICIO[③] 数据表。ICIO 表是 WTO 委托 OECD 开展贸易增加值核算的相关研究成果之一。该数据表的编制主要以各国官方统计机构（国家投入产出表和 SUTs 表）及国际贸易统计机构（双边贸易和服务统计数据）提供的数据为基础。2015 年 5 月发布的 ICIO 数据库包括 62 个经济体及 34 个行业，1995 年、2000 年、2005 年、2008 年、2009 年、2010 年和 2011 年共计 7 年的多国投入产出数据。以数据为基础，OECD - WTO 于 2013 年 1 月 16 日发布了贸易

① http：//www. worldmrio. com/.

② Eora 提供了同质部门与异质部门两类投入产出数据，其中，同质含义为每个经济体都具有相同的（26 个）产业部门，异质含义为每个经济体的产业分类详尽程度不同，产业分类范围为 26 ~ 511。

③ http：//www. oecd. org/sti/ind/input - outputtablesedition2015accesstodata. htm.

增加值核算的主要指标（李昕，2014）。

（5）亚洲投入产出数据表（Asian International Input - Output Table，AIIOT）。[①] 日本对外经济发展组织 IDE - JETRO[②] 在国际投入产出表的构建和分析方面已有 40 多年的历史（Meng B. et al. 2013）。随着中国经济的迅速发展和亚太地区经济之间联系的增强，IDE - JETRO 编制的 2005 年 AIIOT 国家投入产出表在空间视角上为分析亚洲经济及全球价值链问题提供了必不可少的研究工具。它是在亚洲 10 个经济体投入产出表的基础上，结合企业商品专门调查和海关数据编制而成，共包括 76 个国民经济部门，4 个不连续年份的国家间投入产出数据[③]（童剑锋，2013）。此外，该表还提供了 10 个经济体与中国香港、欧盟和世界其他国家的进口与出口矩阵。根据 AIIOT 的数据库，WTO 和 IDE - JETRO 发布了《贸易模式和东亚全球价值链：从货物贸易到任务贸易》[④] 的研究报告，报告明确表明，贸易模式已由货物贸易转向任务贸易，该研究成果被大量的引用和转载；不能否认 AIIOT 为研究东亚贸易问题提供了有价值的分析工具，然而，在分析东亚与其他经济体贸易关系时，其数据基础还较为薄弱。

（6）各数据库之间的比较。通过对 5 个全球投入产出数据库的阐述可以得出以下几点结论。在数据连续及可行性方面，WIOD 是主要用来追踪国民账户统计产出、增加值、贸易和消费的时间序列数据，各年度数据之间具有较高的可比性。比较来说，IDE - JETRO、GTAP 和 ICIO 数据库只提供特定基年数据，且各年份间的数据一致性较差。在数据质量方面，WIOD 由国家统计局公开数据编制而成，可以保证高水平的数据质量，而其他数据库如 GTAP，其主要数据是研究者根据一定准则推算而得；此外，GTAP 不同版本数据库之间不存在一致性，很难使用这些数据进行历史比较分析（李昕，2014）。IDE - JETRO 覆盖的经济体

① http：//www. ide. go. jp/English/Data/Io/index. html.

② 全称 Asian International Input - Output Project Institute of Developing Economies Japan External Organization.

③ 其中 10 个经济体分别为：中国、印度尼西亚、韩国、马来西亚、中国台湾、菲律宾、新加坡、泰国、日本和美国。4 个不连续年份分别为：1990 年、1995 年、2000 年和 2005 年，其中 1990 年和 1995 年包括 78 个经济部门，而 2000 年和 2005 年包括 76 个经济部门。

④ WTO，IDE - JETRO. Trade Patterns and Global Value Chains in East Asia：From trade in Goods to Trade in Tasks [J] . Geneva，2011.

数目较小，各经济体之间数据具有较高的融合性且推算成分最小，因此，数据质量最高；而 Eora 几乎覆盖了世界上所有的国家，但是高度依赖推算方法难以弥补统计系统尚不发达经济体的数据缺失问题。从公开性来看，除 GTAP 以外，其他数据资料均可以在相关网站自行下载。

相比较而言，首先，WIOD 的基础数据最具可信性，编制方法最科学，且是目前唯一具有公开、连续性的全球投入产出数据库。同时该数据库在编制过程中遵循《国民账户体系 2008》的基本原理，一方面，可以区分产品生产过程中的国内中间投入和进口中间投入；另一方面，还可以显示中间投入品的具体来源地（部门）。其次，WIOD 的数据基础是各经济体的供给表和使用表，从而在一定程度上提高了数据之间的融合程度。最后，WIOD 提供的国际投入产出表的计价方式为基本价格，这就意味着制造业商品最终需求价值扣除了净税、贸易和运输成本利润率，这符合测度产品生产过程中价值的分布的目的。

第四节　贸易增加值失衡核算模型

随着贸易核算方法的提出，贸易伙伴国之间的失衡问题尤其是双边失衡问题引起了国内外学者的关注。从理论上来讲，可以通过出口分解模型得到双边失衡模型，然而，以上研究出口增加值分解方法的学者并未给出一个明确核算双边失衡程度的计算公式。Stehrer R.（2012b）从进口与出口方向提出的贸易增加值核算方法成为研究贸易增加值失衡问题的理论基础，后续学者在对其改进的基础上，形成了双边贸易失衡核算模型。

一、贸易增加值失衡模型提出

Stehrer R.（2012b）将贸易增加值定义为包含在其他国家最终消费中的一国直接和间接增加值，从进口国最终需求的角度测算出口增加值扣除出口后折返回国的部分 $VS1^*$。通过巧妙地设置增加值向量和最终产出向量，Stehrer R.（2012b）给出了贸易增加值失衡模型。以三国为例：$V = [V^rV^sV^t]$ 和 Y =

$[Y^r Y^s Y^t]'$分别表示三个国家的增加值系数矩阵和最终产出矩阵。若目标为核算 r 国出口中所包含的本国增加值，将其他国家的增加值出口系数矩阵设为 0；由于只关注出口，因此，将 r 国进口最终产品和 r 国生产并用于本国消费的向量设为 0；式（2-62）清晰地反映了 r 国出口中所包含的本国增加值，右端第一项为 $V^r B^{rr}(Y^{rs}+Y^{rt})$，表示 r 国生产并出口到 s 国和 t 国最终产品中所包含的 r 国的增加值；第二项为 $V^r B^{rs}(Y^{ss}+Y^{st})$，表示 s 国生产并被本国吸收和出口到 r 国的最终产品中所包含的 r 国的增加值，这部分增加值产生的原因为 r 国生产的中间产品出口到 s 国；第三项为 $V^r B^{rt}(Y^{ts}+Y^{tt})$，表示 t 国生产并出口到 s 国和被本国吸收的最终产品中所包含的 r 国的增加值，这部分增加值产生的原因为 r 国生产的中间产品出口到 t 国。

$$t^r_{TiVA,X} = [V^r \quad 0 \quad 0]\begin{bmatrix} B^{rr} & B^{rs} & B^{rt} \\ B^{sr} & B^{ss} & B^{st} \\ B^{tr} & B^{ts} & B^{tt} \end{bmatrix}\begin{bmatrix} 0 & Y^{rs} & Y^{rt} \\ 0 & Y^{ss} & Y^{st} \\ 0 & Y^{ts} & Y^{tt} \end{bmatrix}$$

$$= V^r B^{rr}(Y^{rs}+Y^{rt}) + V^r B^{rs}(Y^{ss}+Y^{st}) + V^r B^{rt}(Y^{ts}+Y^{tt}) \qquad (2-62)$$

其中，$B=(I-A)^{-1}$为列昂惕夫逆矩阵，表示单位最终需求拉动的总产出。这里出口增加值的概念与上文 J&N 的定义一致。

同理，通过灵活地设置增加值系数向量和最终需求向量，可以得到一国进口增加值，式（2-63）清晰地反映了 r 国进口中所包含的国外增加值：右端第一项为 $(V^s B^{sr}+V^t B^{tr})Y^{rr}$，表示 r 国生产并被本国吸收的最终产品中所包含的国外增加值，这是由于在 r 国生产过程中进口了 s 国和 t 国的中间产品；第二项为 $(V^s B^{ss}+V^t B^{ts})Y^{sr}$，表示 r 国从 s 国进口最终产品中包含的 s 国和 t 国增加值，这是由于 s 国在生产最终产品时会使用本国和 t 国的中间产品；第三项为 $(V^s B^{st}+V^t B^{tt})Y^{tr}$，表示 r 国从 t 国进口最终产品中包含的 t 国和 s 国的增加值，这是由于 t 国在生产最终产品时使用了本国和 s 国的中间产品。

$$t^r_{TiVA,M} = [0 \quad V^s \quad V^t]\begin{bmatrix} B^{rr} & B^{rs} & B^{rt} \\ B^{sr} & B^{ss} & B^{st} \\ B^{tr} & B^{ts} & B^{tt} \end{bmatrix}\begin{bmatrix} Y^{rr} & 0 & 0 \\ Y^{sr} & 0 & 0 \\ Y^{tr} & 0 & 0 \end{bmatrix}$$

$$= (V^s B^{sr}+V^t B^{tr})Y^{rr} + (V^s B^{ss}+V^t B^{ts})Y^{sr} + (V^s B^{st}+V^t B^{tt})Y^{tr} \qquad (2-63)$$

结合式（2－62）和式（2－63）不难得出贸易增加值净出口测算公式：

$$t^{r}_{TiVA,Net}=t^{r}_{TiVA,X}-t^{r}_{TiVA,M} \tag{2-64}$$

可见，Stehrer R.（2012b）的分解思路较为简单，然而他们并没有很好地建立官方贸易统计与贸易增加值统计之间的联系，即没有对贸易总值进行彻底分解，难以厘清全球价值链中各国贡献的增加值问题。

二、贸易增加值失衡模型发展

在 Stehrer R.（2012b）分解方法的基础上，学者通过改变出口增加值核算模型中的最终需求矩阵和进口增加值核算模型中的增加值系数矩阵，形成了双边贸易增加值失衡测算模型。参照贸易增加值出口的定义，r 国出口 s 国的增加值为 s 国最终需求中包含的 r 国增加值，那么式（2－62）中最终需求矩阵退化为仅含有 s 国最终需求；同时 r 国进口 s 国的增加值为 r 国最终需求中包含的 s 国增加值，那么式（2－62）中增加值系数矩阵退化为仅含有 s 国，即

$$\begin{aligned}t^{rs}_{TiVA,X}&=\begin{bmatrix}V^{r}&0&0\end{bmatrix}\begin{bmatrix}B^{rr}&B^{rs}&B^{rt}\\B^{sr}&B^{ss}&B^{st}\\B^{tr}&B^{ts}&B^{tt}\end{bmatrix}\begin{bmatrix}Y^{rs}\\Y^{ss}\\Y^{ts}\end{bmatrix}\\&=V^{r}B^{rr}Y^{rs}+V^{r}B^{rs}Y^{ss}+V^{r}B^{rt}Y^{ts}\end{aligned} \tag{2-65}$$

$$\begin{aligned}t^{rs}_{TiVA,M}&=\begin{bmatrix}0&V^{s}&0\end{bmatrix}\begin{bmatrix}B^{rr}&B^{rs}&B^{rt}\\B^{sr}&B^{ss}&B^{st}\\B^{tr}&B^{ts}&B^{tt}\end{bmatrix}\begin{bmatrix}Y^{rr}&0&0\\Y^{sr}&0&0\\Y^{tr}&0&0\end{bmatrix}\\&=V^{s}B^{sr}Y^{rr}+V^{s}B^{ss}Y^{sr}+V^{s}B^{st}Y^{tr}\end{aligned} \tag{2-66}$$

结合式（2－65）和式（2－66）不难得出贸易增加值净出口测算公式：

$$t^{rs}_{TiVA}=t^{rs}_{TiVA,X}-t^{rs}_{TiVA,M} \tag{2-67}$$

将含有 3 个经济体的核算模型扩展至 G 个经济体，r 和 s 表示其中任意两个经济体，m 表示其他经济体，那么 r 与 s 两个经济体之间贸易增加值失衡测算公式为：

$$t^{rs}_{TiVA}=t^{rs}_{TiVA,X}-t^{rs}_{TiVA,M}=V_{r}\sum_{m}^{G}B_{rm}Y_{ms}-V_{s}\sum_{m}^{G}B_{sm}Y_{mr} \tag{2-68}$$

第五节　本章小结

本章从基本类型、各部分含义及原理三个方面介绍了国家投入产出表和世界投入产出表，并就两者的区别进行了阐述。首先，在进行贸易增加值核算时，学者往往根据现有数据基础和研究目的选择相应投入产出模型，一般而言，当侧重结合微观数据测算出口中的国内增加值时，基于非竞争型投入产出表的研究更为常见；当侧重于对一国出口总值进行分解时，世界投入产出表是更好的选择。投入产出表是人们以增加值为视角理解世界贸易的主要分析工具，相比于案例研究，它能更加全面、准确地揭示世界贸易真正的流向。其次，本章对垂直专业化理论的提出及发展进行了探索，垂直专业化是对国际分工现象的描述，垂直专业化份额是对各国国际分工的测量。它主要以出口中国外增加值含量为测量标准，当测量标准从国外增加值转向国内增加值，乃至对出口品进行完全分解时，垂直专业化理论基础便演变成贸易增加值核算的理论基础。再次，本章对基于国家投入产出模型的贸易增加值核算理论和利用世界投入产出模型的贸易增加值核算理论分别进行探究，发现前者通过部门间投入产出联系不断细化来提高出口国内增加值的准确度；而后者则通过对出口总值分解细化来提高各部分增加值核算的准确度。相对于其他贸易增加值核算方法，Wang 等（2013）方法通过对中间产品的分解，并根据增加值来源和吸收路径将出口分为 16 个性质不同成分，能够准确地搭建官方贸易统计与贸易增加值统计之间的桥梁，而且其核算方法适合国家/部门层面、国家汇总层面、双边/部门层面，或双边汇总层面。因此，后文在研究实际有效汇率、显性比较优势及垂直专业化等问题时，都以此方法为分析工具。通过对垂直专业化和贸易增加值核算方法的探究不难看出，垂直专业化方法是贸易增加值核算方法的雏形，贸易增加值核算方法是通过对垂直专业化方法中不切合实际假定的放松与修订得到的。从研究视角上来讲，垂直专业化方法侧重于出口中国外增加值，贸易增加值则侧重将出口总值分解为不同来源和去向的增加值；从范围上来讲，垂直专业化和贸易增加值是部分与整体的关系，前者为后者奠定了理论基础，后者的发展进一步完善了前者。最后，对总值和双边贸易增加值统计理论进行了回顾，发现尽管现有双边贸易增加值分解模型能够满足对贸易伙伴之间失衡度的测算，但是尚不能厘清这种差异的来源。

本书对世界主要的投入产出数据库进行比较，研究发现每个投入产出数据库都具有自己的特点，分别用于不同目的的研究。相对于其他四个投入产出数据库，WIOD 的基础数据最具有可信性，编制方法最科学，且是目前唯一具有公开、连续性的全球投入产出数据库。同时该数据库在编制过程中遵循《国民账户体系 2008》的基本原理，基于供给表和使用表编制的投入产出数据库提高了数据之间的融合度。鉴于此，本书在后续应用研究中涉及的投入产出数据均来自 WIOD，这样做也提高了数据之间的可比性。

第三章　贸易增加值核算在贸易失衡中的应用

第一节　引言

20 世纪 90 年代中期，为解决发展中资本约束及外汇不足的问题，中国政府借鉴“亚洲四小龙”，对中国香港、新加坡、韩国和中国台湾推行的出口导向型发展战略，采取了一系列鼓励出口的外贸政策。特别地利用富裕而廉价的劳动力成本优势，通过“大进、大出”的加工贸易，解决内在资金不足问题（熊芳，2012），而当时外部经济的发展特点为全球化和垂直专业化生产分工深入发展，跨国公司在全球范围内配置资源，生产过程被最大限度地细分。在国内产业政策的支持与世界经济一体化发展的背景下，中国成为国际产业转移的重要承接地之一，并迅速发展成为“世界工厂”。商务部提供的数据显示：自 1994 年以来，中国对外贸易出现持续的贸易顺差，2005 年首次突破千亿元大关，达到 1025 亿美元，并且在 2008 年达到最大值 2840 亿美元，世界经济危机在一定程度上抑制了中国顺差的持续增长，然而，2012 年以后中国外贸顺差又出现递增趋势。

对外贸易顺差是一把“双刃剑”（熊珍琴，2010）：一方面，中国对外贸易依存度持续走高，有学者按照官方统计的数据测算出 2007 年中国外贸依存度达到 68.02%（李昕、徐滇庆，2013），因此，外贸发展对经济增长的贡献程度不容小觑[①]。另一方面，中国经济融入世界经济的同时也深受其影响，在开放宏观经济条件下中国政府对宏观经济的调控难度越来越大。巨额贸易顺差在一定程度上反映出中国通过参与国际分工获得了收益，但是不能忽视的是，它建立在粗放型经济增长、不合理的贸易结构及模式之上。此外，巨额贸易顺差导致中国与发达经济体贸易摩擦不断升级，这使得中国在贸易谈判中需要付出更多的代价（贺家铁，2008）；同时，巨额贸易顺差形成的外汇储备会使中国面临较大的通货膨胀压力及资产损失风险。克鲁格曼（2002）认为，美元贬值是中国持有外汇所需要面临的最大风险，目前中国已经陷入“两难”境地，如果继续持有美元，仍将面临美元货币膨胀所带来的损失；如果实行外汇多元化管理政策，中国资本会大幅度缩水。鉴于以上原因，贸易失衡已经成为中国开放宏观经济领域中的一个重要问题，受到了学界广泛的关注（余永定，2016a，2016b；张明，2010；余玲，2013；刘威，2014）。

第二节　中国贸易失衡的主要特点[②]

在官方贸易统计标准下，中国对外贸易失衡呈现出鲜明的特点，本节从贸易失衡的规模（类型）、方式、主体结构、国别分布四个方面考察中国对外贸易失衡的主要特点。

一、中国贸易失衡的规模

表 3 - 1 给出了 1995 ~ 2014 年中国对外贸易的失衡规模（形态结构），可以看出中国对外贸易一直保持着顺差状态且呈现波浪式上升态势，其中货物对外贸易呈现顺差且同样呈现波浪式上升趋势，而服务对外贸易一直保持逆差且绝对值

① 熊珍琴（2010）针对贸易顺差对经济发展的积极作用总结为：提高产出水平、推动技术进步，有利于推动经济增长、控制金融风险、增强对外经济影响力、缓解就业压力。

② 本节数据与后文利用世界投入产出表核算结果有较大差异，这主要是由于核算口径差异造成的。但是在反映贸易失衡的趋势上基本一致。

呈现扩大之势，货物贸易顺差主导着中国对外失衡与结构（见图3－1）。2014年货物、服务和总值失衡规模分别为3824.60亿美元、－1599亿美元和2225.60亿美元，较1995年分别增长了21.9倍、24.8倍和20.2倍。依照总值贸易差额的变化趋势，我们将1995～2014年分为四个阶段。

表3－1　1995～2014年中国对外贸易的失衡规模（类型） 单位：亿美元

类别/年份	货物			服务			总值		
	出口	进口	差额	出口	进口	差额	出口	进口	差额
1995	1487.8	1320.8	167.0	184.0	246.0	－62.0	1671.8	1566.8	105.0
1996	1510.5	1388.3	122.2	206.0	224.0	－18.0	1716.5	1612.3	104.2
1997	1827.9	1423.7	404.2	245.0	277.0	－32.0	2072.9	1700.7	372.2
1998	1837.1	1402.4	434.7	239.0	265.0	－26.0	2076.1	1667.4	408.7
1999	1949.3	1657.0	292.3	262.0	310.0	－48.0	2211.3	1967.0	244.3
2000	2492.0	2250.9	241.1	301.0	359.0	－58.0	2793.0	2609.9	183.1
2001	2661.0	2435.5	225.5	329.0	390.0	－61.0	2990.0	2825.5	164.5
2002	3256.0	2951.7	304.3	394.0	461.0	－67.0	3650.0	3412.7	237.3
2003	4382.3	4127.6	254.7	464.0	549.0	－85.0	4846.3	4676.6	169.7
2004	5933.3	5612.3	321.0	621.0	716.0	－95.0	6554.3	6328.3	226.0
2005	7619.5	6501.2	1118.3	739.0	832.0	－93.0	8358.5	7333.2	1025.3
2006	9690.7	7916.1	1774.6	914.0	1003.0	－89.0	10604.7	8919.1	1685.6
2007	12180.1	9558.2	2621.9	1216.0	1293.0	－77.0	13396.1	10851.2	2544.9
2008	14285.5	11330.9	2954.6	1465.0	1580.0	－115.0	15750.5	12910.9	2839.6
2009	12016.6	10055.6	1961.0	1286.0	1581.0	－295.0	13302.6	11636.6	1666.0
2010	15779.3	13948.3	1831.0	1702.0	1922.0	－220.0	17481.3	15870.3	1611.0
2011	18986.0	17434.6	1551.4	1821.0	2370.0	－549.0	20807.0	19804.6	1002.4
2012	20489.3	18178.3	2311.0	1905.0	2801.0	－896.0	22394.3	20979.3	1415.0
2013	22100.4	19502.9	2597.5	2106.0	3290.0	－1184.0	24206.4	22792.9	1413.5
2014	23427.5	19602.9	3824.6	2222.0	3821.0	－1599.0	25649.5	23423.9	2225.6

资料来源：商务部网站。

1. 第一阶段为1995～2002年

这段时期称为中国加入世界贸易组织之前期，货物、服务及总值进出口贸易额均呈现缓慢增长态势，总值顺差由1995年的105.0亿美元上升到2002年的237.3亿美元，年均增长率为12.4%，与此同时货物差额的年均增长率为8.9%；

值得注意的是服务贸易差额基本稳定不动。以上说明与对外贸易发展缓慢相适应的是，这一时期中国对外贸易顺差变化相对平稳且在合理区间范围内。

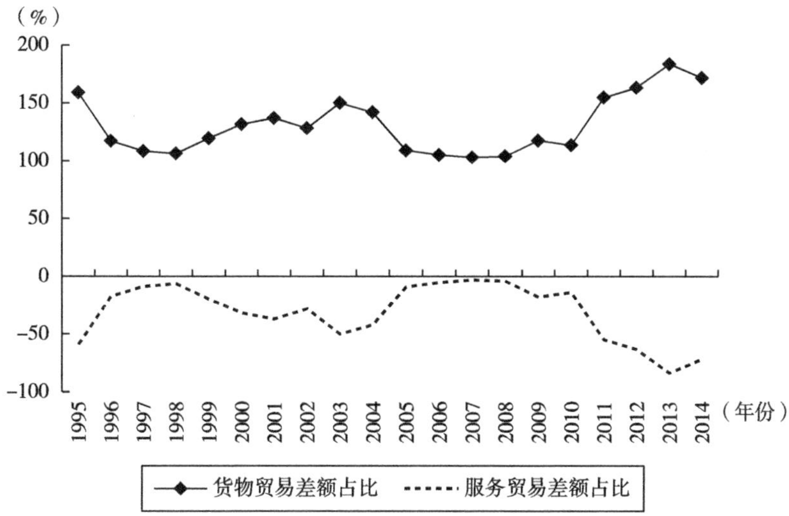

图3-1 1995~2014年不同类型贸易差额占比

资料来源：商务部网站。

2. 第二阶段为2003~2008年

这段时期称为中国加入世界贸易组织之后期，货物、服务及总值进出口增长迅速，总值顺差由2003年的169.7亿美元上升到2008年的2839.6亿美元，年均增长率为75.7%，与此同时货物贸易差额的年均增长率为63.3%，服务贸易逆差出现缓慢增长趋势，年均增长率为6.2%。

3. 第三阶段为2009~2011年

这一时期，随着中国与世界贸易往来密切，参与国际化分工程度加深，中国对外贸易加速发展，同时中国对外贸易失衡规模明显，失衡结构鲜明。美国爆发金融危机之后，中国货物、服务及总值进出口均受到强烈影响，贸易规模骤减；与此同时货物贸易规模顺差减小，服务贸易逆差扩大。2011年中国对外贸易顺差降为1002.4亿美元。

4. 第四阶段为2012～2014年

随着各经济的宏观经济调控政策出现成效，中国贸易顺差又开启递增趋势。

二、中国贸易失衡的贸易方式

由上一节的分析可知，货物贸易主导着中国对外贸易失衡状态及规模。在中国，货物贸易按照贸易方式又可进一步划分为一般贸易、加工贸易和其他。表3－2给出了三种贸易方式的差额及占比情况，可以看出相比于1995年，2014年三种贸易方式差额的绝对规模均呈现明显的递增趋势。一般贸易失衡由1995～2000年的顺差转变为2001～2004年的逆差，2005年又转变为顺差直到美国金融危机爆发顺差递增趋势才停止。加工贸易则一直表现为顺差且呈现明显增长趋势，其他贸易一直呈现逆差；其中，加工贸易成为中国对外货物贸易顺差的主要来源。从差额形态上来看，加工贸易一直处于顺差状态，对货物贸易顺差一直存在正向贡献；从差额规模上来看，加工贸易所形成差额规模大于一般贸易和其他贸易。具体表现为1997年加工贸易超过其他贸易的绝对值，成为影响货物贸易失衡规模的第二大因素，1998年又超过一般贸易成为中国贸易失衡的最主要部分，顺差由1998年的359.54亿美元增加到2008年的2967.36亿美元，年均增长率高达14.10%，其占货物贸易的比重由1998年的82.71%上升至2004年的331.18%。正如上文所述，为了解决国内资金不足的问题，中国政府对外商直接投资安排了各项优惠政策；同时，低成本劳动力也是吸引外资来中国从事加工贸易的因素之一。可见，要缓解中国贸易顺差的现状，需从调节加工贸易失衡入手，从制定指导加工贸易的政策入手。

表3－2　1995～2014年中国对外贸易的贸易方式结构

单位：亿美元，%

年份＼类别	一般贸易		加工贸易		其他	
	差额	占比	差额	占比	差额	占比
1995	279.80	167.54	153.59	91.97	－266.39	－159.51
1996	234.61	191.99	220.52	180.46	－332.93	－272.45
1997	389.64	96.40	294.61	72.89	－280.05	－69.29
1998	305.60	70.30	359.54	82.71	－230.44	－53.01

续表

类别 年份	一般贸易		加工贸易		其他	
	差额	占比	差额	占比	差额	占比
1999	120.95	41.38	373.04	127.62	-201.69	-69.00
2000	51.02	21.16	450.94	187.03	-260.86	-108.20
2001	-15.75	-6.98	534.60	237.07	-293.35	-130.09
2002	70.76	23.25	577.27	189.70	-343.73	-112.96
2003	-56.44	-22.16	788.27	309.51	-477.15	-187.35
2004	-45.39	-14.14	1062.76	331.18	-696.47	-217.04
2005	354.29	34.73	1424.46	139.65	-758.75	-74.39
2006	831.26	46.83	1888.82	106.40	-944.88	-53.23
2007	1098.44	41.55	2490.84	94.23	-945.84	-35.78
2008	907.77	30.45	2967.36	99.53	-893.90	-29.98
2009	-41.00	-2.10	2645.71	135.20	-647.84	-33.11
2010	-486.63	-26.81	3227.98	177.84	-926.25	-51.03
2011	-905.87	-58.48	3655.28	235.98	-1200.43	-77.50
2012	-338.00	-14.63	3816.00	165.12	-1167.00	-50.50
2013	-224.00	-8.64	3635.00	140.24	-819.00	-31.60
2014	5782.00	24.62	22109.00	94.12	-4402.00	-18.74

资料来源：1995~2014年《中国统计年鉴》。

三、中国贸易失衡的主体结构

图3-2提供了1995~2011年不同所有制企业贸易额占比情况。可以看出，考察期间国有企业的贸易额占比呈现显著下降趋势，特别在1999~2007年下降速度明显，由贸易份额占所有贸易的“半壁江山”变为不足所有贸易的1/4。外资企业和私营企业贸易份额占比则呈现一定的上升趋势，其中外资企业贸易占比由1995年的39%，上升到2005年的59%；私营企业贸易占比从1995年的不足1%上升到2011年的24%，并在中国加入世界贸易组织后得到快速发展。集体企业在对外贸易发展中表现并不突出，其贸易份额始终在5%以内。以上事实说明随着对外开放力度不断加大及市场经济的发展，外资企业和私营企业成为中国对外贸易发展的主力。

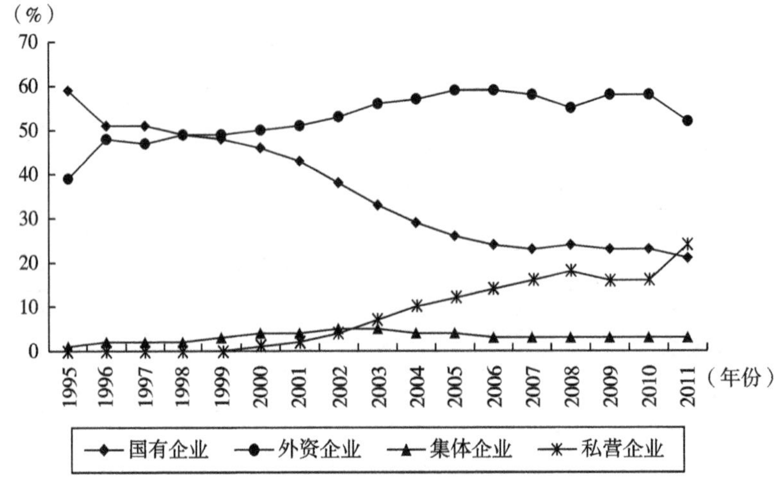

图 3-2 1995~2011 年不同所有制企业贸易额占比

注：此处外资企业包括中外合作、中外合资和外商独资。

资料来源：1995~2011 年《中国海关统计年鉴》。

然而，从图 3-3 提供的信息可知，在中国对外贸易发展中占比最大的外资企业并不是导致贸易失衡的主要因素，而私营企业和国有企业是影响贸易失衡程度的主要因素。具体来看，1995~2002 年国有企业对中国贸易顺差一直具有正向的提升作用，其贸易顺差在总顺差中的占比由 183% 降低到 31%，2003~2010 年贸易符号转变为逆差，绝对值呈现缓慢上升趋势，2010~2011 年逆差骤增，一方面，这是由于国有企业承担着国家宏观调控和调节贸易平衡的使命；另一方面，国有企业往往是国外先进器材、工业材料的主要需求者（熊芳，2010）。与国有企业的贸易符号相反，外资企业则实现了由 87% 的逆差向 64% 的顺差转变，这说明虽然外资企业在中国贸易总额中所占比重较大，但是其失衡状况并不严重，这与中国私营企业主要从事“大进大出”的加工贸易现实相符合；私营企业顺差占所有顺差比重一直在增加，并且对中国贸易顺差有明显的正向作用。其实，这是一种好现象，它反映私营企业利用自身优势在全球化分工中获得了较多的收益。考察期间，集体企业一直维持着少量的顺差，其中 2003 年其顺差占比最大，为 46%。

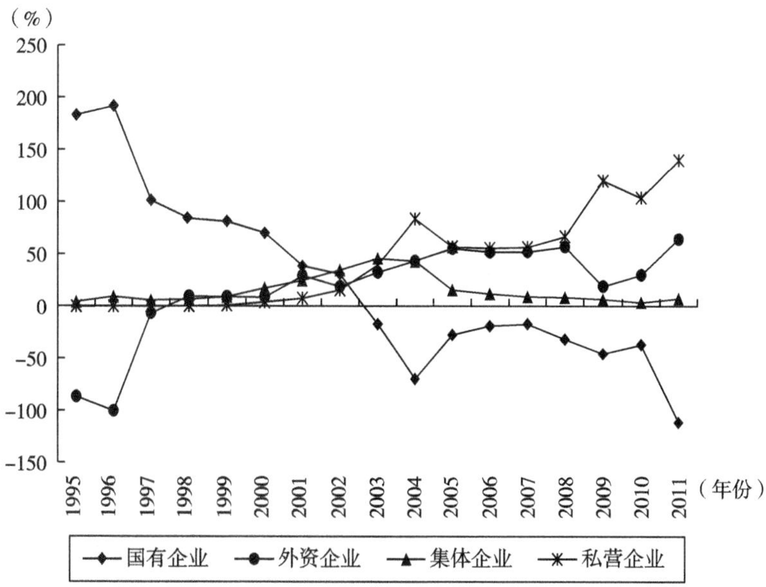

图 3-3　1995~2011 年中国贸易失衡的主体结构

注：此处外资企业包括中外合作、中外合资和外商独资。

资料来源：1995~2011 年《中国海关统计年鉴》。

四、中国贸易失衡的国别（地区）分布

长期以来，尽管中国在对外贸易中积累了大量的顺差，但是并非对所有的贸易伙伴均呈现顺差，中国在贸易失衡中体现了鲜明的国别（地区）结构。本部分选取了 1995 年、2000 年、2005 年、2010 年和 2014 年中国与主要贸易伙伴[①]的进出口情况。从表 3-3 可以看出，中国与这些贸易伙伴的进出口规模均呈现逐年递增趋势，1995 年排在前三位的贸易伙伴分别为日本、中国香港、美国，2000 年美国超越中国香港成为中国第二大贸易伙伴，进而在 2005 年超越日本成为最大贸易伙伴，并一直持续到 2014 年；从增长速度的角度来看，中国与越南的贸易额增长最快，由 1995 年的 10.52 亿美元增至 2014 年的 836.36 亿美元，增长了 78.50 倍，年均增长率为 25.81%，同时相对于 1995 年在中国主要贸易伙伴

① 此处的 14 个主要贸易伙伴由 2014 年与中国的进出口总值筛选而得。

排名地位，2014 年仅上升五位。此外，从贸易规模上来讲，中越贸易规模与中美贸易规模还有较大差距，未来具有较大的提升空间。中国与日本的贸易额增长最慢，由 1995 年的 574.68 亿美元增至 2014 年的 3123.12 亿美元，仅增长了 4.43 倍，年均增长率为 9.32%，其中的原因为中日贸易总值基数较大；从增长绝对规模的角度来看，相比于 1995 年，2014 年美国、中国香港和韩国的贸易总值均增加了 2700 亿美元以上，而沙特阿拉伯、印度和荷兰的贸易总值增加均不足 800 亿美元。

表 3-3　选定年份中国对主要经济体进出口规模　　单位：亿美元

国家（地区）＼年份	1995		2000		2005		2010		2014	
	出口	进口	出口	进口	出口	进口	出口	进口	出口	进口
美国	247.11	161.18	520.99	223.63	1628.91	486.22	2832.87	1020.99	3960.63	1590.61
中国香港	359.84	85.91	445.18	94.29	1244.73	122.25	2183.02	122.60	3630.77	126.21
日本	284.63	290.05	416.54	415.10	839.86	1004.08	1210.43	1767.36	1493.91	1629.21
韩国	66.89	102.93	112.92	232.07	351.08	768.20	687.66	1383.49	1003.33	1901.09
中国台湾	30.98	147.84	50.39	254.94	165.50	746.80	296.74	1157.39	462.77	1520.07
马来西亚	12.81	20.65	25.65	54.80	106.06	200.93	238.02	504.47	463.53	556.52
俄罗斯	16.65	37.99	22.33	57.70	132.11	158.90	296.12	259.21	536.77	415.94
巴西	7.59	12.32	12.24	16.21	48.27	99.93	244.61	381.25	348.90	516.53
越南	7.20	3.32	15.37	9.29	56.44	25.53	231.02	69.85	637.30	199.06
新加坡	35.01	33.98	57.61	50.60	166.32	165.15	323.47	247.29	637.30	199.06
荷兰	32.32	8.18	66.87	12.36	258.76	29.27	497.04	64.79	649.29	93.40
泰国	17.52	16.11	22.43	43.81	78.19	139.92	197.41	331.96	649.29	93.40
印度	7.65	3.98	15.61	13.53	89.34	97.66	409.15	208.46	542.17	163.59
沙特阿拉伯	7.34	5.51	11.45	19.54	38.24	122.46	103.66	328.29	205.75	485.08

资料来源：1995～2014 年《中国统计年鉴》。

图 3-4 为选定年份中国贸易失衡的国别结构，可以看出中国贸易顺差的主要来源地为美国、中国香港、越南、新加坡和荷兰，其中中国内地与中国香港地区的贸易顺差最大，2014 年高达 3504.56 亿美元，这是由于中国出口其他经济体

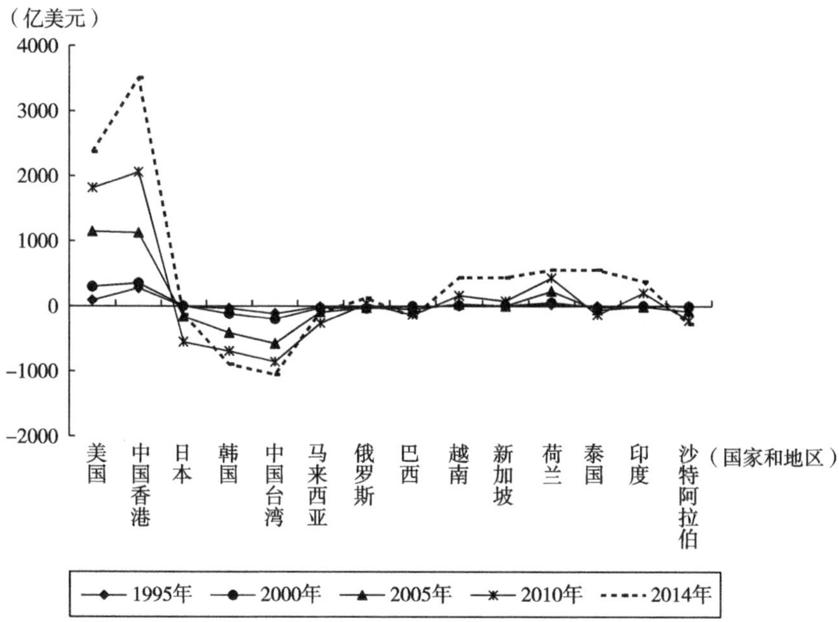

图3-4　选定年份中国贸易失衡的国别结构

资料来源：1995~2014年《中国统计年鉴》。

的贸易额需经中国香港区转口，在现行的贸易统计制度下中国内地对中国香港地区便呈现了大量的贸易顺差，值得注意的是，这些贸易额并非完全被香港地区吸收。在与对外经济体的贸易中，美国一直是中国顺差的最大来源国，并由1995年的85.93亿美元上升到2014年的2370.02亿美元，巨额的贸易顺差是中国长期遭受美国不公平待遇的主要根源。中国贸易的逆差来源地主要是中国台湾、韩国和日本，其中，中国大陆与中国台湾的贸易逆差最大，2014年达到1057.31亿美元，相对于1995年增长了8.05倍。在与对外经济体的贸易中，韩国一直是中国逆差最大的来源国，并由1995年的36.04亿美元，增至2014年的897.75亿美元；这与中国在东亚国际分工中的地位及加工贸易比例较大不无关系。研究显示（熊芳，2012；卢万青，2009）：中国与东亚经济体的主要贸易形式是中间产品，中国成为众多经济体中间产品的组装地并出口至美国与欧洲，由此成为“东亚—中国—美欧”三角贸易中的一环，在某种程度上东亚与美欧的贸易逆差转嫁给了中国；此外，中国逆差的来源地还包括马来西亚和巴西，前者除2010年以外，其他年份逆差规模均控制在100亿美元的范围内，后者逆差规模呈现明显扩大之势，由1995年的4.742亿美元上升至2014年的167.63亿美元，增长了34.48倍，年均增长率为20.66%。考察期间中国与俄罗斯、泰国和沙特阿拉伯的贸易符号发生转变，中俄由逆差变为顺差，中沙之间的贸易由微弱的顺差变为显著的逆差，这可能由于近年来中国对矿产能源的需求增加，中泰的贸易顺差不具有稳定性。

可以看出，中国的顺差来源地较为集中，这势必会加大中国对外贸易发展中的风险，进而容易引致贸易伙伴的不满。近年来这种“大额顺差”给中国对外贸易发展带来了重重阻挠：连年的中美贸易顺差成为美国指责人民币汇率大幅度低估的依据，进而对多种进口商品征收惩罚性关税，尤其是金融危机以后，美国对中国进口商品多次发起“双反调查”和“337调查”[①]；与此同时，欧盟也采取措施对中国出口商品进行抵制，例如，2012年底宣布对中国光伏产业发起涉案金额高达200亿美元的反倾销调查（陈继勇等，2016a）。这些反倾销调查往往以对中国出口产品征收高额进口关税为主，极大地打击了中国出口企业的积极性。

值得注意的是，以上关于中国失衡规模、对外依存度及产生贸易摩擦的根源——双边贸易顺差都是基于现行官方贸易统计标准而得。不能忽视的是，在经济全球化背景下各国生产与贸易相互依存形成一个巨大的价值网络系统，这使一国与贸易伙伴的双边贸易流中不但包含有第三国的价值投入，而且出口（进口）总值中还可能包括直接进口国（本国）的要素报酬，以上两种价值不免对一国双边贸易失衡核算产生干扰。此外，由官方贸易统计数据核算的贸易顺差（逆差）只能反映两个贸易伙伴之间的直接关系，而忽略了两个经济体之间的间接贸易往来。以上三个方面的综合作用可能会导致以总值统计为基础的双边贸易失衡与实际情况存在较大程度的不一致，由此产生双边贸易失衡“统计幻象”。在全球生产网络中，中国凭借廉价的劳动力充当着“进口加工”和“出口平台”的角色，这使中国对某些发达经济体在官方贸易数据中具有大额顺差的特征（李冀

① 双反调查是指对来自某一个（或几个）国家或地区的同一种产品同时进行反倾销和反补贴调查。中国已经成为“337调查”的最大受害国，在判决的案件中中国败诉率远高于世界平均水平。转引自：http：//baike.so.com/doc/5438151-5676468.html.

申，2012）。官方贸易统计能否真实地反映各经济体在进出口中创造的价值，这一问题受到了广泛的质疑（陈继勇等，2016b）。为弥补官方贸易统计体系的不足，准确识别各经济体在全球化生产网络中的角色和所做的贡献，贸易增加值核算应运而生，并成为观察世界经济的另一只“眼睛”。中国对外贸易发展的真实情况如何？究竟是什么导致了中国对主要贸易伙伴的巨额贸易顺差？以贸易增加值核算为基础，对上述问题的解答或许可以成为中国反驳“不公平待遇”的有力依据。

第三节 基本思路与模型设计

通过对国内外文献的回顾与评述，不难发现已有研究成果有助于全面理解和认识国家间贸易失衡问题，研究中使用的投入产出分解模型具有创新性和启发性，可为后续研究提供有益借鉴。但是也应该看到，目前研究鲜有涉及中国对所有贸易伙伴双边失衡的时间序列分析。在研究角度上，主要侧重于不同口径下双边贸易净值之间的差异，缺乏对背后原因的深度挖掘；在研究方法上，国内研究主要利用 KWW（2010）方法、J&N（2012）方法、Stehrer（2012）方法，而缺乏对国外最新分解模型的借鉴。本书试图弥补这一缺憾：在准确界定不同口径中贸易失衡①概念的基础上，阐述贸易流的分解原理，并构建贸易失衡模型。

一、贸易失衡的逻辑演绎

假设世界上只有三个经济体，分别用数字 1、2 和 3 表示。他们之间的贸易关系如下：首先，3 国向 1 国出口中间产品 m，1 国将其制作成最终品（m + a）出口至 2 国，同时出口本国中间产品 c；其次，2 国消费全部的最终产品（m + a），并利用中间产品 b 加工 c，出口至 3 国，同时向 3 国出口本国生产的最终产品 g；最后，3 国消费 2 国的最终产品 e，同时将（c + b）进一步加工为（c +

① 主要是指双边贸易失衡。

b+d)，并出口至1国。至此，三个国家均进行了一个回合及以上包含中间产品和最终产品贸易往来。如图3-5所示：

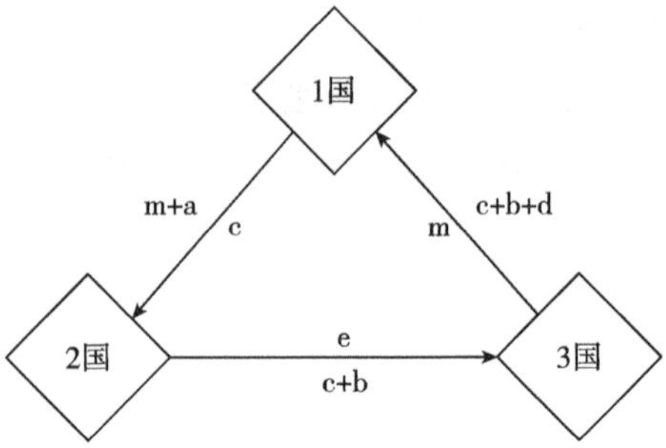

图3-5 三国模型中全球生产网络

注：图中箭头方向代表贸易流方向。

按照海关统计标准，进出口贸易流将忠实于两国间商品的进出关记录（陈继勇等，2016b）。表3-4提供了1国与3国、2国的双边贸易指数及比较情况。可以看出1国对3国的出口额与进口额分别为0和m+c+b+d，贸易总值和贸易差值分别为m+c+b+d和-m-c-b-d；但是按照贸易增加值核算法，折返值c、进口中被其他国家吸收的m，及其他贸易伙伴产生的增加值b将被剔除，此时进口增加值变为d，相应地，贸易总值和贸易差值分别变为d和-d，可以看出两种统计方法贸易差值之间的差异正好为折返值与其他国家创造增加值之和。同理，1国对2国的出口与进口额分别为m+a+c和0，贸易总值和贸易差值均为m+a+c；当按照贸易增加值核算时，折返值c和其他贸易伙伴产生的增加值m将被剔除，通过其他贸易伙伴的间接进口b应该予以考虑，此时出口和进口增加值分别变为a和b，贸易总值和增加值分别为a+b和a-b。通过对不同方法下1国的双边贸易指标的分析及比较，可以看出折返值和其他国家的进口值的存在对四类指标的测算产生了影响，双边贸易流中两种方法下同一指标大小关系不定（见表3-4中第4列与第7列结果）。这就意味着以贸易增加值在全球生产网络系统中审视一个经济体的双边贸易时，其数值可能高于、低于或等于海关统计的结果，其具体符号取决对两个经济体在全球生产链中的位置。特别地，从表

3-4中可以看出相对于海关统计方法，贸易核算方法下双边贸易差值体现顺逆差绝对值更小或盈余状态符号发生变化的特征①。

表3-4 两种方法下1国的双边贸易指标及比较

类型	3国			2国		
	(1)	(2)	(1) - (2)	(1)	(2)	(1) - (2)
出口	0	0	0	m+a+c	a	m+a
进出	m+c+b+d	d	m+c+b	0	b	-b
贸易总值	m+c+b+d	d	m+c+b	m+a+c	a+b	m+c-b
贸易差值	-m-c-b-d	-d	-m-c-d	m+a+c	a-b	m+c+b

注：(1) 表示海关统计法，(2) 表示贸易增加值核算法。下同。

假如将2国和3国视为外部经济体，则1国的进出口、贸易总值及贸易差值的变化情况见表3-5。可以看出，1国出口为箭头外指向上的贸易流之和m+a+c，进口为箭头内指向上贸易流之和m+c+b+d，相应地贸易总值和贸易差额分别为2m+2c+a+b+d和a-b-d，同理在贸易增加值核算口径下，由其他经济体产生和吸收的增加值，及加工贸易折返的中间产品价值将不会计入进出口贸易流。对1国而言，m是由3国生产并被2国最终吸收，其价值应该从1国进出口中剔除，与此同时c是由1国生产经全球生产网络系统加工后返回并最终被本国吸收的价值，它既不符合出口增加值也不符合进口增加值的含义，同样也应该从1国的进出口中扣除。因此，1国对外贸易出口增加值为a，进口增加值为b+d，相应地贸易总值和贸易差值为a+b+d和a-b-d。通过观察表3-5第4列可以发现：其他国家生产、吸收的贸易流及折返值，同时扩大了1国出口额与进口额，从而双倍地扩大了一国的贸易总值，但是对贸易差值没有影响，这与陈继勇等（2016b）两国模型的分析结果相同。可以得出这样的结论，相对于海关统计法，贸易增加值核算法不会改变一国的对外贸易失衡程度，但是会以相同的数值扣除不属于本经济体实际出口与进口的增加值。此外，通过比较表3-4和

① 贸易增加值核算方法下，1国与3国之间的逆差明显减小；若b<a，则1国与2国之间的贸易增加值顺差明显减小；若b>a，则1国与2国之间将变为贸易增加值逆差。

表3－5可知，两种口径下1国与所有贸易伙伴的双边贸易流①之和即为中国与世界贸易流往来状况。

表3－5　两种方法下1国对外贸易指标及比较

类型	(1)	(2)	(1) － (2)
出口	m＋a＋c	a	m＋c
进出	m＋c＋b＋d	b＋d	m＋c
贸易总值	2m＋2c＋a＋b＋d	a＋b＋d	2m＋2c
贸易差值	a－b－d	a－b－d	0

二、贸易失衡的分解原理

1. 三国投入产出模型

与上部分相同，我们仍然假设世界上存在三个有贸易关系的经济体1、2和3，每个经济体都有n个部门，其构成了三国投入产出表（见表3－6）。其中，VA^i（i＝1，2，3）是1×n的向量，X^i（i＝1，2，3）是n×1的向量；A^{ij}（i，j＝1，2，3）表示n×n的直接消耗系数矩阵，同时$A^{ij}=Z^{ij}/X^i$，$B=(I-A)^{-1}$；三个经济体增加值行向量矩阵为$V^i=VA^i/X^i$。

表3－6　三国模型投入产出表

			中间使用			最终使用			总产出
			1国	2国	3国	1国	2国	3国	
			1，…，n	1，…，n	1，…，n	1，…，n	1，…，n	1，…，n	
中间投入	1国	1，…，n	Z^{11}	Z^{12}	Z^{13}	Y^{11}	Y^{12}	Y^{13}	X^1
	2国	1，…，n	Z^{21}	Z^{22}	Z^{23}	Y^{21}	Y^{22}	Y^{23}	X^2
	3国	1，…，n	Z^{31}	Z^{32}	Z^{33}	Y^{31}	Y^{32}	Y^{33}	X^3
增加值			VA^1	VA^2	VA^3				
总投入			X^1	X^2	X^3				

① 包括出口、进口、贸易总值和贸易差额。以1国对2国与3国的进口增加值之和（b＋d）为一国进口世界的增加值，其他指标算法同理可得。

2. 贸易失衡核算

根据出口（进口）总值的定义：在国内（国外）生产而在国外（国内）销售的商品与服务，可得1国与2国的双边贸易失衡为1国出口至2国的总值与2国出口至1国总值之差。同时，基于表3-6提供的三国模型投入产出表可得海关统计法下1国对2国的出口、进口和差额分别为：

$$E^{12}=Z^{12}+Y^{12} \tag{3-1}$$

$$E^{21}=Z^{21}+Y^{21} \tag{3-2}$$

$$\begin{aligned}NX^{12}&=E^{12}-E^{21}=Y^{12}+Z^{12}-Y^{21}-Z^{21}\\&=Y^{12}+A^{12}X^{2}-Y^{21}-A^{21}X^{1}\end{aligned} \tag{3-3}$$

根据J&N（2012）对增加值出口的定义：国家最终需求中包含的某一经济体的国内增加值，可以演化出1国至2国的增加值出口：2国最终需求中所包含的1国国内增加值。相应地，将2国出口1国的增加值定义为：1国最终需求中所包含的2国国内增加值。在三国（多国）模型中，通过改变1国出口增加值核算中增加值系数矩阵和最终需求矩阵便可以得到1国出口2国增加值，同理可以得到2国对1国的增加值出口，见式（3-4）和式（3-5）：

$$VAX^{12}=[V^{1}\quad 0\quad 0]\begin{bmatrix}B^{11}&B^{12}&B^{13}\\B^{21}&B^{22}&B^{23}\\B^{31}&B^{32}&B^{33}\end{bmatrix}\begin{bmatrix}Y^{12}\\Y^{22}\\Y^{32}\end{bmatrix}=V^{1}B^{11}Y^{12}+V^{1}B^{12}Y^{22}+V^{1}B^{13}Y^{32} \tag{3-4}$$

$$VAX^{21}=[0\quad V^{2}\quad 0]\begin{bmatrix}B^{11}&B^{12}&B^{13}\\B^{21}&B^{22}&B^{23}\\B^{31}&B^{32}&B^{33}\end{bmatrix}\begin{bmatrix}Y^{11}\\Y^{21}\\Y^{31}\end{bmatrix}=V^{2}B^{21}Y^{11}+V^{2}B^{22}Y^{21}+V^{2}B^{23}Y^{31} \tag{3-5}$$

其中，V^{i}、B^{ij}、Y^{ij}的含义同上，$V^{1}B^{11}Y^{12}$、$V^{1}B^{12}Y^{22}$和$V^{1}B^{13}Y^{32}$分别表示2国吸收1国最终产品、本国最终产品和3国最终产品中所包含的1国国内增加值，式（3-5）中相应项含义同理可得。由于1国进口2国的增加值等于2国出口1国的增加值。因而，1国与2国贸易增加值失衡为1国出口2国的增加值与2国出口1国的增加值之差。

$$\begin{aligned} NVAX^{12} &= VAX^{12} - VAX^{21} \\ &= (V^1B^{11}Y^{12} + V^1B^{12}Y^{22} + V^1B^{13}Y^{32}) - (V^2B^{21}Y^{11} + V^2B^{22}Y^{21} + \\ &\quad V^2B^{23}Y^{31}) \end{aligned} \tag{3-6}$$

其中，$NVAX^{12}$表示1国出口2国的增加值净值。

3. 贸易失衡分解原理

如果将式（3-4）扩展成多个经济体，那么一个经济体的增加值出口可以细分为如下几个部分：①最终产品出口中包含的国内增加值（$V^s\sum_{r\neq s}^{G}B^{ss}Y^{sr}$）。②以中间产品形式出口且被直接进口国吸收的国内增加值（$V^s\sum_{r\neq s}^{G}B^{sr}Y^{rr}$）。③经直接进口国加工复出口到第三个国家的中间品中包含的国内增加值（$V^s\sum_{r\neq s}^{G}\sum_{t\neq s}^{G}B^{sr}Y^{rt}$），这种分解方法最先由KWW（2012c）提出。Nagengast（2014）指出KWW（2012c）方法可能产生分类不清的问题，因为B^{ss}代表国内增加值通过国际生产网络返回国内的所有方式，所以①中一部分增加值在以最终品形式离开s国并被r国吸收之前也可能曾以中间产品形式出口并返回国内。只有$V^s(I-A^{ss})^{-1}Y^{sr}$是首次以最终产品形式离开s国并被r国吸收的增加值，余下的$V^s(B^{ss}-(I-A^{ss})^{-1})Y^{sr}$为在以最终品被国外吸收之前至少两次以中间产品的形式跨越国境，因此，应该计入③。另外，直接进口国没有吸收所有②的中间产品，因为B^{sr}描述了s国和r国之间所有可能的方式，这并不等同于s国直接向r国提供的中间投入系数矩阵A^{sr}，因此，要从B^{sr}中提取首次由s国以中间产品形式提供给r国并被吸收的增加值，应进行三个方面的考虑：第一，从未离开s国而被其他国家加工的增加值$(I-A^{ss})^{-1}$；第二，s国向r国提供的中间投入(A^{sr})；第三，进入r国后从未离开的部分$(I-A^{rr})^{-1}$，因此②中B^{sr}应该用$(I-A^{ss})^{-1}A^{sr}(I-B^{rr})^{-1}$表示，余下部分为$V^s(B^{sr}-(I-A^{ss})^{-1}A^{sr}(I-A^{rr})^{-1})Y^{rr}$，根据跨境次数的原则将其归为③，本章正是借鉴了Nagengast（2014）根据跨境次数的分解思想。

为了区别于KWW，将根据跨境次数的分解方法记为KWW^*，KWW^*方法中的增加值出口应该表示成以下三个部分：

$$V^s\sum_{r\neq s}^{G}(I-A^{ss})^{-1}Y^{sr} \tag{3-7}$$

$$V^s \sum_{r \neq s}^{G} (I - A^{ss}) A^{sr} (I - A^{rr})^{-1} Y^{rr} \quad (3-8)$$

$$V^s \sum_{r \neq s}^{G} (B^{ss} - (I - A^{ss})^{-1}) Y^{sr} + V^s \sum_{r \neq s}^{G} (B^{sr} - (I - A^{ss})^{-1} A^{sr} (I - A^{rr})^{-1}) Y^{rr} +$$

$$V^s \sum_{r \neq s}^{C} \sum_{t \neq s,r}^{C} B^{sr} Y^{rt} \quad (3-9)$$

其中，式（3－7）表示最终产品首次离开 s 国所包含的国内增加值，式(3－8）表示直接被进口国吸收的中间产品出口所包含的国内增加值，式（3－9）表示在被国外最终需求之前多次跨越国境的国内增加值。因此，式（3－7）和式（3－8）所代表的增加值在被最终吸收前只跨越了一次国境，而式（3－9）所代表的增加值多次跨越国境，从而导致国际贸易统计重复核算。由修正的过程可知，KWW* 中的①②部分增加值小于原值，而③由于包括了前两部分剔除的价值而大于原值。

本章试图以 KWW* 分解方法为基础，侧重于在统一的核算框架内阐明总值及增加值在贸易失衡测算的差异及原因分析。为此，需要解决两个问题：其一，识别出总贸易流中增加值的最初来源地和最终吸收地；其二，识别出属于双边贸易伙伴的增加值。针对第一个问题，需参照 KWW（2012c）方法将总值表示成最终需求和列昂惕夫逆矩阵组成的函数。然而，第二个问题的难点在于如何解决贸易增加值多次跨越国境的归属问题，对此，我们依据增加值跨境次数定义重复核算增加值，将第一次离开原产国的增加值视为增加值出口，同时，将第二次及以上跨越国境的增加值视为重复核算。根据上述定义，双边贸易失衡可被分解为六种成分，具体如下：①双边贸易流中包含的两国的国内增加值；②重复核算增加值；③通过第三国折返回国并被吸收的增加值；④两个贸易伙伴吸收的国外增加值；⑤被第三国吸收的国内增加值；⑥被第三国吸收的国外增加值。

三、贸易失衡的分解模型

1. 三国贸易失衡的分解模型

在式（3－1）的基础上，1 国出口 2 国的总值可以表示成 2 国对 1 国最终需求和 2 国总产出的函数：

$$E^{12} = Y^{12} + A^{12} X^2 \quad (3-10)$$

如上所述，在解决第一个问题时，需将总出口表达成各国最终需求的函数。值得注意的是，2国的总产出是列昂惕夫逆矩阵驱动需求模型中的外生变量。这一点可以通过构建全球投入产出模型实现，以一个三国模型为例，由投入产出模型在行向上的恒等关系可得①：

$$X^2 = B^{21}(Y^{11} + Y^{12} + Y^{13}) + B^{22}(Y^{21} + Y^{22} + Y^{23}) + B^{23}(Y^{31} + Y^{32} + Y^{33}) \tag{3-11}$$

由投入产出模型在列向上的恒等关系可得②：

$$V(I - A)^{-1} = VB = u' \tag{3-12}$$

可以进一步写成：

$$\begin{bmatrix} V^1B^{11} & V^2B^{21} & V^3B^{31} \\ V^1B^{12} & V^2B^{22} & V^3B^{32} \\ V^1B^{13} & V^2B^{23} & V^3B^{33} \end{bmatrix} = \begin{bmatrix} 1 \\ 1 \\ 1 \end{bmatrix} \tag{3-13}$$

将式（3-11）代入式（3-10）并乘以式（3-13）的第一行，可将总出口按照增加值来源进行分解。

$$\begin{aligned} E^{12} = {} & V^1B^{11}Y^{12} + V^2B^{21}Y^{12} + V^3B^{31}Y^{12} \\ & + V^1B^{11}A^{12}[B^{21}(Y^{11} + Y^{12} + Y^{13}) + B^{22}(Y^{21} + Y^{22} + Y^{23}) + B^{23}(Y^{31} + Y^{32} + Y^{33})] \\ & + V^2B^{21}A^{12}[B^{21}(Y^{11} + Y^{12} + Y^{13}) + B^{22}(Y^{21} + Y^{22} + Y^{23}) + B^{23}(Y^{31} + Y^{32} + Y^{33})] \\ & + V^3B^{31}A^{12}[B^{21}(Y^{11} + Y^{12} + Y^{13}) + B^{22}(Y^{21} + Y^{22} + Y^{23}) + B^{23}(Y^{31} + Y^{32} + Y^{33})] \end{aligned} \tag{3-14}$$

通过适当的组合，式（3-14）右端可以表示成由增加值的来源地及最终吸收地组成的函数。

$$\begin{aligned} E^{12} = {} & \underbrace{V^1B^{11}A^{12}\sum_i^3 B^{2i}Y^{i1}}_{V^1,\cdots,Y^{\cdot 1}} + \underbrace{V^1B^{11}Y^{12} + V^1B^{11}A^{12}\sum_i^3 B^{2i}Y^{i2}}_{V^1,\cdots,Y^{\cdot 2}} + \underbrace{V^1B^{11}A^{12}\sum_i^3 B^{2i}Y^{i3}}_{V^1,\cdots,Y^{\cdot 3}} \\ & + \underbrace{V^2B^{21}A^{12}\sum_i^3 B^{2i}Y^{i1}}_{V^2,\cdots,Y^{\cdot 1}} + \underbrace{V^2B^{21}Y^{12} + V^2B^{21}A^{12}\sum_i^3 B^{2i}Y^{i2}}_{V^2,\cdots,Y^{\cdot 2}} + \underbrace{V^2B^{21}A^{12}\sum_i^3 B^{2i}Y^{i3}}_{V^2,\cdots,Y^{\cdot 3}} \end{aligned}$$

---

① 具体推导过程见附录1。

② 具有推导过程见附录2。

$$+\underbrace{V^3B^{31}A^{12}\sum_{i}^{3}B^{2i}Y^{i1}}_{V^3,\cdots,Y^{\cdot 1}}+\underbrace{V^3B^{31}Y^{12}+V^3B^{31}A^{12}\sum_{i}^{3}B^{2i}Y^{i2}}_{V^3,\cdots,Y^{\cdot 2}}+\underbrace{V^3B^{31}A^{12}\sum_{i}^{3}B^{2i}Y^{i3}}_{V^3,\cdots,Y^{\cdot 3}} \tag{3-15}$$

其中，V^1，…，$Y^{\cdot 2}$中的1表示增加值来源国，2表示1国国内增加值的最终吸收地，即V^1，…，$Y^{\cdot 2}$表示2国最终需求中包含的1国出口的国内增加值；然而，它与1国出口2国的增加值（VAX^{12}）有区别，这是由于$V^1B^{11}Y^{12}$中的B^{11}表示由1国生产的增加值以中间产品的形式经国际生产网络最终回到国内的所有方式①，B^{12}和B^{13}的含义同理可得。这意味着全球生产共享可能使得VAX^{12}中的一部分增加值以中间产品的形式包含在任意两国的总贸易流中②，因而在国际贸易统计中这部分增加值被多次重复统计。

本章将V^1，…，$Y^{\cdot 2}$中首次以最终品和中间品被国外加工（吸收）的部分归为VAX^{12}，并记为VAX^{*12}，将V^1，…，$Y^{\cdot 2}$余下部分即经过外加工并回国的部分定义为重复统计，这部分价值至少两次穿越国境。为了实现上述分离，需要从B^{11}分离出代表国内加工的列昂惕夫逆矩阵$(I-A^{11})^{-1}$，其余部分$B^{11}-(I-A^{11})^{-1}$表示至少两次跨越国境（记为DBC）。

$$\begin{aligned}V^1,\cdots,Y^{\cdot 2} &= V^1B^{11}Y^{12}+V^1B^{11}A^{12}\sum_{i}^{3}B^{2i}Y^{i2}\\ &= \underbrace{V^1(I-A^{11})^{-1}Y^{12}+V^1(I-A^{11})^{-1}A^{12}\sum_{i}^{3}B^{2i}Y^{i2}}_{VAX^{*12}}+\\ &\quad \underbrace{V^1(B^{11}-(I-A^{11})^{-1})Y^{12}+V^1(B^{11}-(I-A^{11})^{-1})A^{12}\sum_{i}^{3}B^{2i}Y^{i2}}_{DBC}\end{aligned} \tag{3-16}$$

同理E^{13}可以表达成含有V^1，…，$Y^{\cdot 2}$的函数，V^1，…，$Y^{\cdot 2}$的分解方式如式

① 详细推导过程见附录3。

② 在一个存在四个国家的简化世界里，A国生产中间产品依次出口到B国和C国进行加工，然后由C国出口到D国，A国出口到D国的增加值会出现在B国和C国双边贸易流统计中，它们既不是价值的生产国也不是价值吸收地。

(3－16)。值得注意的是，VAX^{*12}只出现在1国双边总出口中，可称为1国出口到2国总贸易流中的增加值。因此，E^{12}和E^{13}中所有VAX^{*12}项加总为1国向2国出口的增加值VAX^{12}。可按照式（3－15）和式（3－16）的思路对E^{21}进行分解，最终可得到总出口双边贸易失衡的分解式，见式（3－17）：

$$
\begin{aligned}
NX^{12} = E^{12} - E^{21} = & \underbrace{V^1(I-A^{11})^{-1}Y^{12} + V^1(I-A^{11})^{-1}A^{12}\sum_{i}^{3}B^{2i}Y^{i2}}_{VAX^{*12}(E^{12})} \\
& \underbrace{- V^2(I-A^{22})^{-1}Y^{21} - V^2(I-A^{22})^{-1}A^{21}\sum_{i}^{3}B^{1i}Y^{i1}}_{VAX^{*21}(E^{21})} \\
& \underbrace{+ V^1(B^{11}-(I-A^{11})^{-1})Y^{12} + V^1(B^{11}-(I-A^{11})^{-1})A^{12}\sum_{i}^{3}B^{2i}Y^{i2}}_{DBC(E^{12})} \\
& \underbrace{+ V^2B^{21}A^{12}\sum_{i}^{3}B^{2i}Y^{i1}}_{DBC(E^{12})} \\
& \underbrace{- V^2(B^{22}-(I-A^{22})^{-1})Y^{21} - V^2(B^{22}-(I-A^{22})^{-1})A^{21}\sum_{i}^{3}B^{1i}Y^{i1}}_{DBC(E^{21})} \\
& \underbrace{- V^1B^{12}A^{21}\sum_{i}^{3}B^{1i}Y^{i2}}_{DBC(E^{21})} \underbrace{+ V^2B^{21}Y^{12} + V^1B^{11}A^{12}\sum_{i}^{3}B^{2i}Y^{i1} + V^2B^{21}A^{12}\sum_{i}^{3}B^{2i}Y^{i2}}_{REEL(E^{12})} \\
& \underbrace{- V^1B^{12}Y^{21} - V^1B^{12}A^{21}\sum_{i}^{3}B^{1i}Y^{i1} - V^2B^{22}A^{21}\sum_{i}^{3}B^{1i}Y^{i2}}_{REEL(E^{21})} \\
& \underbrace{+ V^3B^{31}Y^{12} + V^3B^{31}A^{12}\sum_{i}^{3}B^{2i}(Y^{i1}+Y^{i2})}_{FVA\_tp(E^{12})} \\
& \underbrace{- V^3B^{32}Y^{21} - V^3B^{32}A^{31}\sum_{i}^{3}B^{1i}(Y^{i1}+Y^{i2})}_{FVA\_tp(E^{21})} \\
& \underbrace{+ V^1B^{11}A^{12}\sum_{i}^{3}l^{2i}Y^{i3} + V^2B^{21}A^{12}\sum_{i}^{3}B^{2i}Y^{i3}}_{DVA\_3rd(E^{12})}
\end{aligned}
$$

$$-\underbrace{V^2B^{22}A^{21}\sum_i^3 B^{1i}Y^{i3}-V^1B^{12}A^{21}\sum_i^3 B^{1i}Y^{i3}}_{DVA\_3rd(E^{21})}$$

$$+\underbrace{V^3B^{31}A^{12}\sum_i^3 B^{2i}Y^{i3}}_{FVA\_3rd(E^{12})}-\underbrace{V^3B^{32}A^{21}\sum_i^3 B^{1i}Y^{i3}}_{FVA\_3rd(E^{21})} \quad (3-17)$$

其中，(E^{12}) 和 (E^{21}) 表示由 E^{12} 和 E^{21} 分解而得；VAX^{*12} 和 VAX^{*21} 表示 1 国和 2 国双边出口总值中包含的国内增加值，两者之差反映双边贸易流中出口国内增加值相对于进口国外增加值的高低，记为 $NVAX^{*12}$（Value Added in Gross Trade Balance）；FVA_ tp 表示被双边贸易伙伴吸收的国外增加值，反映由双边贸易伙伴需求导致的贸易失衡程度；DVA_ 3rd 表示被第三国吸收的双边贸易伙伴的增加值，FVA_ 3rd 表示被第三国吸收的国外增加值，两者之和反映由第三国需求导致的贸易失衡程度，合记为 DFVA_ 3rd。DBC 是双边贸易伙伴增加值中的重复核算项，REEL 表示双边贸易伙伴增加值通过第三国返回本国并被吸收的部分，两者都反映了进出口贸易中不同形式垂直专业化对贸易失衡的贡献，因此本书将两项合并分析，记为 DR；此外，为了突出贸易增加值失衡（Value Added Trade Balance）与双边贸易流中包含的增加值（Value Added in Gross Trade Balance）的区别，本章引入了一个增加值矫正项 CORR。CORR 表示双边贸易伙伴一方生产的增加值最终被另一方吸收的部分，但是并没有出现在双边总贸易流中，即这部分增加值出现在其他双边贸易流中，表达如式（3-18）所示：

$$CORR = NVAX^{*12} - NVAX^{12} \quad (3-18)$$

其中，$NVAX^{*12} = VAX^{*12} - VAX^{*21}$ 表示总值差额中包含的增加值。于是，得到双边贸易的分解结构如图 3-6 所示。

由图 3-6 可知，总贸易差额（NX）不仅可以分解为 $NVAX^{*}$、FVA_ tp、DFVA_ 3rd 和 DR 四个部分，还可以分解为 NVAX、CORR、FVA_ tp、DFVA_ 3rd 和 DR 五个组成部分，换言之，从理论上来讲，CORR、FVA_ tp、DFVA_ 3rd 和 DR 都可能是导致总值和贸易增加值失衡差异的因素。

2. 多国贸易失衡分解模型

为了更加贴近经济现实，我们将三国模型拓展至多国模型，任意一个国家 i 出口 j 国的价值，可通过 k 国实现间接出口；此时 k 并非特定国家，而是除 i

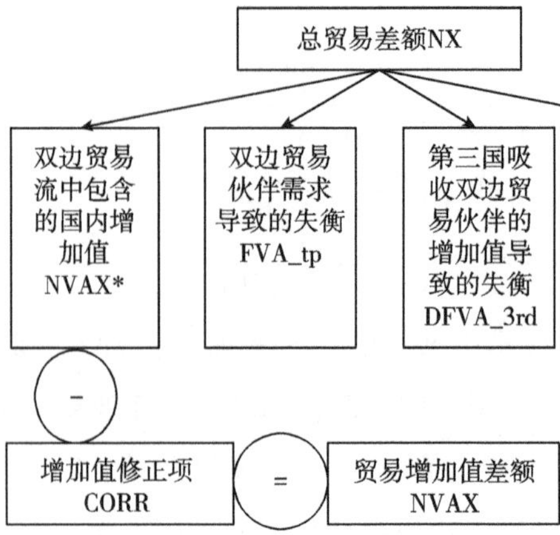

图 3－6　双边贸易差额分解

国和 j 国外所有的国家，多经济体全球化生产过程使得双边贸易流中包含的增加值、间接贸易流中的增加值、双边贸易伙伴导致的失衡、第三国吸收双边贸易伙伴导致的失衡、折返值和重复统计导致失衡等测算变得更加复杂。与三国模型的推导过程相似，首先，写出海关统计方式下 i 国与 j 国的经贸总额；其次，将其分解为本章第三节中所述的双边贸易流中包含的国内增加值、重复核算增加值、通过第三国折返回国并被吸收的增加值、两个贸易伙伴吸收的国外增加值、被第三国吸收的国内增加值、被第三国吸收的国外增加值六个部分。具体分解式见式（3－19）。

$$
\begin{aligned}
NX^{ij} = E^{ij} - E^{ji} = & \underbrace{V^{i}(I - A^{ii})^{-1}Y^{ij} + V^{i}(I - A^{ii})^{-1}A^{ij}\sum_{k}^{N} B^{jk}Y^{kj}}_{VAX^{*ij}(E^{ij})} \\
& - \underbrace{V^{j}(I - A^{jj})^{-1}Y^{ji} - V^{j}(I - A^{jj})^{-1}A^{ji}\sum_{k}^{N} B^{ik}Y^{ki}}_{VAX^{*ij}(E^{ji})} \\
& + \underbrace{V^{i}(B^{ii} - (I - A^{ii})^{-1})Y^{ij} + V^{i}(B^{ii} - (I - A^{ii})^{-1})A^{ij}\sum_{k}^{N} B^{jk}Y^{kj}}_{DBC(E^{ij})} \\
& + \underbrace{V^{j}B^{ji}A^{ij}\sum_{k}^{N} B^{jk}Y^{ki}}_{DBC(E^{ij})}
\end{aligned}
$$

$$
\underbrace{-V^{j}(B^{jj}-(I-A^{jj})^{-1})Y^{ji}-V^{j}(B^{jj}-(I-A^{jj})^{-1})A^{ji}\sum_{k}^{N}B^{ik}Y^{ki}}_{DBC(E^{ji})}
$$

$$
\underbrace{-V^{i}B^{ij}A^{ij}\sum_{k}^{N}B^{ik}Y^{kj}}_{DBC(E^{ji})}\underbrace{+V^{j}B^{ji}Y^{ij}+V^{i}B^{ii}A^{ij}\sum_{k}^{N}B^{jk}Y^{ki}+V^{j}B^{ji}A^{ij}\sum_{k}^{N}B^{jk}Y^{kj}}_{REEL(E^{ij})}
$$

$$
\underbrace{-V^{i}B^{ij}Y^{ji}-V^{i}B^{ij}A^{ji}\sum_{k}^{N}B^{ik}Y^{ki}-V^{j}B^{jj}A^{ji}\sum_{k}^{N}B^{ik}Y^{jk}}_{REEL(E^{ji})}
$$

$$
\underbrace{+\sum_{k\neq i,j}^{N}[V^{k}B^{ki}Y^{ij}+V^{k}B^{ki}A^{ij}\sum_{m}^{N}B^{jm}(Y^{mi}+Y^{mj})]}_{FVA\_tp(E^{ij})}
$$

$$
\underbrace{-\sum_{k\neq i,j}^{N}[V^{k}B^{kj}Y^{ji}-V^{k}B^{kj}A^{ji}\sum_{m}^{N}B^{im}(Y^{mi}+Y^{mj})]}_{FVA\_tp(E^{ji})}
$$

$$
\underbrace{+[V^{i}B^{ii}A^{ij}+V^{j}B^{ji}A^{ij}]\sum_{k}^{N}B^{jk}\sum_{m\neq i,j}^{N}Y^{km}}_{DVA\_3rd(E^{ij})}\underbrace{-[V^{j}B^{jj}A^{ji}-V^{i}B^{ij}A^{ji}]\sum_{k}^{N}B^{ik}\sum_{m\neq i,j}^{N}Y^{km}}_{DVA\_3rd(E^{ji})}
$$

$$
\underbrace{+\sum_{k\neq i,j}^{N}V^{k}B^{ki}A^{ij}\sum_{n\neq i,j}^{N}B^{mn}}_{FVA\_3rd(E^{ij})}\underbrace{-\sum_{k\neq i,j}^{N}V^{k}B^{kj}A^{ji}\sum_{m}^{N}B^{im}\sum_{n\neq i,j}^{N}Y^{mn}}_{FVA\_3rd(E^{ji})} \tag{3-19}
$$

各部分含义同式（3－18）。在分析过程中我们仍然将 DVA_ 3rd 和 FVA_ 3rd 合记为 DFVA_ 3rd，DBC 和 REEL 合计记为 DR；值得注意的是，VAX^{*ij}只出现在 i 国双边总出口中，可称为 i 国出口到 j 国总贸易流中的增加值。因此，E^{ik}（$k\neq j$）和 E^{ij}中所有 VAX^{*ij}项加总为 i 国向 j 国出口的增加值 VAX^{ij}。

第四节　实证结果及分析

按照式（3－19）提供的双边贸易失衡测算及分解方法，本节对 1995～2011 年中国对外贸易失衡情况进行了测算与分解。为了较为全面地反映中国对外双边贸易现状，同时也能够突出总值失衡和增加值失衡的差异，本节分别以主要贸易伙伴和典型贸易伙伴为研究对象，对中国对外贸易失衡及变迁情况进行了分析，从整体上了解中国对外失衡现状及失衡原因。

一、中国双边贸易失衡及结构分析

1. 中国与主要贸易伙伴①贸易失衡及分解

表3-7展示了1995年、2000年、2005年、2010年和2011年中国与10个主要贸易伙伴总值差额及分解结果。可以看它呈现如下几个特征：

表3-7　中国与主要贸易伙伴双边贸易差额及分解　　单位：亿美元

类别/年份	国家	NX (1)	NVAX (2)	NVAX* (3)	CORR (4)	FVA_ tp (5)	DFVA_ 3rd (6)	DR (7)
1995	澳大利亚（AUS）	3.596	2.806	5.518	2.712	2.493	-4.008	-0.408
	加拿大（CAN）	23.637	17.457	18.881	1.424	3.394	1.098	0.265
	法国（FRA）	0.047	-1.363	0.294	1.657	-1.027	0.654	0.126
	英国（GBR）	17.348	12.936	14.097	1.161	2.898	0.307	0.046
	印度（IND）	10.906	8.812	8.905	0.093	0.708	1.167	0.126
	韩国（KOR）	-61.112	-32.364	-28.831	3.533	-2.549	-24.862	-4.871
	墨西哥（MEX）	3.767	1.746	1.978	0.232	0.263	1.244	0.282
	土耳其（TUR）	3.826	2.062	1.832	-0.231	0.223	1.469	0.301
	中国台湾（TWN）	-128.352	-62.309	-61.693	0.616	-12.060	-44.016	-10.583
	美国（USA）	275.689	225.045	224.185	-0.860	47.004	10.044	-5.544
2000	澳大利亚（AUS）	0.289	-1.577	3.650	5.227	4.112	-7.080	-0.392
	加拿大（CAN）	31.172	21.519	20.173	-1.346	4.958	4.833	1.207
	法国（FRA）	17.422	12.675	11.962	-0.714	1.939	2.712	0.808
	英国（GBR）	56.803	44.708	41.212	-3.497	6.067	8.029	1.496
	印度（IND）	10.701	9.081	8.699	-0.383	0.499	1.174	0.329
	韩国（KOR）	-99.997	-38.860	-33.166	5.694	-4.909	-52.189	-9.733
	墨西哥（MEX）	23.524	15.041	12.003	-3.038	1.184	8.364	1.974
	土耳其（TUR）	9.246	7.682	5.715	-1.967	0.917	2.214	0.400

① 依据WIOT核算的2011年与中国贸易增加值往来最大的10个经济体。

续表

年份\类别	国家	NX (1)	NVAX (2)	NVAX* (3)	CORR (4)	FVA_ tp (5)	DFVA_ 3rd (6)	DR (7)
2000	中国台湾（TWN）	-213.893	-102.562	-100.961	1.601	-16.855	-77.925	-18.151
	美国（USA）	552.531	467.667	432.474	-35.193	85.570	39.738	-5.251
2005	澳大利亚（AUS）	8.574	15.287	23.131	7.844	23.953	-36.088	-2.421
	加拿大（CAN）	128.244	87.729	77.179	-10.550	30.580	13.895	6.589
	法国（FRA）	81.856	57.822	49.503	-8.319	17.697	9.214	5.442
	英国（GBR）	154.398	119.956	106.719	-13.237	26.959	15.536	5.183
	印度（IND）	69.923	60.640	46.926	-13.714	10.463	8.987	3.548
	韩国（KOR）	-244.217	-89.536	-68.788	20.747	-5.468	-141.211	-28.749
	墨西哥（MEX）	144.702	67.437	56.830	-10.608	13.101	51.442	23.329
	土耳其（TUR）	53.780	40.372	33.080	-7.291	8.447	10.191	2.062
	中国台湾（TWN）	-535.380	-168.982	-157.706	11.276	-23.852	-251.604	-102.217
	美国（USA）	1602.000	1243.531	1116.777	-126.754	331.470	160.483	-6.730
2010	澳大利亚（AUS）	-307.954	-185.244	-156.161	29.083	44.024	-185.726	-10.091
	加拿大（CAN）	270.270	216.000	188.767	-27.233	49.302	22.740	9.460
	法国（FRA）	166.689	131.515	107.777	-23.738	22.038	24.212	12.661
	英国（GBR）	288.877	226.519	196.918	-29.601	30.019	46.768	15.172
	印度（IND）	441.355	343.527	295.051	-48.475	35.284	89.343	21.676
	韩国（KOR）	-416.687	-174.546	-141.806	32.740	-34.201	-227.116	-13.565
	墨西哥（MEX）	308.400	135.259	122.440	-12.819	22.307	115.726	47.927
	土耳其（TUR）	190.630	171.912	136.164	-35.748	19.684	29.360	5.422
	中国台湾（TWN）	-790.400	-272.798	-248.085	24.713	-34.429	-385.813	-122.074
	美国（USA）	2292.158	1876.886	1701.938	-174.948	398.244	203.397	-11.422
2011	澳大利亚（AUS）	-391.665	-237.523	-202.427	35.095	57.477	-234.219	-12.495
	加拿大（CAN）	257.569	206.005	176.841	-29.164	55.044	13.533	12.151
	法国（FRA）	180.064	139.943	109.303	-30.639	21.696	31.243	17.822
	英国（GBR）	270.148	212.686	183.822	-28.864	27.492	41.573	17.261
	印度（IND）	545.209	394.991	355.382	-39.609	34.932	121.202	33.694
	韩国（KOR）	-456.322	-174.424	-138.463	35.962	-31.512	-282.028	-4.320
	墨西哥（MEX）	393.573	171.483	158.830	-12.653	28.335	146.845	59.562
	土耳其（TUR）	266.236	235.692	188.491	-47.201	27.519	42.219	8.007

续表

类别 年份	国家	NX (1)	NVAX (2)	NVAX* (3)	CORR (4)	FVA_ tp (5)	DFVA_ 3rd (6)	DR (7)
2011	中国台湾（TWN）	-880.607	-306.528	-285.269	21.259	-34.384	-447.633	-113.320
	美国（USA）	2375.030	1961.728	1748.675	-213.053	438.896	198.973	-11.515

首先，在贸易增加值核算（第（2）列）视角下，中国逆差主要来自韩国和中国台湾两个经济体，且有扩大之势：分别由1995年的32.364亿美元和62.309亿美元上升到2011年的174.424亿美元和306.528亿美元，相应地年均增长率为11.102%和10.470%。顺差主要来自美国、印度和英国等经济体，这主要是由于美、英等发达经济体和印度是中国主要最终产品的出口地；其中，来自美国的增加值顺差最大，2011年扩大到1961.728亿美元，占当年中国对外贸易顺差的66.56%[①]。考察期间，中国与法国的贸易增加值由逆差转变为顺差，与澳大利亚的贸易增加值则由顺差转变为逆差，其中，2011年中国与澳大利亚逆差扩大到237.523亿美元。

其次，呈现顺差的经济体，其贸易增加值顺差相对于官方贸易顺差基本都有所降低（2005年澳大利大除外）。以美国为例，从贸易差值分解来看，美国吸收中国出口中包含的国外增加值是影响两种统计口径差异的主要原因，即中国出口美国的商品中含有大量的国外增加值。从时间变化趋势上来看，2011年总值口径下中美顺差为2375.030亿美元，较1995年增长了7.615倍；与此同时贸易增加值数据显示2011年中美顺差为1961.728亿美元，较1995年增长了7.717倍，这反映不同口径下中美顺差增长速度相似。但是两种口径下中美失衡之间差异的绝对规模有显著扩大之势：由1995年的50.644亿美元上升至2011年的413.302亿美元，这是近年来中美贸易摩擦增多的主要原因，现行的贸易数据掩盖了中美之间真实的贸易利益。此外，在呈现逆差的经济体中，其贸易增加值逆差相对于官方贸易逆差的绝对值都明显降低，其中，中国台湾贸易增加值逆差降低最为明显，在列示的五个年份中，贸易增加值逆差的绝对值都不足官方贸易逆差的1/2，

① 2011年中国对外贸易净值为2947.37亿美元。

这与徐久香等（2016b）对 2011 年中国双边失衡分析结果相似；2011 年两种口径下贸易逆差之间的差异为 574.079 亿美元，较 1995 年增加了 7.693 倍，由此可知基于现行贸易统计标准极大地歪曲了中国大陆与中国台湾的贸易逆差，并且两者之间绝对值的差异有明显的扩大趋势。

总体而言，相对于官方贸易统计结果，中国贸易增加值国别（地区）失衡程度明显好转。通过比较 1995 ~2011 年中国各年度对外双边贸易失衡状况可知，除澳大利亚和法国以外，中国与其他主要贸易伙伴的贸易增加值差额方向基本没有发生变化，但是绝对量都在增加。换言之，在纵向对比视角下，中国的贸易增加值国别（地区）失衡度有所增加。此外，同期相比两种口径下中国主要顺差经济体的排名只发生了较小的变动，具体表现为增加值口径下 1995 年澳大利亚排名位于墨西哥之前，2005 年加拿大位于墨西哥之前，同时印度位于法国之前，2010 年墨西哥排名位列第六，较总值口径下降了 3 个名次，2011 年土耳其位列英国之前。就纵向比较而言，两种口径下排名前四位的顺差国发生了显著变化，其中，增加值口径下 1995 年顺差国依次为美国、加拿大、英国和印度，而 2011 年中国四大顺差国变为美国、印度、土耳其和英国，可以看出不仅贸易伙伴而且排名都发生了显著变化。

进一步地，通过比较表 3 - 7 中总值贸易差额（第（1）列）及贸易增加值核算结果（第（2）列）可以发现，中国或贸易伙伴吸收的其他国家增加值是导致贸易增加值失衡和总值贸易失衡之间差异的重要因素（第（5）列），其他国家对中国和贸易伙伴的增加值需求在两者差异中同样起到不可忽略的作用；此外，考察期间，由重复核算和通过第三国折返增加值构成的剩余项所起到作用越来越显著，如 2011 年中国大陆与中国台湾地区双边贸易差额中的 DR 占贸易失衡比例高达 12.87%，显著高于双边对国外增加值需求引致的失衡程度。由上述分析可知，双边贸易伙伴吸收其他国家增加值、第三国对中国和贸易伙伴增加值的需求及剩余项都是导致总值和贸易增加值失衡差异的重要因素，此外，多数年份中国与主要贸易伙伴的贸易增加值顺差（第（2）列）大于双边贸易流中包含的增加值顺差（第（3）列），这主要是由于部分增加值出现在其他国家的双边贸易流中（第（4）列）。从数值上来看，增加值修正项 CORR（第（4）列）也是影响总值与增加值差额之间差异的主要因素之一。这与上文的理论推断结果相吻合，即CORR、FVA_ tp、DFVA_ 3rd和DR都是两种口径下贸易失衡之间差异的因素。

2. 中国与典型贸易伙伴贸易失衡及分解

由表3－7可知，中国与主要贸易伙伴的贸易差额基本都大于以增加值核算的双边贸易差额（记为A），然而两者的关系并非都如此。在双边贸易差额的分解过程中我们发现还存在总值差额小于增加值差额的情形，为了便于分析，本书将其记为B，而将两者同为顺差时记为B1，同为逆差时记为B2；此外，贸易失衡还可能改变符号，记为C，其中，将总值贸易失衡显示顺差而增加值显示逆差的情形记为C1，将总值贸易失衡显示逆差而增加值显示顺差的情形记为C2；另外，在极少数情形下增加值的贸易逆差绝对值甚至会大于总值贸易顺差，记为D，将总值贸易顺差和逆差两种情形分别记为D1和D2。本章将具有这些特征的贸易伙伴称为典型贸易伙伴，即这些贸易伙伴的共同特点为总值贸易失衡与增加值贸易失衡显示的关系（结果）差异较大。如果忽略中国与这些贸易伙伴的关系，极容易制定出相反的贸易政策，从而阻碍中国对外贸易的健康发展。

表3－8给出了1995～2011年中国与典型贸易伙伴的贸易差额及分解情况，包括了上述关于总值贸易失衡和贸易增加值失衡差异的所有六种情况。从整体来看，可以发现：①并非每一个年份都会同时出现六种情形。②同一个经济体不同年份两者的关系不尽相同，如1997年中国对澳大利亚的总值顺差为1.999亿美元，而贸易增加值顺差却高达2.343亿美元，属于B1情形；2000年贸易增加值差额符号发生了方向逆转，变为逆差1.576亿美元，但是总值视角下仍为顺差，不过已经降为0.289亿美元，属于D1情形。这意味着如果仅凭上一年两者关系推测下一年的关系，不仅可能会出现“错估”，还可能会出现“误判”。鉴于此，中国需动态地观测贸易结构变动较大的典型贸易伙伴，避免制定错误的贸易政策。③B1情形最多、D2情形最少[①]。④典型贸易伙伴中不仅包含贸易大国，也包含贸易小国[②]。

具体来看，可以发现不同情形下总值和贸易增加值失衡之间差异的影响因素

① 所有年份结果亦是如此。

② 此处是根据与中国贸易量而言，并非指这些经济体本身的贸易量的大小。

不同。首先，以 B1 情形为例：2000 年中国和西班牙的贸易增加值顺差（9.056 亿美元）高于总值顺差（6.846 亿美元），这是由于中国出口中存在相当一部分国内增加值会通过第三国间接出口到西班牙（3.544 亿美元），此外，西班牙出口中国的中间产品被复出口到其他国家（0.836 亿美元），这两部分增加值并不能被西班牙吸收中国出口中包含的国外增加值所抵消（第（5）列）。其次，以 C1 情形为例，2005 年中国对爱尔兰总值贸易顺差为 19.606 亿美元，然而，在增加值视角下却转变为少量的贸易逆差（1.036 亿美元），主要原因为其他国家对中国出口的间接需求较大（10.078 亿美元），即中国向爱尔兰出口的中间产品最终被复出口到其他国家；此外，中国出口中存在大量的重复统计与折返值（6.209 亿美元）。最后，以 D1 情形为例，2011 年中德两国的贸易增加值差额不仅改变符号，而且显著大于总值贸易差额，这是由于其他国家对中国出口的间接需求、折返值和重复统计两个因素综合作用的结果。而对于 B2、C2 和 D2 三种情形都属于中国的双边总值贸易逆差的情形，可以理解为贸易伙伴的顺差，其分析原理与 B1、C1 和 D1 相同。以 B2 情形为例，2010 年中国与德国的总值逆差仅为 0.669 亿美元，而增加值逆差却高达 76.967 亿美元，这是由于中国出口至德国的商品并没有被完全吸收，而是经加工又复出口到其他经济体（第（6）列），此外中国出口中的大量重复统计、折返值（第（7）列）也是导致增加值视角下中德贸易逆差显著的主要因素。

相同情形下导致总值贸易失衡和贸易增加值失衡差异的主要因素也不一定相同，如 1995 年中国与希腊的增加值顺差高于总值顺差主要由间接贸易（第（4）列）、中国出口中被希腊吸收的国外增加值（第（5）列）和其他经济体对中国出口的间接需求（第（6）列）三个因素综合作用而致，由重复核算和折返值所组成的 DR 项所起作用几乎可以忽略①。然而，影响中国和立陶宛贸易失衡差异的主要因素为中国通过第三国对立陶宛间接增加值出口（第（4）列）和其他国家对中国出口的间接需求（第（6）列）；其中，前者在总贸易失衡中占比为 62.095%②，后者占比为 24.535%③。此外，如表 3－8 所示，DR 项是解释中国

① 这是由于 DR（0.911）与 NX（263.64）的比值仅为 3.46%。

② 3.609/5.812 × 100% = 62.095%。

③ 1.426/5.812 × 100% = 24.535%。

与澳大利亚、日本、德国、法国、爱尔兰、马耳他、丹麦7个经济体两种口径贸易失衡差异的重要因素，然而，这一影响因素在分析中国与其他贸易伙伴贸易失衡差异时基本可以忽略。

表3-8 各年中国与典型贸易伙伴的双边贸易差额及分解

单位：百万美元

年份	情形	国家	NX (1)	NVAX (2)	NVAX* (3)	CORR (4)	FVA_ tp (5)	DFVA_3rd (6)	DR (7)
1995	B1	希腊（GRC）	263.654	274.401	213.771	-60.630	26.352	22.620	0.911
	C1	保加利亚（BGR）	2.846	-1.238	4.044	5.282	0.637	-1.194	-0.640
	D1	法国（FRA）	4.657	-136.311	29.356	165.667	-102.736	65.404	12.635
1997	B1	澳大利亚（AUS）	199.888	234.336	548.077	313.741	274.451	-571.783	-50.857
	B2	比利时（BEL）	-12.191	-139.815	-48.266	91.548	-160.763	187.364	9.475
	B1	巴西（BRA）	237.936	266.763	233.260	-33.502	102.156	-93.494	-3.987
	B1	希腊（GRC）	318.868	362.534	263.776	-98.759	29.572	24.896	0.625
	B1	立陶宛（LTU）	5.812	7.213	3.604	-3.609	0.630	1.426	0.152
	B1	拉脱维亚（LVA）	1.974	2.907	1.801	-1.106	0.310	-0.019	-0.117
	D2	葡萄牙（PRT）	-20.330	46.969	-14.674	-61.643	7.441	-12.901	-0.196
	B1	罗马尼亚（ROM）	1.418	24.464	9.885	-14.579	-1.708	-5.410	-1.349
2000	D1	澳大利亚（AUS）	28.938	-157.661	365.014	522.675	411.175	-708.025	-39.225
	C1	丹麦（DNK）	209.062	-53.685	-3.824	49.861	-32.823	210.529	35.181
	B1	西班牙（ESP）	684.644	905.592	551.166	-354.426	208.343	-83.614	8.749
	B1	希腊（GRC）	489.471	518.289	376.381	-141.908	46.728	61.498	4.864
	B2	印度尼西亚（IDN）	-746.153	-867.461	-364.558	502.903	1.229	-360.657	-22.167
	C1	爱尔兰（IRL）	304.984	-4.887	98.357	103.244	-83.240	230.473	59.395
	B1	意大利（ITA）	220.368	486.535	247.799	-238.736	-28.595	13.012	-11.847
	D1	日本（JPN）	367.788	-786.281	1753.493	2539.774	2775.720	-3300.782	-860.642
2005	B1	澳大利亚（AUS）	857.399	1528.687	2313.081	784.393	2395.307	-3608.845	-242.144
	B2	德国（DEU）	-29.825	-3722.766	-2081.256	1641.510	2146.306	-938.653	843.778
	B1	西班牙（ESP）	4178.234	4349.695	2927.686	-1422.009	1432.241	-309.047	127.354
	B2	芬兰（FIN）	-29.392	-517.435	-240.739	276.696	-8.970	20.530	199.787
	D1	印度尼西亚（IDN）	124.391	-683.459	249.906	933.365	300.998	-492.244	65.731

续表

年份	情形	国家	NX (1)	NVAX (2)	NVAX* (3)	CORR (4)	FVA_ tp (5)	DFVA_3rd (6)	DR (7)
2005	C1	爱尔兰（IRL）	1960.645	-103.640	404.139	507.779	-72.229	1007.820	620.916
	B2	卢森堡（LUX）	-269.498	-295.452	-148.457	146.994	-81.583	-12.748	-26.711
	B1	拉脱维亚（LVA）	70.344	72.276	46.924	-25.353	10.727	10.964	1.729
	B2	瑞典（SWE）	-800.051	-1075.837	-552.799	523.038	-104.890	-201.843	59.481
2010	B1	巴西（BRA）	384.724	1068.337	1200.401	132.065	3166.197	-3889.267	-92.608
	B2	德国（DEU）	-66.901	-7696.735	-6522.047	1174.688	-2536.104	4930.624	4060.628
	B2	卢森堡（LUX）	-164.311	-461.168	-28.212	432.957	-11.578	-81.565	-42.956
	C2	马耳他（MLT）	-144.378	37.849	37.162	-0.688	6.841	-98.198	-90.183
	B1	葡萄牙（PRT）	1102.883	1206.474	741.147	-465.327	56.707	246.203	58.827
2011	B2	奥地利（AUT）	-1343.118	-1372.341	-1079.878	292.463	-143.211	-327.881	207.852
	B1	巴西（BRA）	1136.415	1171.776	1291.049	119.273	4198.694	-4400.208	46.880
	D1	德国（DEU）	723.817	-7348.950	-6199.242	1149.707	-897.239	3154.890	4665.412
	C1	丹麦（DNK）	985.228	-591.531	-269.466	322.065	-197.514	1077.300	374.908
	B2	卢森堡（LUX）	-320.928	-609.165	-96.594	512.571	-16.038	-154.775	-53.521
	B1	拉脱维亚（LVA）	60.072	86.253	65.735	-20.518	29.386	-29.212	-5.836
	C2	马耳他（MLT）	-298.510	20.555	12.506	-8.049	10.950	-183.723	-138.242
	B1	葡萄牙（PRT）	1175.164	1363.707	815.757	-547.950	76.219	223.505	59.683

注：其他年份结果见附录4。

二、中国贸易失衡分析

为进一步了解中国对外贸易差额[①]及分解的整体情况，我们将中国对外双边贸易差额做了加总处理，其计算结果如表3-9所示。可以看出，中国对外贸易一直呈现顺差状态，其规模整体呈现明显的上升趋势（1998年和2009年除外，这两个年份明显受到亚洲金融危机和世界经济危机影响），可以看出中国整体对

① 增加值视角下，中国的双边贸易净值之和为中国对外贸易净值。如A国向B国出口10亿美元中间产品，其中3亿美元中间产品被本国用于生产最终产品并吸收，其余7亿美元被B国加工复出口至C国，假定A国对外进口为0。那么根据定义A国对外贸易净值为10亿美元，另外，A国与B国的贸易净值为3亿美元，A国与C国的贸易净值为7亿美元，可以看出中国的双边贸易净值之和与中国对外贸易净值相等。

外失衡状况越加严峻[①]。其中，2001 年中国对外贸易顺差为 445 亿美元，较 1995 年增加了 186.73 亿美元，年均增长率为 9.49%；加入 WTO 后中国对外贸易规模增长迅速，同时中国对外贸易失衡日趋严峻，2008 年对外失衡规模达到最大值 4163.71 亿美元，年均增长率高达 39.32%，世界经济危机后对外贸易顺差有所降低，2011 年降为 2947.37 亿美元。如表 3-9 中第（2）列所示，中国对外贸易失衡程度在贸易增加值核算口径下并未发生任何改变，两种统计方式差额完全一致。这与前文逻辑演绎推导的结果一致。此外进一步证实了 Kuboniwa（2014ab）的研究结论：贸易增加值核算方法并不会改变一国对外贸易失衡规模。由于总值和贸易增加值失衡具有一致性，因而没有必要继续分析导致两者差异的因素。

由图 3-6 可知，NVAX*、FVA_ tp、DFVA_ 3rd 和 DR 是 NX 的组成成分，换言之，以上四种成分均是导致中国对外贸易失衡的因素。具体看来：1995～2005 年第（3）列数据基本都大于第（1）列（1998 年除外），这说明在双边贸易中进口国吸收中国的增加值大于中国吸收进口国的增加值，同时这也意味着相对于贸易伙伴，中国在双边贸易中具有更强的获益能力，如图 3-7 和图 3-8 所示，中国出口中直接被进口国吸收的国内增加值占比始终高于 60%，而 2004 年以来被中国直接吸收的进口国国内增加值基本都在 60% 以下；值得注意的是，这一趋势在 2006 年发生了改变，具体表现在第（3）列数字都小于第（1）列，这意味着在双边贸易中中国获益能力相对下降，本书认为其原因可能为中国全球价值链参与程度加深，出口中很大一部分国内增加值被进口国加工再出口。贸易伙伴吸收中国出口中包含的国外增加值整体呈现上升趋势（见第（5）列），尤其是 2004～2007 年；如果剔除双边对第三国增加值需求（第（4）列）的影响，中国对外失衡程度将会下降；第（6）列多为负值，表示中国在此增加值项上为逆差，其可能原因为存在大量进口产品经国内加工出口后又出口到其他国家的情况，该项增加值的存在缓解了中国对外失衡程度。同理，折返值和重复统计组成的残余项也在多数年份缓解了中国对外失衡程度。通过比较第（3）、第（5）、第（6）和第（7）列数据可知，如果剔除双边贸易伙伴对第三国增加值的需求，

① 比较表 24 与表 16 中国对外贸易差额数据，我们发现尽管趋势相似，但是在绝对规模上存在较大程度的不一致，这反映出国内与国际统计标准的差异，国内与国外统计数据的协调还有较长的路要走，然而这并不是本书研究的目标，因此，本书只是点出这一差异并不深入讨论。

中国对外失衡度将呈现一定程度的下降，而剔除其他国家对中国对外贸易中价值转移、折返和重复统计，中国对外贸易失衡程度将呈现一定程度的上升。

表 3－9　中国对外贸易失衡及结构分解　　单位：亿美元

类别 年份	NX （1）	NVAX （2）	NVAX* （3）	CORR （4）	FVA_ tp （5）	DFVA_ 3rd （6）	DR （7）
1995	258.27	258.27	301.87	43.60	66.94	－72.15	－38.38
1996	277.25	277.25	320.63	43.38	15.80	－26.00	－33.18
1997	547.66	547.66	552.09	4.43	85.16	－55.04	－34.54
1998	554.04	554.04	550.15	－3.88	52.41	－19.91	－28.61
1999	412.45	412.45	425.16	12.71	－104.17	54.03	37.43
2000	448.07	448.07	479.24	31.18	102.37	－80.95	－52.60
2001	445.00	445.00	490.42	45.43	82.71	－175.95	1063.62
2002	569.41	569.41	628.35	58.94	128.17	－118.65	－68.46
2003	629.96	629.96	726.07	96.11	249.05	－233.22	－111.94
2004	850.90	850.90	929.18	78.28	479.70	－379.17	－178.81
2005	1666.60	1666.60	1668.68	2.08	696.52	－425.44	－273.16
2006	2594.50	2594.50	2486.09	－108.41	859.14	－416.40	－334.33
2007	3683.73	3683.73	3454.37	－229.37	1115.52	－483.59	－402.56
2008	4163.71	4163.71	3901.49	－262.22	1054.56	－395.88	－396.47
2009	2843.33	2843.33	2774.35	－68.97	674.49	－428.16	－177.36
2010	3100.91	3100.91	3009.31	－91.59	914.00	－601.73	－220.68
2011	2947.37	2947.37	2915.90	－31.47	1144.49	－934.55	－178.64

注：（1）～（7）是由中国双边贸易分解项加总而得，此处 NVAX* 仍为中国被直接贸易伙伴吸收的国内增加值与进口国的国内增加值之差，它与对外贸易净增加值的区别在于没有包含被进口国加工再出口的增加值（不妨记为 X）；那么，从 FVA_ tp 与 DFVA_ 3rd 之和中剔除 X，便为中国净出口中的国外增加值。

（1）＝（2）＝（3）＋（5）＋（6）＋（7），若等号右边项的符号与等号左边相同，则视为提高贸易不平衡程度，若符号相反则视为降低贸易不平衡程度。

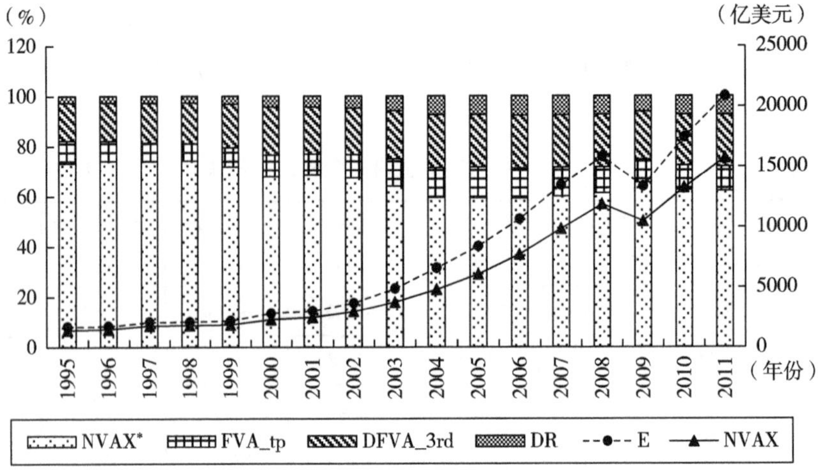

图 3-7　1995～2011 年中国双边出口及价值结构分解

注：E 和 NVAX 分别表示出口和增加值出口，单位为亿美元；NVAX*、FVA_ tp、DFVA_ 3rd 和 DR 分别表示中国出口中直接被进口国吸收的国内增加值占比、进口国吸收的国外增加值占比、出口中被第三国吸收的国内和国外增加值占比和折返值及重复统计占比，其值均为百分比。

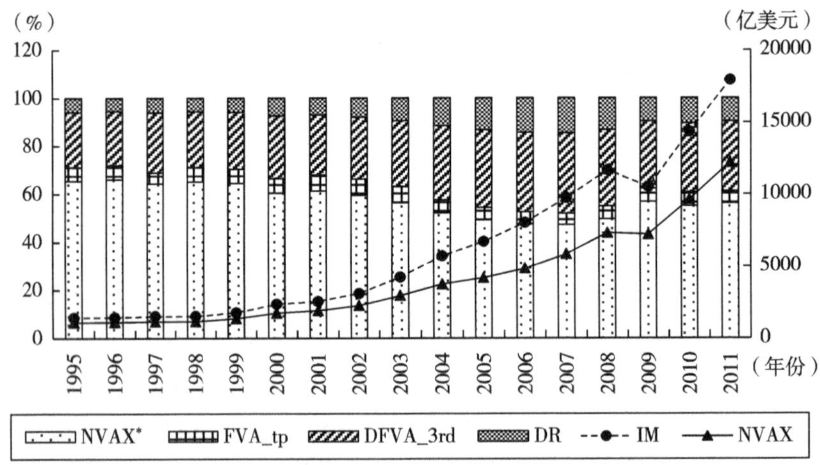

图 3-8　1995～2011 年中国双边进口及价值结构分解

注：IM 和 NVAX 分别表示中国进口和增加值进口，单位为亿美元；NVAX*、FVA_ tp、DFVA_ 3rd 和 DR 之和为 IM，分别表示被中国吸收的其国内增加值占比、中国吸收的直接非贸易伙伴国内增加值占比、被中国出口伙伴吸收的国内和国外增加值占比和折返值及重复统计占比，其值均为百分比。

第五节　本章小结

全球生产共享与垂直专业化的发展，尤其是世界投入产出数据库的相继发布，激发了一批又一批有关贸易增加值核算方法的研究文献。阐明总值和贸易增加值失衡概念之间的关系，尤其是两者的异同点是解释与全面理解贸易增加值核算方法的一个关键步骤。然而，已有研究文献往往侧重于计算总值和增加值的差额，却缺乏一个将两者相互关联的核算框架，即没有解释何种因素导致两种统计口径测算结果的差异①。本章基于全球价值链视角分析了双边贸易伙伴对国外增加值需求、第三国对国内外增加值需求、间接贸易、重复核算及折返值四类因素对两种视角下双边贸易失衡差异的影响，参照 Nagengast（2014）方法根据跨境次数原则构建出可以识别进出口贸易失衡的分解模型，并利用 1995～2011 年 WIOD 提供的世界投入产出数据，一方面，测算并分解了中国与 40 个贸易伙伴的双边贸易差额，尤其对主要贸易伙伴和典型贸易伙伴进行了分析；另一方面，对中国对外贸易失衡规模及变迁情况进行了分析。

研究得出的主要结论如下：

（1）贸易增加值视角下，美国、印度、土耳其、加拿大和英国是中国顺差的主要来源国，中国台湾和韩国是中国逆差的主要来源地；中国与主要贸易伙伴的双边贸易失衡分解显示，官方贸易统计方法不仅会高估顺差（美国和印度），也会高估逆差的绝对值（如韩国与中国台湾）。换而言之，增加值视角下中国对外双边贸易不平衡程度会显著减小。这就意味着如果以双边贸易增加值核算结果作为各国政策制定的依据，可能会降低贸易摩擦发生的次数。在纵向比较的视角下，中国的贸易增加值国别（地区）失衡度有所增加。

（2）除双边贸易总值差额大于增加值差额之外，还存在总值差额大于增加值差额、总值差额与增加值差额异号且前者绝对值较大、总值差额与增加值差额

① Koopman 等（2012）除外。

异号且前者绝对值较小三种情况，根据总值贸易差额的顺逆差可以继续细分为6个类别，具有这些特征的经济体有：澳大利亚、日本、德国、法国、爱尔兰、马耳他、丹麦和希腊等。进一步分析显示，不仅不同类别中导致总值和贸易增加值差额差异因素不同，相同类别中导致总值和增加值差额之间差异的因素也不相同。理论与实证研究表明：FVA_ tp、DFVA_ 3rd、DR和CORR四个因素是导致总值和贸易增加值失衡差异的原因，每种因素在不同年份于不同经济体中所起的作用并不相同。

（3）中国与美国、印度、墨西哥等主要贸易伙伴虽然在以总值测算出的双边贸易差额中显示巨额的贸易顺差，但其并不能代表国内生产要素增加值的净贡献，一方面，由于大量的国外要素价值在中国出口中具有举足轻重的作用；另一方面，中国出口到这些经济体的国内增加值没有被直接进口国完全吸收，换言之，印度和墨西哥将从中国进口的商品进行加工再出口到其他国家。虽然中国大陆与中国台湾和韩国等贸易伙伴在以总值测算出的双边贸易差额中显示较大的贸易逆差，但是在贸易增加值核算视角下中国逆差绝对值显著减小，一方面，由于中国通过第三国贸易实现对这两个经济体的间接增加值出口，另外，中国进口的增加值没有完全被本国吸收，其他国家对中国进口增加值的需求缓解了中国与韩国、中国台湾的贸易逆差。

（4）中国与所有贸易伙伴的双边贸易差额分解加总结果显示，以总值和增加值测算的中国对外贸易失衡程度一致，这意味着贸易增加值核算方法的改变并不影响中国对外贸易失衡程度，而是改变了对外贸易失衡结构。此外，中国对外贸易失衡规模由1995年的258.27亿美元增加到2011年的2947.37亿美元，年均增长率为16.44%，其中2008年中国对外贸易失衡最严峻，顺差高达4163.71亿美元。

第四章　贸易增加值核算在实际有效汇率测算中的应用

第一节　引言

实际有效汇率是衡量一国货币对宏观经济作用的重要指标（巴曙松等，2007），由一国及其贸易伙伴双边实际有效汇率的加权平均而得。实际有效汇率可以在一定程度上反映一国货币购买力随时间的变化，评估国内可贸易品相对于国外的价格水平，因此，科学测算实际有效汇率对宏观经济研究与货币政策制定具有重要意义（李亚新、余明，2002）。近年来，国内外学者分别从价格指数选择（Turner et al.，1993；Goldberg，2004；黄薇、任若恩，2008；Turunen 等，2011）、权重构成形式（Brodsky，1982；巴曙松等，2007；徐建炜，2013）和贸易流选择（Makin 和 Robson，1999；王相宁等，2005；Bems and Johnson，2015）三个层面对实际有效汇率测算公式进行了研究。结论普遍显示：CPI 不是贸易品价格的理想代理变量，这是由于 CPI 中没有覆盖所有可贸易商品的价格，却包含大量非贸易品的价格，与实际有效汇率测算中要求的价格指数有一定差距。在实际有效汇率测算中学者更加偏重于使用 PPI，如徐建炜（2013）、佐藤清隆等（2013）、邹宏远和罗大伟（2014）。然而，PPI 是工业企业制成品的价格指数，可以用其表示中国与贸易伙伴价格的相对变化，不能代表服务业价格的相对变化。就实际有效汇率构成形式而言，Brodsky（1982）和巴曙松等（2007）指出，在算术加权法中，实际有效汇率容易受价格变动的影响，而利用几何加权法能够对称地反映各经济体实际有效汇率的升值与贬值（徐建炜，2013），目前 BIS、IMF 和 OECD 基本都采用几何加权形式。

国际货币基金组织公布的实际有效汇率建立在出口产品完全属于国内的理论基础之上，与当今生产与贸易全球化事实相违背。如上文所述，很难看到一项最终产品属于某一国家的情形，取而代之的是，世界多个国家对产品的生产都贡献出了劳动、资本、技术等生产要素。在生产环节循环往复时，一国出口品中含有相当比例的国外增加值，同时，进口产品中也可能含有本国贡献的价值（高敏雪，2013）。在此背景下，基于贸易总值理论计算的实际有效汇率的有效性值得探讨。鉴于中间品贸易可能对实际有效汇率测算产生重要影响，有必要更新传统实际有效汇率的理论基础，将贸易增加值纳入实际有效汇率的测算公式中。

值得注意的是，尽管国际机构将商品贸易额作为国家层面实际有效汇率的权重用以评估各行业出口价格的竞争力，但是国家层面 REER 往往具有加总性质，不仅可能发生对行业价格竞争力变化幅度的错估，也可能发生方向的误判（徐建炜，2013）。为了厘清不同行业的异质性，国外学者（Goldberg，2004；Lee and Yi，2006；Bennett and Zarnic，2009；Sato et al.，2012，2013；Ree et al.，2015）将目光转向分行业竞争力的测算，对美国、韩国、希腊、日本等经济体的制造业实际有效汇率进行了测算，发现各行业实际有效汇率之间存在较大差异。近期，国内学者也关注到分行业实际有效汇率测算问题，徐建炜等（2013）在国家实际有效汇率的基础上构建行业层面的实际有效汇率测算公式，利用价格指数（国内采用 GDP 平减指数，国外采用 PPI）和贸易数据测算中国九个细分制造业的实际有效汇率。邹宏元等（2014）将制造业分为八个类别，测算年度行业实际有效汇率，进而采用仿真模拟方法考察价格、贸易额、名义有效汇率相对变动对实际有效汇率的影响，结果显示，不同行业的出口量对同一变量的冲击表现出不同的脉冲响应特征。然而，他们的研究均没有考虑生产全球化对实际有效汇率测算的影响。

基于此，本章使用 WIOD 中的投入产出数据、全球宏观经济数据库（CEIC）、宾大世界数据库（Penn Table）提供的数据分别测算制造业层面和 14 个细分制造业的基于增加值的实际有效汇率（VAREER），同时也测算出总值口径下国家和行业层面实际有效汇率，并对两种口径下的实际有效汇率进行了差值分析与相关分析，发现两者之间既存在相同点也存在差异。作为实际有效汇率测算的延伸，本章进一步考察了实际有效汇率变动的贸易效应，具体分为以下两个方面：一是估算不同时间段基于总值实际有效汇率对出口的弹性系数；二是估算不同时期不同口径下实际有效汇率对出口增加值的弹性系数。此外，加入行业垂直专业化分工程度指标和实际有效汇率的交叉项①以验证国际分工对出口弹性的影响。

第二节　实际有效汇率的测算与比较

一、模型构建及数据说明

1. 实际有效汇率测算模型

参照 Bayoumi 等（2005）和 Cheng 等（2016）的方法，本章分别构建了国家层面和行业层面增加值实际有效汇率测算模型：

$$VAREER_{CN} = \prod_{m=1}^{M}(RER_{CN,m})^{\frac{vatrade_{CN,m}}{\sum_{m=1}^{M} vatrade_{CN,m}}} = \prod_{m=1}^{M}\left(NER_{CN,m} \times \frac{P_{CN}}{P_m}\right)^{\frac{vatrade_{CN,m}}{\sum_{m=1}^{M} vatrade_{CN,m}}} \quad (4-1)$$

$$VAREER^{i}_{CN} = \prod_{m=1}^{M}(RER^{i}_{CN,m})^{\frac{vatrade^{i}_{CN,m}}{\sum_{m=1}^{M} vatrade^{i}_{CN,m}}} = \prod_{m=1}^{M}\left(NER_{CN,m} \times \frac{P^{i}_{CN}}{P^{i}_m}\right)^{\frac{vatrade^{i}_{CN,m}}{\sum_{m=1}^{M} vatrade^{i}_{CN,m}}} \quad (4-2)$$

其中，$VAREER_{CN}$表示国家层面增加值实际有效汇率，值得注意的是，由于本章研究对象为 14 个制造业，因此，严格来说应该为制造业层面增加值实际有

① Ahmed 等（2015）、Cheng 等（2016）研究显示出口汇率弹性下降的主要原因是各国 GVC 参与度提高，那么可以通过在模型中加入 GVC 参与度及实际有效汇率交叉项的方式验证已有研究结果是否在中国制造业及细分行业层面成立。

效汇率。$RER_{CN,m}$表示中国与 m 国（地区）的双边实际汇率，$vatrade_{CN,m}$表示中国出口到 m 国的增加值，为式（2－61）中的（1）～（8）项之和，其占总出口的份额表示中国赋予贸易伙伴国 m 的竞争力权重。一般而言，越重要的贸易伙伴（双边贸易价值越大）其价格变动对中国的影响越大。$NER_{CN,m}$表示中国与 m 国的双边名义汇率；P_{CN}和 P_m 表示中国与 m 国的价格指数；右上角 i 表示行业，$VAREER^i_{CN}$表示中国 i 行业的增加值实际有效汇率。如果将权重增加值出口换成官方贸易统计的总出口，那么由式（4－1）和式（4－2）便可以得到传统实际有效汇率的测算公式：

$$REER_{CN} = \prod_{m=1}^{M}(RER_{CN,m})^{\frac{trade_{CN,m}}{\sum_{m=1}^{M} trade_{CN,m}}} = \prod_{m=1}^{M}\left(NER_{CN,m} \times \frac{P_{CN}}{P_m}\right)^{\frac{trade_{CN,m}}{\sum_{m=1}^{M} trade_{CN,m}}} \quad (4-3)$$

$$REER^i_{CN} = \prod_{m=1}^{M}(RER^i_{CN,m})^{\frac{trade^i_{CN,m}}{\sum_{m=1}^{M} trade^i_{CN,m}}} = \prod_{m=1}^{M}\left(NER_{CN,m} \times \frac{P^i_{CN}}{P^i_m}\right)^{\frac{trade^i_{CN,m}}{\sum_{m=1}^{M} trade^i_{CN,m}}} \quad (4-4)$$

其中，$REER_{CN}$和 $REER^i_{CN}$分别表示中国制造业实际有效汇率和 i 行业的实际有效汇率；$trade_{CN,m}$表示中国出口到 m 国的总值，其他变量含义同上。一般认为，实际有效汇率数值上升意味着一国贸易产品竞争力下降，而数值下降意味着一国贸易产品竞争力上升。

2. 数据说明

（1）贸易数据。中国与其他经济体具体行业出口增加值数据是根据式（2－61）测算而得，制造业出口增加值是由 14 个制造业（见表 4－1）加总而得，测算过程中涉及的基础数据来自 WIOT；同样，中国具体行业出口的其他经济体总值数据是由 WIOT 的中间出口和最终出口①加总而得。据测算，2011 年中国对其他 39 个经济体的出口增加值为 122047 亿美元，占中国出口到世界的 75% 以上，选取这些国家作为研究对象具有一定的代表性。

（2）价格指数及双边名义汇率。本章使用 PPI 作为构建 REER 的价格指数，数据来自全球宏观经济数据库（CEIC）②，然而，奥地利、巴西、印度、印度尼

① 在 WIOT 中，中国最终出口为居民最终消费支出、服务于住户的非营利组织最终消费支出、政府最终消费支出、总固定资本形成、库存和贵重物品的变化 5 项加总之和。

② 目前，仅有少数国家公布服务业 PPI，因此，本书将研究对象定位为 WIOD 中的 14 个制造业。

表 4－1　中国主要制造业行业分类

代码	行业描述	代码	行业描述
c3	食品、饮料和烟草制造业	c10	橡胶和塑料制品制造业
c4	纺织产品制造业	c11	其他非金属矿物制品业
c5	皮革和鞋类制造业	c12	基本金属和压延金属制造业
c6	木材和软木制品制造业	c13	机械设备制造业
c7	造纸、印刷和出版制造业	c14	电子和光学设备制造业
c8	焦炭、精炼石油和核燃料	c15	运输设备制造业
c9	化工与化学制品制造业	c16	其他制造业和废旧材料回收业

资料来源：笔者根据 WIOD 整理。

西亚、匈牙利、拉脱维亚、中国台湾 7 个经济体尚未公布行业层 PPI①；同时，我们还发现所有经济体并非按照统一的标准划分行业，因此，相同行业 PPI 不一定具有可比性；显然，需要通过大量的分解与合并运算才能得到统一标准下的行业 PPI，其最终结果的准确性难以保证。鉴于此，本章将各经济体的制造业 PPI（见表 4－1）作为行业价格指数的代理变量，用以测算国家层面或行业层面实际有效汇率。此外，碍于 PPI 数据的可得性，印度尼西亚、印度和中国台湾三个经济体的价格指数采用批发价格指数（WPI），所有价格指数均用 Census X_ 12 进行调整②以减少季节因素带来的干扰。宾大世界数据库（Penn World Table，PWT）③ 提供了各经济体与美国的双边名义汇率，中国与贸易伙伴的双边名义汇率是由 PWT 换算而得。此外，本章测算的实际有效汇率时间范围为 1999～2012 年。一方面，这是由于截至 2012 年底 WIOT 的 40 个经济体中有 19 个经济体将欧元作为基本流通货币，占比接近 50%，而欧元在 1999 年才正式进入国际金融市场，PWT 仅提供了欧元与美元 1999 年至今的双边名义汇率；因此，将欧元与美元兑换的名义汇率将时间范围下限锁定为 1999 年。另一方面，考虑汇率指标的

① 更确切地说是全球宏观经济数据库（CEIC）中没有公布以上国家细分行业的 PPI，同时我们也没有在各经济体官方网站上查询到相关信息，因此，用细分行业 PPI 测算中国各行业实际有效汇率是今后努力的一个方向。

② 中国的价格指数是环比数据，本书的处理方法为：先假设 2000 年物价指数为 100，再用环比数据计算其他年份的价格指数。

③ http：//www. rug. nl/research/ggdc/data/pwt/pwt－8. 1.

稳定性及后文分析中可能产生的内生性问题，本章参照国际货币基金组织（IMF）和国际清算银行（BIS）的做法，采用滞后3期贸易值作为实际有效汇率测算权重，如1999年实际有效汇率权重是由1996年、1997年和1998年三年加权平均而得；同时由于WIOT数据时间范围上限为2011年，这就意味着可以得到2012年实际有效汇率测算的权重。

3. 数据描述

（1）基于增加值和总值的出口结构。为了得到不同层面和不同口径下的实际有效汇率，不仅需要中国具体行业的双边出口增加值数据，还需要具体行业双边出口数据。其中，双边增加值数据的测算方法如式（2－61）所示；总值数据是由世界投入产出表的中间产品出口与总出口之和而得。具体而言：将中国14个制造业出口到其他39个经济体的国内增加值进行加总①，各行业出口的国别份额用其出口到各经济体的国内增加值除以其出口到39个经济体的国内增加值之和表示②。表4－2列示出了2011年中国各制造业出口15个主要贸易伙伴的贸易结构，可以看出不同行业出口到某一特定经济体的份额差异明显，如皮革和鞋类制造业（c5）对印度的出口占比仅为0.47%，然而，其他制造业和废旧材料回收业（c16）对印度的出口占比高达36.33%。食品、饮料和烟草制造业（c3）出口到日本的份额为29.71%，而其他制造业和废旧材料回收业（c16）出口到日本的份额占比则不足5%。最后一行为中国制造业加总出口结构，仅代表制造业出口的一般水平，不能反映各行业出口结构的异质性。此外，美国、日本、德国和印度是中国制造业出口的四大贸易伙伴，占比分别为29.45%、11.09%、7.32%和5.4%。

表4－3为中国各个行业对15个主要贸易伙伴的出口结构，该表同样显示各行业出口到某一特定经济体的贸易份额存在显著差异：中国其他制造业和废旧材料回收业（c16）对印度的出口份额高达45.88%，这一比值显著高于增加值统计口径下的36.33%，可能由于其他制造业和废旧材料回收业（c16）出口印度

① 为保证各个贸易伙伴的贸易份额之和为1，本书将中国各行业对贸易伙伴的出口增加值之和视为各行业总出口国内增加值。

② 在本书的测算中，只用出口权重来测算行业实际汇率，在权重选择方式上还有进口加权、贸易加权（出口＋进口）和BIS采用的考虑第三方市场效应的加权方式。

表 4－2　2011 年中国各行业出口到主要贸易伙伴的份额（增加值）

单位：%

行业＼国家	澳大利亚（AUS）	巴西（BRA）	加拿大（CAN）	德国（DEU）	西班牙（ESP）	法国（FRA）	英国（GBR）	印度尼西亚（IDN）	印度（IND）	意大利（ITA）	日本（JPN）	韩国（KOR）	墨西哥（MEX）	俄罗斯（RUS）	美国（USA）	其他
c3	3.93	1.56	4.53	5.83	2.58	2.32	3.24	2.08	1.24	1.55	29.71	8.44	1.51	3.14	20.09	8.24
c4	3.54	1.72	3.52	6.80	2.45	4.50	4.95	2.50	1.42	3.55	11.48	2.60	0.89	11.95	21.96	16.18
c5	1.14	1.11	4.37	4.63	3.43	2.56	3.79	0.72	0.47	3.57	9.28	3.18	0.85	19.33	35.31	6.25
c6	2.92	0.82	4.01	5.65	1.69	3.23	5.31	1.18	3.56	2.41	22.58	3.36	1.22	2.85	28.65	10.56
c7	5.79	2.35	4.35	4.51	1.36	2.65	4.43	2.93	4.57	1.81	12.27	3.57	1.87	1.60	37.17	8.77
c8	4.52	5.23	1.96	5.86	1.61	3.52	3.68	6.33	6.26	1.95	13.91	9.74	2.85	2.87	19.67	10.06
c9	2.88	4.88	2.65	6.23	2.14	3.66	3.07	3.55	7.49	2.91	12.45	5.52	3.12	2.85	25.08	11.50
c10	5.26	2.89	5.18	6.72	2.03	4.17	4.94	2.20	3.70	2.74	12.05	2.16	3.75	1.42	30.18	10.62
c11	2.87	2.58	4.01	5.77	2.04	2.87	3.80	1.66	9.54	2.61	9.85	5.93	2.01	3.14	24.48	16.84
c12	4.44	2.87	4.40	6.20	1.87	3.22	3.43	2.97	6.20	2.83	12.71	7.42	2.98	2.65	24.37	11.43
c13	3.23	3.19	3.60	7.67	2.00	4.07	3.13	3.08	7.42	2.70	9.59	3.37	2.29	4.93	28.68	11.06
c14	3.40	3.59	4.04	8.38	1.57	4.13	3.60	1.75	2.39	2.35	10.63	3.77	3.45	1.90	35.95	9.09
c15	3.82	4.00	3.98	12.21	1.16	2.76	4.74	1.86	5.20	3.92	6.20	3.67	2.47	9.55	21.75	12.72
c16	1.87	0.72	2.86	4.13	1.10	2.62	3.59	2.27	36.33	1.16	4.32	1.11	0.37	1.04	28.62	7.88
加总	3.38	2.92	3.84	7.32	1.89	3.79	3.85	2.23	5.40	2.68	11.09	3.87	2.46	4.93	29.45	10.90

资料来源：笔者根据 WIOD 测算而得。

表 4-3　2011 年中国各行业出口到主要贸易伙伴的份额（总值）

单位：%

行业＼国家	澳大利亚（AUS）	巴西（BRA）	加拿大（CAN）	德国（DEU）	西班牙（ESP）	法国（FRA）	英国（GBR）	印度尼西亚（IDN）	印度（IND）	意大利（ITA）	日本（JPN）	韩国（KOR）	墨西哥（MEX）	俄罗斯（RUS）	美国（USA）	其他
c3	3.94	1.55	4.55	5.84	2.53	2.24	3.11	2.12	1.25	1.45	29.90	8.81	1.50	3.06	19.84	8.30
c4	3.57	1.79	3.73	6.96	2.67	4.23	4.62	3.77	1.41	3.81	11.75	3.18	1.10	11.03	19.55	16.83
c5	1.18	1.07	4.20	4.78	3.37	2.54	3.70	0.75	0.46	3.46	9.09	3.14	0.70	18.99	36.12	6.44
c6	2.77	0.61	3.93	6.19	1.58	3.02	5.50	1.00	2.80	2.51	23.17	4.28	1.28	2.72	27.54	11.12
c7	5.88	2.18	4.57	4.86	1.13	2.27	4.31	3.09	4.30	1.48	12.97	4.65	1.75	1.31	35.78	9.47
c8	4.61	5.07	1.43	5.52	1.17	2.99	2.89	6.50	6.23	1.18	13.88	16.19	2.75	2.65	15.74	11.19
c9	2.40	4.61	2.03	6.60	1.78	3.21	2.12	3.63	7.75	2.55	12.96	9.48	2.84	2.28	21.20	14.56
c10	5.29	2.61	5.12	6.97	1.96	3.94	4.85	2.15	3.06	2.56	13.81	3.15	4.93	0.67	27.06	11.86
c11	2.69	2.34	3.84	6.01	1.89	2.53	3.47	1.47	9.38	2.46	10.87	7.98	1.85	2.86	23.22	17.15
c12	4.08	2.30	3.81	6.58	1.67	2.31	3.32	2.29	5.28	2.79	13.98	14.01	3.27	1.60	19.11	13.62
c13	3.08	3.02	3.35	8.20	1.80	3.95	2.98	3.44	8.01	2.60	10.22	3.95	2.28	4.98	26.98	11.15
c14	3.01	3.11	3.34	9.11	1.25	3.81	3.08	1.58	2.03	2.03	10.53	5.93	5.67	1.47	31.87	12.17
c15	3.41	3.54	3.86	13.69	0.86	2.19	4.02	1.55	4.92	3.58	8.05	5.90	2.48	8.94	20.20	12.82
c16	1.55	0.62	2.51	3.70	0.94	2.31	2.98	2.21	45.88	0.92	3.87	1.04	0.28	0.89	23.49	6.81
加总	3.14	2.71	3.46	7.89	1.67	3.46	3.39	2.29	5.50	2.48	11.36	5.94	3.55	4.07	26.61	12.48

资料来源：笔者根据 WIOD 测算而得。

的国内增加值率偏低或者出口到印度的商品并未被完全吸收；而皮革和鞋类制造业（c5）对印度的出口份额仅为0.46%，这一比值与增加值口径下基本一致。此外，中国食品、饮料和烟草制造业（c3）对日本的出口份额为29.90%，而其他制造业和废旧材料回收业（c16）出口日本的占比则只有3.87%，不同核算口径下出口结构的差异不仅体现在制造业细分行业上，也体现在贸易额的分布上，具体表现为：在总值口径下韩国成为中国第四大出口国，占比为5.94%；美国占比降低3.84%，日本、德国则分别上升0.27%和0.57%。

以上结果说明加总层面制造业出口结构会掩盖各行业出口的异质性，国外整体价格变动对本国特定行业价格的影响可能存在一定的差异，有必要采用分行业的出口份额作为双边贸易权重；不同核算口径下出口结构的差异则进一步显示出测算增加值实际有效汇率的必要性。考虑到贸易对实际有效汇率影响的时滞性，用其最近三年的平均值作为分行业实际有效汇率的贸易权重①。

（2）相对生产者价格指数。本书测算出1999～2012年40个经济体的价格指数，结果显示除爱尔兰和马耳他以外，所有经济体的价格水平相对于1999年都呈现不同程度的提升；其中价格水平上涨最快的5个经济体依次为土耳其、罗马尼亚、印度、印度尼西亚和巴西，考察期间涨幅均高达200%以上，不难发现这些经济体多数属于新兴经济体；而中国台湾、日本、芬兰、立陶宛和斯洛伐克价格水平则相对稳定，涨幅不足20%，这些经济体同为发达经济体且国土（地域）面积较小。此外，中国价格水平变动较为平稳，期间涨幅约为30%，这可能由于中国以市场调节为主、政府调控为辅的结果，使得经济在快速增长的同时可以保持物价相对稳定，从而避免价格剧烈波动对宏观经济的干扰。表4－4列出了中国相对于15个主要贸易伙伴的价格变动水平②。从整体来看，中国价格水平变动幅度高于加拿大、法国、英国和日本，但是却远低于同期巴西、印度尼西亚和俄罗斯的价格水平指数，甚至不足这些经济体的一半。由此看来，发达经济体价格水平相对稳定，而发展中经济体尤其是新兴经济体价格水平变动幅度较大。

（3）双边名义汇率。本章根据PWT提供的数据测算出1999～2012年中国与

---

① IMF也采用滞后贸易权重的方法。

② 即中国的生产者价格指数与其他经济体的生产者价格指数之比，当大于100时说明中国比国外价格水平涨幅高，反之则说明涨幅低。

表 4-4　中国相对于主要贸易伙伴价格水平

单位：%

年份＼国家	澳大利亚（AUS）	巴西（BRA）	加拿大（CAN）	德国（DEU）	西班牙（ESP）	法国（FRA）	英国（GBR）	印度尼西亚（IDN）	印度（IND）	意大利（ITA）	日本（JPN）	韩国（KOR）	墨西哥（MEX）	俄罗斯（RUS）	美国（USA）
1999	100	100	100	100	100	100	100	100	100	100	100	100	100	100	100
2000	96. 75	91. 15	96. 74	96. 11	96. 33	96. 22	97. 92	97. 64	93. 84	94. 35	97. 06	99. 37	95. 03	88. 78	98. 52
2001	92. 25	85. 20	94. 82	92. 96	94. 11	94. 61	96. 03	85. 83	91. 34	92. 88	98. 04	97. 91	91. 99	81. 03	97. 70
2002	89. 88	71. 96	92. 67	91. 44	91. 47	92. 70	94. 03	80. 66	87. 13	87. 59	97. 96	97. 35	87. 17	71. 75	96. 54
2003	91. 65	57. 10	95. 96	91. 98	92. 25	93. 98	95. 55	79. 94	84. 54	78. 11	101. 03	97. 89	83. 68	63. 07	95. 98
2004	95. 16	54. 90	98. 67	96. 03	94. 66	97. 73	100. 40	78. 96	84. 18	75. 90	106. 02	96. 51	81. 78	54. 25	95. 79
2005	94. 44	54. 27	101. 85	96. 55	94. 83	99. 46	103. 33	71. 89	84. 33	75. 98	109. 01	98. 17	82. 07	47. 20	94. 96
2006	90. 46	55. 47	102. 57	94. 34	92. 67	99. 59	104. 32	64. 92	82. 93	75. 23	109. 96	101. 01	79. 75	43. 25	91. 56
2007	90. 38	54. 26	104. 14	95. 98	92. 22	100. 34	105. 12	58. 81	81. 51	72. 73	111. 52	103. 30	78. 32	39. 08	90. 64
2008	87. 91	50. 94	106. 68	97. 27	92. 52	102. 37	105. 26	50. 01	80. 17	70. 67	114. 14	98. 49	77. 08	34. 41	88. 78
2009	85. 37	48. 06	104. 59	96. 04	90. 61	102. 63	99. 12	43. 88	74. 10	65. 11	113. 89	94. 85	69. 21	35. 08	91. 49
2010	88. 98	48. 08	108. 72	99. 80	92. 20	105. 06	101. 84	47. 74	71. 36	56. 54	120. 27	95. 94	69. 76	32. 98	90. 27
2011	89. 23	46. 48	107. 78	100. 53	91. 40	106. 52	103. 07	47. 10	69. 47	55. 31	125. 81	93. 32	69. 45	29. 70	87. 73
2012	87. 99	45. 31	108. 75	97. 88	87. 49	102. 98	101. 81	46. 88	64. 23	48. 71	125. 23	88. 56	66. 19	26. 69	82. 12

资料来源：笔者根据全球宏观经济数据库（CEIC）测算而得。

表4-5 中国与主要贸易伙伴的双边名义汇率

年份＼类别	澳大利亚（AUS）	巴西（BRA）	加拿大（CAN）	德国（DEU）	英国（GBR）	印度尼西亚（IDN）	印度（IND）	日本（JPN）	韩国（KOR）	墨西哥（MEX）	俄罗斯（RUS）	美国（USA）
1999	0.1872	0.2191	0.1795	0.1134	0.0747	948.8902	5.2010	13.7598	143.6072	1.1549	2.9740	0.1208
2000	0.2084	0.2210	0.1794	0.1311	0.0798	1017.3064	5.4287	13.0175	136.6137	1.1422	3.3979	0.1208
2001	0.2336	0.2839	0.1871	0.1350	0.0839	1239.6720	5.7009	14.6826	155.9724	1.1287	3.5240	0.1208
2002	0.2224	0.3528	0.1896	0.1284	0.0806	1124.9534	5.873	15.1490	151.1532	1.1666	3.7874	0.1208
2003	0.2224	0.3528	0.1896	0.1284	0.0806	1036.2565	5.873	15.1490	151.1532	1.1666	3.7874	0.1208
2004	0.1643	0.3534	0.1572	0.0973	0.0660	1079.9885	5.4751	13.0718	138.3770	1.3636	3.4813	0.1208
2005	0.1598	0.2971	0.1479	0.0981	0.0671	1184.3259	5.3818	13.4506	124.9789	1.3299	3.4517	0.1220
2006	0.1665	0.2728	0.1423	0.1000	0.0682	1148.7286	5.6822	14.5858	119.7464	1.3669	3.4102	0.1254
2007	0.1571	0.2559	0.1412	0.0960	0.0657	1201.5723	5.4352	15.4785	122.1496	1.4365	3.3626	0.1314
2008	0.1716	0.2639	0.1536	0.0982	0.0783	1395.8043	6.2610	14.8747	158.5986	1.6017	3.5766	0.1439
2009	0.1877	0.2927	0.1673	0.1054	0.0940	1520.9054	7.0857	13.6970	186.9202	1.9781	4.6462	0.1464
2010	0.1610	0.2598	0.1522	0.1115	0.0956	1342.6990	6.7539	12.9655	170.7555	1.8664	4.4855	0.1477
2011	0.1500	0.2589	0.1531	0.1113	0.0966	1357.3417	7.2225	12.3512	171.5233	1.9227	4.5473	0.1548
2012	0.1530	0.3094	0.1583	0.1233	0.1003	1487.0301	8.4655	12.6404	178.4555	2.0863	4.8856	0.1584

注：中国名义汇率相对于德国、西班牙、法国和意大利一样，因为它们同属于欧元区，故只列出德国。

资料来源：笔者根据宾大世界数据库（Penn World Table）测算而得。

其他39个贸易伙伴的双边名义汇率，即间接标价法下的人民币名义汇率，表4-5列出了中国与主要贸易伙伴的双边名义汇率。可以看出，一方面，在选定年份间人民币相对于澳元、加元、欧元和日元出现不同程度的贬值，其中，中国相对于澳元贬值幅度最大，由1999年的1单位人民币可以兑换0.1872澳元变为2012年的0.1530澳元，贬值幅度高达18.27%；另一方面，人民币相对于巴西里亚尔、英镑、印度卢比、印尼盾、韩元、墨西哥比索、俄罗斯卢布则出现不同程度的升值，其中对墨西哥比索的升值幅度最大，由1999年的1单位人民币可以兑换1.1549比索变为2012年的2.0863比索，升值幅度高达80.65%。此外，人民币对印度卢比、印尼盾和俄罗斯卢布的升值幅度达50%以上。从整体来看，考察期间人民币对发达经济体的货币呈现不同程度的贬值，而对发展中经济体则表现出升值倾向。

二、贸易增加值视角下实际有效汇率测算

根据式（4-1）和式（4-2），本节测算出中国制造业和具体行业层面的VAREER如图4-1、图4-2、图4-3、图4-4所示。从整体来看，1999~2012年制造业整体和行业层面的VAREER具有很大的相似性，基本呈现先下降后上升的态势，从2005年起制造业实际有效汇率整体呈现出上升趋势，其原因可能为中国放弃盯住美元，而采用有管理的浮动汇率制度。具体来看，制造业整体与各行业在变动幅度方面存在一定程度的差异。其中，制造业整体VAREER由1999年的100%，先下降到96.83%（2004年），后升至2012年的116.01%；而各行业VAREER的最低点为91.313%，最高点为119.88%。可见，行业实际有效汇率变动幅度明显大于制造业整体，制造业整体实际有效汇率只能反映各行业实际有效汇率变动的一般水平，无法反映各行业实际有效汇率的异质性。同时，不同行业实际有效汇率之间也存在一定程度的差异：首先，相比于1999年，2012年食品、饮料和烟草制造业（c3），木材和软木制品制造业（c6），造纸、印刷和出版制造业（c7）三个行业的实际有效汇率升值幅度最大，分别升至119.88%、119.03%和117.61%，说明这三个行业价格竞争力恶化程度最高；其次，橡胶和塑料制品制造业（c10）、其他非金属矿物制品业（c11）、电子和光学设备制造业（c14）、其他制造业和废旧材料回收业（c16）四个行业的升值幅

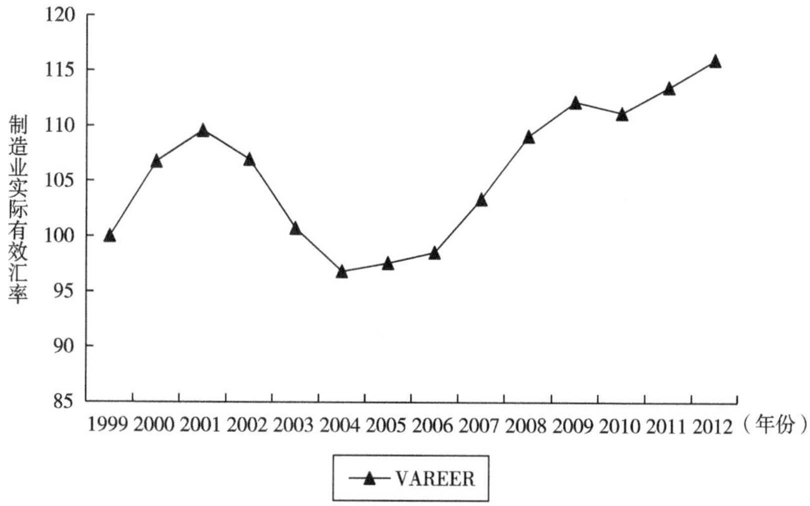

图 4－1　中国制造业实际有效汇率（1999 年 =100）

注：c3～c16 依次对应表 16 内容。

资料来源：世界投入产出数据库（WIOD）、宾大世界数据库（Penn World Table）和全球宏观经济数据库（CEIC）。

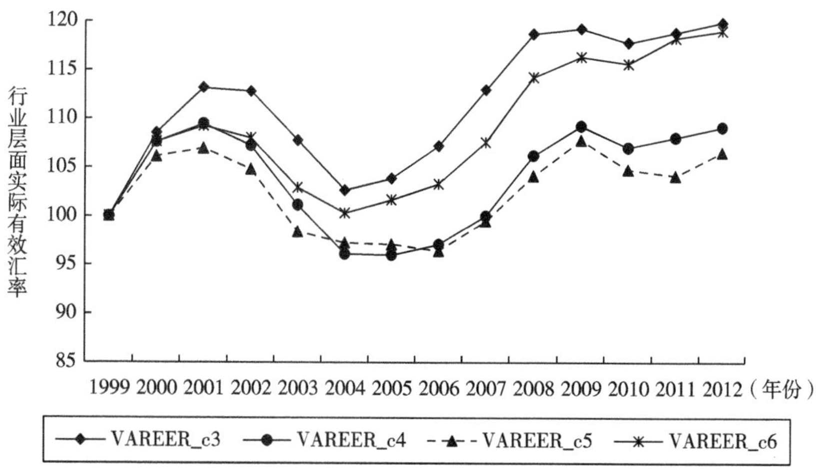

图 4－2　行业 c3～c6 实际有效汇率（1999 年 =100）

注：c3～c16 依次对应表 16 内容。

资料来源：世界投入产出数据库（WIOD）、宾大世界数据库（Penn World Table）和全球宏观经济数据库（CEIC）。

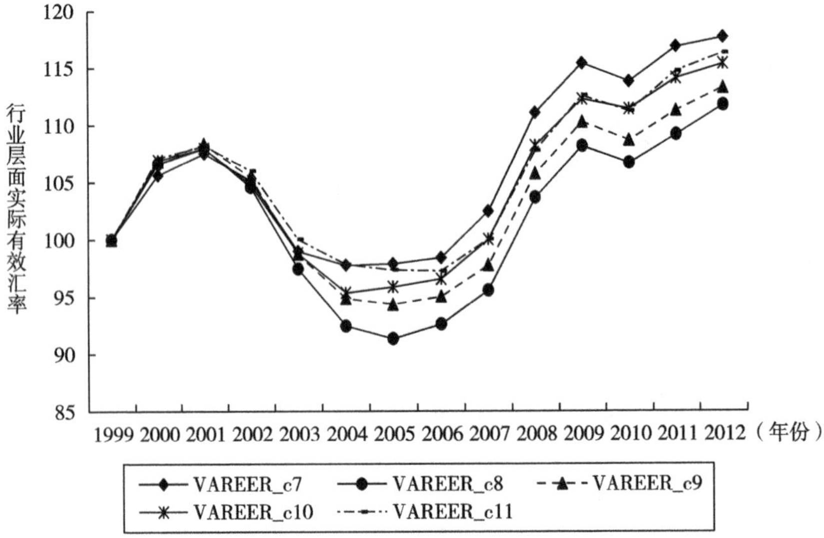

图4－3 行业c7～c11实际有效汇率（1999年＝100）

注：c3～c16依次对应表16内容。

资料来源：世界投入产出数据库（WIOD）、宾大世界数据库（Penn World Table）和全球宏观经济数据库（CEIC）。

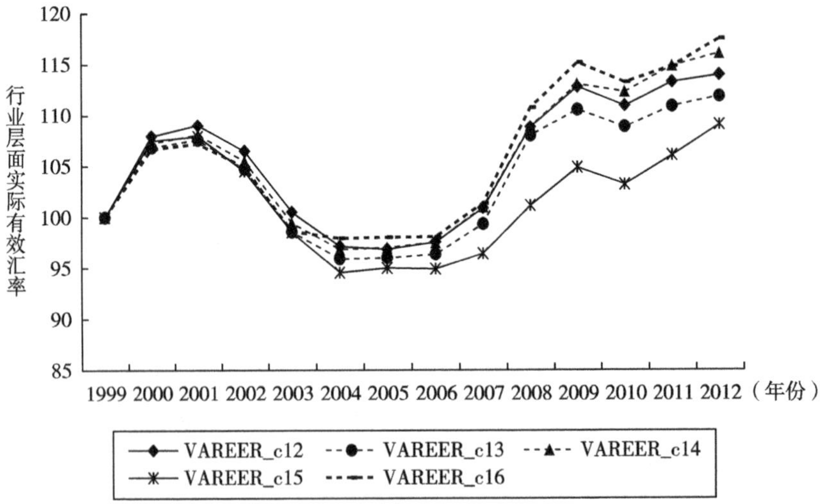

图4－4 行业c12～c16实际有效汇率（1999年＝100）

注：c3～c16依次对应表16内容。

资料来源：世界投入产出数据库（WIOD）、宾大世界数据库（Penn World Table）和全球宏观经济数据库（CEIC）。

度在15%～17%；再次，焦炭、精炼石油和核燃料（c8）、化工与化学制品制造业（c9）、基本金属和压延金属制造业（c12）和机械设备制造业（c13）四个行业只是出现小幅度升值（10%～15%）；最后，纺织产品制造业（c4）、皮革和鞋类制造业（c5）和运输设备制造业（c15）三个行业的实际有效汇率升值幅度都在10%以内，换言之，这三个行业相对于其他11个制造业具有较强的价格竞争优势。此外，相同时间段，制造业整体和具体行业实际有效汇率的走势也不尽相同。以2004～2005年，制造业总体实际有效汇率保持基本稳定，食品、饮料和烟草制造业（c3）、木材和软木制品制造业（c6）、运输设备制造业（c15）出现小幅度贬值，而焦炭、精炼石油和核燃料（c8），化工与化学制品制造业（c9）和其他非金属矿物制品业（c16）则出现小幅度升值。

为了进一步考察不同行业VAREER的变动特征，本书测算出了各行业实际有效汇率的描述性统计量（见表4－6）。食品、饮料和烟草制造业（c3）和焦炭、精炼石油和核燃料（c8）分别具有行业层面实际有效汇率的最大值和最小值。从指标均值来看，食品、饮料和烟草制造业（c3）最大，为111.672；木材和软木制品制造业（c6），造纸、印刷和出版制造业（c7）依次下降；焦炭、精炼石油和核燃料（c8）和运输设备制造业（c15）最小，分别为101.988和101.684。从波动程度来看，造纸、印刷和出版制造业（c7）的实际有效汇率波动最剧烈，皮革和鞋类制造业（c5）和纺织产品制造业（c4）实际有效汇率波动程度最小，标准差分别为4.109和5.197，换言之，造纸、印刷和出版制造业（c7）的实际有效汇率差异最大，而皮革和鞋类制造业（c5）和运输设备制造业（c4）较为稳定。

表4－6　中国行业层面实际有效汇率统计描述

类别 行业	均值	标准差	最大值	最小值	类别 行业	均值	标准差	最大值	最小值
c3	111.672	6.754	119.882	100.000	c10	104.816	7.024	115.325	95.334
c4	103.875	5.197	109.437	95.998	c11	105.444	6.692	116.263	97.245
c5	102.419	4.109	107.788	96.426	c12	105.431	6.372	113.934	96.861

续表

类别 行业	均值	标准差	最大值	最小值	类别 行业	均值	标准差	最大值	最小值
c6	108.878	6.779	119.032	100.000	c13	103.958	5.997	111.850	95.898
c7	106.307	7.429	117.612	97.743	c14	105.554	6.911	116.056	96.838
c8	101.988	6.976	111.713	91.313	c15	101.684	5.177	109.056	94.538
c9	103.598	6.621	113.238	94.319	c16	106.009	7.195	117.456	97.941

资料来源：世界投入产出数据库（WIOD）、宾大世界数据库（Penn World Table）和全球宏观经济数据库（CEIC）。

三、总值视角下实际有效汇率测算

为了考察基于增加值出口测算的实际有效汇率是否与总值核算方法的测算结果相似，还需进行对比分析。本节根据式（4－3）和式（4－4）测算出基于总值核算方法的中国制造业及具体行业实际有效汇率，见表4－7。与增加值测算结果的相似之处在于：

（1）考察期间，所有制造业部门均呈现“上升、下降”基本态势，实际有效汇率的最低点都出现在2004年和2005年，同时，实际有效汇率的波动幅度均落在85%～120%。

（2）与1999年相比，2012年食品、饮料和烟草制造业（c3），木材和软木制品制造业（c6），造纸、印刷和出版制造业（c7）三个行业的实际有效汇率升值幅度最大；同时，纺织产品制造业（c4）、皮革和鞋类制造业（c5）和运输设备制造业（c15）三个行业的实际有效汇率变动幅度最小。

此外，表4－8给出了14个制造业不同口径下的相似系数，可以看出同一行业不同核算方法实际有效汇率相似系数均达到0.87以上。这是由于中国制造业出口品的价值并非完全来自本国，这在一定程度上偏离了传统实际有效汇率测算的理论基础。两种口径下中国对不同贸易伙伴赋予增加值权重和总值权重之间的差异对实际有效汇率测算产生了一定的影响。

表 4-7 中国制造业实际有效汇率（总值）

单位:%

行业＼年份	1999	2000	2001	2002	2003	2004	2005	2006	2007	2008	2009	2010	2011	2012
c3	100	103.77	108.47	108.12	103.13	98.00	99.20	102.55	108.34	114.13	114.66	113.22	115.27	117.29
c4	100	101.80	104.68	102.37	96.24	90.78	90.42	91.66	94.48	100.73	103.63	101.31	102.36	103.48
c5	100	101.23	102.11	99.97	93.56	92.48	92.32	91.68	94.76	99.46	103.15	100.18	99.60	102.01
c6	100	102.82	104.66	103.45	98.46	95.69	97.06	98.79	103.18	109.90	111.92	111.24	113.84	115.64
c7	100	100.73	102.79	100.47	94.43	93.26	93.38	94.02	98.28	107.18	111.58	109.87	112.96	113.86
c8	100	101.84	103.35	99.95	92.78	87.58	86.09	87.64	91.14	100.13	105.30	103.81	106.36	109.03
c9	100	101.77	103.92	101.10	94.61	90.59	89.86	90.80	93.94	102.75	107.98	106.17	108.85	110.98
c10	100	102.15	103.48	100.33	94.53	90.67	91.41	92.41	96.15	104.56	108.55	107.69	110.40	111.37
c11	100	102.10	103.54	101.45	95.60	93.33	92.81	92.82	95.74	103.63	108.46	107.08	110.67	112.25
c12	100	102.68	104.79	102.62	97.08	93.54	93.16	94.24	98.32	106.98	111.45	108.86	110.98	111.73
c13	100	102.00	102.95	100.12	94.00	91.21	91.35	91.80	94.83	103.43	105.86	104.11	106.19	107.18
c14	100	102.21	103.64	101.18	95.37	92.69	92.79	93.51	97.21	105.55	110.24	109.36	111.68	112.65
c15	100	102.48	103.34	100.02	94.24	90.15	90.89	91.09	92.93	97.66	101.23	99.45	102.25	105.23
c16	100	101.53	102.07	99.80	93.51	92.88	92.95	93.03	96.13	105.73	110.15	107.60	109.32	112.08
加总	100	102.08	104.84	102.28	96.15	92.16	92.86	94.02	99.09	105.18	108.61	107.47	109.70	112.14

资料来源：世界投入产出数据库（WIOD）、宾大世界数据库（Penn World Table）和全球宏观经济数据库（CEIC）。

表4-8 不同口径下分行业的相关系数

REER与VAREER相似系数		REER与VAREER相似系数	
c3	0.8905	c10	0.8967
c4	0.8988	c11	0.8983
c5	0.8997	c12	0.8716
c6	0.8997	c13	0.8998
c7	0.8974	c14	0.8913
c8	0.8902	c15	0.8971
c9	0.8847	c16	0.8994

资料来源：世界投入产出数据库（WIOD）、宾大世界数据库（Penn World Table）和全球宏观经济数据库（CEIC）。

四、两种视角下实际有效汇率比较

值得注意的是，上述两种口径下的测算结果也存在一定程度的差异，将两种测算口径下的测算结果作差（见表4-9），可以清晰地发现1999~2012年制造业加总层面VAREER均高于REER，意味着增加值口径下实际有效汇率高估了中国制造业出口竞争力恶化的程度，这与盛斌和张运婷（2015）得出的结论相似，他们测算结果显示国家层面基于任务的实际有效汇率（REER-in-Task）高于REER，从而得出前者低估中国竞争力下降的结论。然而，他们认为，REER和REER-in-Task的区别不仅体现在贸易权重上，而且体现在价格指数上①，在测算两种实际有效汇率时分别使用CPI平减指数和GDP平减指数，研究显示REER-in-Task比标准REER多升值27%，而本书仅将权重的差异作为不同口径下实际有效汇率的主要区别，表4-9显示VAREER的升值幅度高于REER约5个百分点，这种差异可以从已有文献中找到原因：经验研究认为相比于权重差异，价格差异是导致实际有效汇率测算结果不同的主要原因，而贸易权重则对实际有效汇率测算结果影响较小。另外，盛斌和张运婷（2015）测算REER时直接采用BIS提供的权重矩阵，而测算VAREER时则采用OECD-WTO提供的贸易增加值数

① 本书认为，将REER和VAREER测算过程中价格水平的差异作为两者的主要区别，这种做法值得商榷。

据，显然，他们测算贸易权重的基础数据并不一致。因此，从数据一致性角度来讲，本书在反映两种口径下实际有效汇率关系时可能更为准确。

表4-9 基于增加值核算与总值实际有效汇率核算结果差值分析 单位：%

行业＼年份	1999	2000	2001	2002	2003	2004	2005	2006	2007	2008	2009	2010	2011	2012
c3	0.00	4.74	4.69	4.67	4.63	4.64	4.67	4.64	4.61	4.59	4.59	4.59	3.58	2.59
c4	0.00	5.82	4.76	4.86	4.90	5.33	5.58	5.42	5.53	5.47	5.61	5.71	5.70	5.63
c5	0.00	4.91	4.84	4.84	4.83	4.76	4.76	4.75	4.71	4.67	4.64	4.59	4.54	4.53
c6	0.00	4.81	4.58	4.55	4.46	4.63	4.61	4.52	4.41	4.38	4.44	4.42	4.45	3.39
c7	0.00	4.88	4.73	4.67	4.54	4.48	4.49	4.37	4.16	3.86	3.78	3.91	3.85	3.75
c8	0.00	4.78	4.63	4.64	4.66	4.84	5.22	4.94	4.42	3.52	2.85	2.85	2.79	2.68
c9	0.00	5.06	4.43	4.32	4.11	4.24	4.46	4.22	3.80	2.99	2.27	2.48	2.41	2.26
c10	0.00	4.76	4.48	4.48	4.27	4.66	4.44	4.14	3.84	3.64	3.69	3.69	3.67	3.96
c11	0.00	5.02	4.65	4.55	4.41	4.49	4.53	4.43	4.27	4.14	4.09	4.13	4.03	4.01
c12	0.00	5.25	4.21	3.86	3.41	3.59	3.70	3.32	2.57	1.82	1.32	2.06	2.28	2.20
c13	0.00	4.83	4.63	4.60	4.55	4.69	4.67	4.56	4.51	4.55	4.68	4.74	4.69	4.67
c14	0.00	5.07	4.43	4.30	4.05	4.15	4.23	4.02	3.79	3.36	2.81	2.92	3.16	3.41
c15	0.00	5.00	4.57	4.49	4.28	4.39	4.11	3.83	3.50	3.47	3.62	3.74	3.80	3.83
c16	0.00	5.14	5.13	5.09	5.10	5.06	5.08	5.05	5.23	5.01	4.99	5.61	5.47	5.38
加总	0.00	4.71	4.74	4.70	4.57	4.68	4.73	4.53	4.31	3.92	3.58	3.73	3.83	3.87

综上所述，可以得到如下几点结论：

（1）1999～2012年中国制造业实际有效汇率呈现先下降后上升态势，人民币汇率制度改革以来实际有效汇率升值明显加快；相比于1999年，2012年中国制造业实际有效汇率升值幅度为16%左右。

（2）中国制造业加总层面的实际有效汇率可以反映细分行业实际有效汇率变化的一般水平，但是无法体现各行业变化的异质性。

（3）剔除各制造行业价格水平的变化，各行业出口结构是导致行业之间实际有效汇率波动的主要原因，即同一测算口径下行业实际有效汇率之间差异来自于行业出口结构的不同。

（4）基于官方贸易出口统计数据测算的实际有效汇率在加总层面低于基于增加值实际有效汇率，这一结论在具体部门仍然成立。然而，本书谨慎地认为，该结论仅限于1999～2012年的考察期间，并不能推至任意时间段，这是由于全球化背景下中国外贸结构变化并非一成不变。因此，贸易增加值核算方法在实际汇率测算中的应用是一个需要不断探索的领域。只有这样才能正确地评估外贸出口部门的真实竞争力，科学制定外贸政策。

第三节　实际有效汇率变动的贸易效应

实际有效汇率是影响一国贸易的主要因素之一，各国普遍将其作为调节收支平衡的政策工具。经验研究显示（Nino et al.，2011；Freund and Pierola，2012；Eichengreen and Gupta，2013；）实际有效汇率贬值对出口有显著的促进作用，行业实际有效汇率在解释行业出口时优于国家层面实际有效汇率（徐建炜，2013；邹宏元等，2014）。然而，近年来学者发现经济全球化发展对两者之间的关系产生了一定影响。Berman（2012）和Amiti等（2012）利用法国公司微观数据研究显示具有高度依赖进口中间产品特征的部门，其出口对汇率波动反映程度较低；Ahmed等（2015）在对全球46个国家1996～2012年实际有效汇率与出口贸易关系的回归分析中发现：相比于1996～2003年，2004～2012年出口的汇率弹性显著减小①，即实际有效汇率贬值对出口的促进作用显著下降，这种现象同样引发了Financial Times（2015）和Ree等（2015）等学者的关注。Financial Times（2015）的观察者由此开始质疑实际有效汇率变动对贸易影响的有效性，Jack等（2015）对日元实际有效汇率与出口贸易之间关系的研究结论与Ahmed等（2015）一致，因此，他们建议韩国不必过分担心由日元贬值带来的竞争压力，这是由于日元贬值对出口的促进作用可能显著减小。Cheng等（2016）认为，由

① 值得注意的是，出口对实际有效汇率变动弹性下降出现在金融危机之前，这侧面反映出外部需求减弱在弹性系数下降过程中起到的作用不大。

于全球化生产背景下一国出口产品中不仅包含本国增加值，还包括国外增加值，因此，GVC 相关增加值对实际有效汇率的反映程度不同于传统贸易中单国产品对实际有效汇率的反映程度。Fauceglia 等（2015）基于瑞士 HS 六位商品编码和微观创新调查面板数据的研究显示：瑞士制造业全球化参与程度缓冲了法郎升值对出口贸易的不利影响。以上研究表明，随着全球价值链的发展，实际有效汇率变动的贸易效应在下降。然而，中国国家层面实际有效汇率对出口促进作用是否减弱？行业层面是否如此？贸易增加值视角上上述关系是否改变？目前鲜有文献对这些问题进行探索，因此，本书利用上一节测算结果试图弥补这一领域中的空白。

一、模型构建及数据说明

Goldstein 等（1985）、Cheng 等（2016）等学者认为，本国向其他国家出口取决于其他国家的收入水平、国外与国内的相对价格（一般用实际有效汇率表示）。进一步地，为了考察全球价值链参与度是否对出口弹性产生影响，本书还选择了垂直专业化分工指数与实际有效汇率的交叉项作为解释变量，另外参照 Freund（2012）、Ahmed（2015）和 Cheng（2016）的做法，将各产业 GDP 作为控制变量①。因所选样本具有横截面、时期和变量三维信息，利用面板数据可以构造比单独使用横截面数据或时间序列数据更为真实的行为方程（高铁梅，2009）。为了控制不同行业和时间变量差异对结果的影响，本书在估计中采用固定效应模型。具体面板模型设定形式如下：

$$LnE_{i,t} = \alpha_t + \alpha_i + \beta_1 Ln(REER)_{i,t} + \beta_2 Ln(REER)_{i,t} \times VSS_{i,t} + \beta_3 Ln(Demand)_{i,t} + \beta_4 Ln(Controls)_{i,t} + \varepsilon_{i,t} \tag{4-5}$$

$$VSS = \frac{VS}{E} = \frac{FVA + FDC}{E} \tag{4-6}$$

其中，$LnE_{i,t}$表示行业 i 在 t 年的出口总值；α_t 和 α_i 分别表示时间和行业固定效应；Ln（REER）$_{i,t}$表示实际汇率或者增加值实际汇率；Ln（REER）$_{i,t}$ × $VSS_{i,t}$用于捕捉全球化参与度对出口弹性的影响程度，本书采用 VSS 作为 GVC 参

① 各产业 GDP 核算方法和结果分别见附录 5 和附录 6。

与程度的代理变量[①]，各指标根据式（2-61）测算而得，FVA 和 FDC 分别代表 i 行业出口中包含的国外增加值和重复统计；Ln（Demand）$_{i,t}$为中国贸易伙伴基于贸易加权的 GDP，用于表示国外对中国出口的需求，由于本国特定行业出口并不一定由国外相应行业拉动，故使用所有贸易伙伴 GDP 加权作为国外需求的代理变量；Ln（Controls）$_{i,t}$则是相应控制变量，GDP 为中国制造业或具体行业增加值；$\varepsilon_{i,t}$为随机扰动项。由于前文 REER 测算中采用滞后 3 期出口的平均值作为贸易权重，式（4-5）在一定程度上避免了经验研究中存在的内生性问题。其中，国外 GDP 来自世界银行网站，其他数据均基于 WIOD 测算而得。在进行面板估计之间，我们首先对所有变量进行了单位根检验，见表 4-10。可以看出，五种面板单位根检验显示所有变量在绝大多数设定下是平稳的，因此，可以直接使用标准面板计量回归估计方法进行估计。

表 4-10　面板单位根检验

类别 \ 变量	ILC 检验		Breiting 检验	IPS 检验		Fisher - ADF 检验		Fisher - PP 检验	
	无趋势项	有趋势项	有趋势项	无趋势项	有趋势项	无趋势项	有趋势项	无趋势项	有趋势项
x_1	-18.42***	-23.12***	-6.12***	-12.82***	-8.43***	434.56***	350.48***	548.81***	483.48***
	(0.0000)	(0.0000)	(0.0000)	(0.0000)	(0.0000)	(0.0000)	(0.0000)	(0.0000)	(0.0000)
x_2	-22.47***	-22.42***	-8.32***	-11.74***	-9.63***	434.35***	342.51***	552.32***	711.62***
	(0.0000)	(0.0000)	(0.0000)	(0.0000)	(0.0000)	(0.0000)	(0.0000)	(0.0000)	(0.0000)
x_3	-16.82***	-19.82***	-9.41***	-13.64***	-8.42***	457.92**	345.31***	521.35***	668.67***
	(0.0000)	(0.0000)	(0.0000)	(0.0000)	(0.0000)	(0.0000)	(0.0000)	(0.0000)	(0.0000)
x_4	-19.72***	-15.41***	-8.78***	-15.44***	-9.62***	346.95**	364.33***	492.21***	660.96***
	(0.0000)	(0.0000)	(0.0000)	(0.0000)	(0.0000)	(0.0000)	(0.0000)	(0.0000)	(0.0000)
x_5	-19.83***	-9.52***	-11.53***	-9.90***	425.45**	345.38***	524.46***	648.86***	470.34***
	(0.0000)	(0.0000)	(0.0000)	(0.0000)	(0.0000)	(0.0000)	(0.0000)	(0.0000)	(0.0000)
x_6	-24.91***	-22.84***	-12.52***	-18.15***	-12.43***	521.35***	364.35***	614.63***	631.62***
	(0.0000)	(0.0000)	(0.0000)	(0.0000)	(0.0000)	(0.0000)	(0.0000)	(0.0000)	(0.0000)
x_7	-7.51***	-18.42***	4.25	-7.03***	-9.63***	335.34***	476.87***	278.75***	321.43***
	(0.0000)	(0.0000)	(0.000)	(0.0000)	(0.0000)	(0.0000)	(0.0000)	(0.0000)	(0.0000)

注：①x_1 ~ x_7 分别表示出口总值、出口增加值、实际有效汇率、增加值实际有效汇率、交叉项、国外需求、各行业 GDP；②小括号内为估计量的伴随概率（P 值）；③以上检验的原假设均为存在单位根，Breiting 检验只存在趋势项的情形；④ *** 表示在 1% 的水平下显著，** 表示在 5% 水平下显著。

① 这是由于经验研究显示降低出口弹性主要因素为本国出口中的国外增加值。

二、测算结果及分析

表4－11为出口与实际汇率之间关系的计量估计结果。模型（1）采用出口总值作为被解释变量，而模型（3）、模型（4）、模型（5）采用行业出口总值作为被解释变量，这与目前文献中普遍做法（徐建炜，2013）基本一致；模型（2）采用增加值出口作为被解释变量，模型（6）、模型（7）、模型（8）则采用行业出口国内增加值作为被解释变量，这四个模型是参照 Ahmed 等（2015）和 Cheng（2016）而设置，以重新审视贸易增加值视角下实际汇率与出口之间的关系。以上八个面板估计结果之间的对比可以得到不同的结论，具体地：就模型（1）和模型（5）比较而言，模型（1）REER 与出口之间显示出微弱统计关系，而模型（5）显示行业出口对行业实际有效汇率的弹性系数不仅通过了显著性检验，而且绝对值和拟合优度（调整 R^2）均高于模型（1），这表明运用分行业实际有效汇率指标优于国家层面实际有效汇率；此外，两者出口弹性系数的符号均为负，意味着实际汇率贬值会促进出口增加。就模型（3）和模型（4）的比较而言，考察期间分行业实际汇率对出口影响力的绝对值出现明显的下降，由1999～2006年的1.924下降到2007～2012年的1.532，这一结论揭示的现象与 Ahmed 等（2015）和 Jack 等（2015）的研究结果基本一致，不同的是后者是从国家层面考察两者之间的关系。中国制造业出口弹性下降可能有两个原因：其一，汇率波动对价格的传导机制正在减弱，即名义汇率贬值对价格提升作用在减弱；其二，全球价值链参与度提升在一定程度上弱化了出口弹性。但是本书显示该弹性系数下降的幅度不如 Ahmed 等（2015）明显，这可能由于近年来全球一体化趋势逐渐放缓所致。

表4－11　计量经济回归结果

变量	总出口（1）	增加值出口（2）	行业出口（3）	行业出口（4）	行业出口（5）	行业增加值出口（6）	行业增加值出口（7）	行业增加值出口（8）
	OLS	OLS	固定效应	固定效应	固定效应	固定效应	固定效应	固定效应
	1999～2012	1999～2012	1999～2006	2007～2012	1999～2012	1999～2006	2007～2012	1999～2012
REER	－1.124*							
VAREER		－0.324**						

续表

	总出口（1）	增加值出口（2）	行业出口（3）	行业出口（4）	行业出口（5）	行业增加值出口（6）	行业增加值出口（7）	行业增加值出口（8）
REER×VSS	0.116 ***							
行业 REER			-1.924 ***	-1.532 ***	-1.764 ***			
行业 REER×VSS			0.128 ***	0.135 ***	0.131 ***			
行业 VAREER						-0.428 ***	-0.406 ***	-0.411 ***
本国 GDP	0.175 ***	0.232 ***						
本国行业 GDP			0.172 ***	0.178 ***	0.175 ***	0.184 ***	0.183 ***	0.195 ***
国外 GDP	1.524 ***	1.428 ***	1.321 ***	1.234 ***	1.238 **	1.132 ***	1.136 **	1.142 ***
调整 R^2	0.612	0.634	0.843	0.841	0.852	0.861	0.865	0.871

注：***、** 和 * 分别表示在 1%、5% 和 10% 的水平下显著。

就模型（2）与模型（8）比较而言，两者解释变量估计系数的符号都与预期一致，同样出现行业层面实际有效汇率对出口影响力更大、统计检验更加显著的结果，这意味着贸易增加值视角下相对于国家层面，行业层面实际有效汇率与出口的关系更加显著。就模型（6）与模型（7）比较而言，考察期间分行业增加值实际有效汇率对增加值出口的影响力没有出现显著变化（维持在 -0.41 左右），这意味着在贸易增加值视角下“实际有效汇率与出口”之间的关系较为稳定。无论是模型（1）与模型（2），还是模型（5）与模型（8）的比较结果均显示基于出口增加值测算的中国行业实际有效汇率对出口增加值的影响力比总值测算口径下小，同时没有出现明显的下降趋势。然而，本书并不能给出相对于总值口径下，VAREER 变动对增加值出口影响较小的原因，这将是未来探究的一个重点方向。此外，模型（1）、模型（3）、模型（4）、模型（5）中解释变量实际有效汇率与 VSS 交叉项前的估计系数为正且绝对值差异较小（分别为 0.116、0.128、0.135、0.131），该值与实际有效汇率估计系数之和表示考虑全球化时出口对实际有效汇率的真正弹性，如加总模型（1）中 -1.124 与 0.116 便得到 -1.008，这一结果与徐建炜（2013）没有考虑全球一体化影响得出的结果（-1.005）几乎一致，以上结果说明 GVC 参与度在出口弹性下降过程中起到促进作用[①]。同时，这一结论与 Ahmed 等（2015）使用国家层面数据结论一致。此外，所有模型中代表国外需求变量的估计系数都显著为正，这表明国外需求增加将会引致本国出口增加，这与经济学理论预期一致。

以上结果可以总结为以下三点：首先，在研究汇率与贸易关系时，分行业有效汇率指标优于加总国家层面实际有效汇率，这一研究结论再次证实单一国家层面实际有效汇率实际上掩盖了行业间竞争力的差异，出现“加总偏差”，这与徐建炜（2013）和邹宏元（2014）的研究结论相同，即分行业实际有效汇率优于加总层面实际有效汇率。其次，考察期间直接基于官方贸易统计数据测算的分行业实际有效汇率贬值对出口的影响力在减弱，这说明 Ahmed 等（2015）的研究结论同样存在中国具体行业中。最后，VAREER 对增加值出口的影响力没有发生显著变化，但是估计弹性系数显著小于模型（2）的结果。这从侧面反映了出口弹性系数下降是由官方贸易统计为基础造成的测算“幻觉”。

第四节 本章小结

在全球化生产共享背景下，经济体间中间品贸易飞速增长并成为国际贸易的主体，这使建立在最终产品贸易假定基础上的传统测算有效汇率方法缺陷日益明显。令人遗憾的是，国际经济机构常规地利用基于总出口和总进口的贸易权重，然而，一个更好的衡量贸易伙伴相对重要性的标准应该是贸易增加值而不是贸易总值。基于此，本书根据 Wang 等（2013）提出的双边贸易流分解方法，将中国对其他 39 个贸易伙伴的出口总值分解为不同经济性质的增加值，然后将国家层面出口增加值和行业出口增加值分别代入传统实际有效汇率的计算公式中。研究发现：

（1）制造业总体和行业层面的实际有效汇率变化轨迹存在一定程度的相似

① Ahmed 等（2015）在研究全球制造业出口实际有效汇率弹性时，分别使用 Koopman 等（2010）提出的 GVC 参与度指数、GVC 前向参与度指数、GVC 后向参与度指数及 GVC 位置指数作为全球生产一体化的代理变量。Cheng 等（2016）则只用改进的 GVC 后向参与度指数作为全球生产一体化的代理变量。

性，基本呈现先下降后上升的态势。相同核算方法下不同行业实际有效汇率变化趋势具有明显的异质性：饮料和烟草制造业（c3），木材和软木制品制造业（c6），造纸、印刷和出版制造业（c7）三个行业的实际有效汇率升值幅度最大，而纺织产品制造业（c4）、皮革和鞋类制造业（c5）和运输设备制造业（c15）三个行业的实际有效汇率升值幅度都在10%以内。针对实际有效汇率出现显著升值的行业，中国政府可以通过控制名义汇率升值，尤其是可以通过控制国内要素价格水平，或从国外进口低价的原材料，并提高其价格竞争力。

（2）不同核算方法下相同行业实际有效汇率存在差异，普遍表现为基于增加值测算的实际有效汇率略高于基于总值测算的实际有效汇率，考察期间基于增加值测算的实际有效汇率升值116.01%，而基于总值测算的实际有效汇率升值112.14%，然而两者在数值上并非表现出较大差异。

（3）在实际有效汇率变动的贸易效应研究中，本书发现行业实际有效汇率对行业总值的解释程度高于加总制造业层面；基于出口总值测算的出口弹性系数出现下降，全球化在出口弹性系数下降中起到了自然对冲作用。考察期间，基于增加值测算的出口弹性系数变化不大，整体小于总值测算的出口弹性系数。

本章的主要贡献在于考虑了全球化生产对实际有效汇率的影响，弥补实际有效汇率测算方法的不足，同时验证了不同层面、时期、口径实际有效汇率与出口之间的关系，从而得出一些有益的结论。

第五章　贸易增加值核算在垂直专业化分工中的应用

第一节　引言

随着经济全球化的发展、信息技术的进步及全球服务贸易壁垒的降低，服务业局限于一国国内发展的格局被逐渐打破，从而出现服务业“全球化”和“碎片化”的发展格局（牛华等，2016c）。同时，作为跨国性生产链条的中间投入，服务业将特定产品的生产企业分散的空间连接起来，成为全球价值链的黏合剂，对货物贸易乃至经济发展起到极大的推动作用（顾国达、周蕾，2010）。在此背景下，中国积极加入国际分工体系，并使服务业得到了较快的发展。商务部统计数据显示，1995 年中国服务贸易进出口为 430 亿美元，2014 年增至 6043 亿美元，20 年间增加了近 14 倍。但不容忽视的是，中国服务贸易一直存在较大的逆差，由 1995 年的 62 亿美元增至 2014 年的 1599 亿美元。特别地，自 2010 年以来服务贸易逆差急剧增加。出于以上考虑，党中央、国务院在“十三五”开局之年对中国服务贸易提出了明确的要求：“把服务贸易打造成稳增长调结构新引擎”，这不仅意味着要进一步扩大服务贸易规模，还意味着要提升服务贸易在全球价值链的参与度及质量，优化服务贸易出口结构（牛华等，2016d）。然而，贸易增加值核算视角下中国服务业全球化参与水平及出口竞争力如何？呈现何种变迁方式？与服务贸易强国有多大差距？这些问题的回答，对于正确认识和评价中国服务贸易的发展现状、进一步促进服务业参与垂直专化国际分工水平、促进产业结构的转型升级具有重要的理论及政策意义。

本章利用具有连续时间序列（1995～2011年）性质的世界投入产出表，第一节系统地在贸易增加值视角下对中国服务业垂直专业化分工进行了研究，余下结构安排如下：第二节对垂直专业化的测算模型及数据进行说明；第三节从整体、按要素密集特征分类及行业分类三个方面测算了中国服务业垂直专业化份额及国别来源；第四节从国际比较的视角探究了十大贸易服务出口国垂直专业化的变迁，从而更好地识别出中国服务业垂直专业化分工的国际水平及发展速度；第五节对本章研究内容及结论进行简单概括。

第二节　模型构建及数据说明

一、模型构建

垂直专业化（VS）即一国出口中的国外价值，是一个广泛被应用于经济学文献中用以衡量跨国生产分工的综合性指标。在总贸易核算方法中式（2－61），除国外增加值（FVA）属于一国出口中的国外价值且可以代表跨国生产分工程度以外，来自于国外账户的重复计算（FDC）项也属于垂直专业化内容，这是由于FDC为国外中间产品在多个国家来回往复所致，其值增大意味着国外中间产品在被用于最终品生产以前跨越边境次数增多，可以代表跨国生产分工的类型与深度。因此，本书构建出垂直专业率的测算公式①：

$$VSS=\frac{VS}{E}=\frac{MVA+OVA+FDC}{E} \tag{5-1}$$

其中，VSS为垂直专业化率，反映了一国（地区）出口中对进口品的依赖

① 本章中垂直专业化与国外增加值含义相同，交替使用。

程度。

二、数据说明

本章以服务业为研究对象，数据皆来自 WIOT。为进一步研究不同类型服务业特征，参照 Rahman 等（2013）、樊茂清（2013）和郑国姣（2015）根据要素密集度对服务产业的划分方法，笔者将 WIOT 中的 19 个服务业划分为劳动密集型、资本密集型、知识密集型和公共服务四个类别（见表 5－1）。由于 WIOT 提供的中国 19 个服务业部门中，汽车和摩托车的销售、保养和维修，燃料的零售（c19），房地产业（c29）以及家庭作为雇主的服务业（c35）直接出口额在以亿元为单位进行统计时并不显著，故本章后续分析过程中将这三个部门删除（国际比较除外）。

表 5－1　服务业按要素密集度分类

类别	产业
劳动密集型	c18 建筑业；c19 汽车和摩托车的销售、保养和维修，燃料的零售；c20 批发贸易（不含汽车和摩托车）；c21 零售贸易（不含汽车和摩托车）和家庭物品的修理；c22 住宿和餐饮业；c26 其他辅助运输活动；c35 家庭作为雇主的活动
资本密集型	c17 电力、煤气和水的供应；c23 内陆运输；c24 水上运输；c25 航空运输；c27 信息和通信；c29 房地产业
知识密集型	c28 金融中介；c30 租赁和其他商业服务
公共服务	c31 公共管理和国防，强制性社会保障；c32 教育；c33 卫生和社会工作；c34 其他社区、社会及个人服务

第三节　垂直专业化份额及来源

在服务贸易呈现全球化发展的背景下，准确评估中国服务业在全球垂直专业化分工中地位，对于中国服务业进一步融入全球价值链分工体系、促进服务业结构升级进而实现由服务贸易大国向服务贸易强国转变具有重要的意义。

一、整体垂直专业化份额及国别（地区）来源

根据垂直专业化的测算方法式（5－1），本部分测算了1995～2011年中国服务业的垂直专业化份额及国别（地区）来源。从表5－2服务业出口的垂直专业化份额及20个经济体占比变化来看：①1995～2011年中国服务业总体出口的垂直专业化份额整体上呈上升趋势，从1995年的9.78%上升到2011年的12.60%，增长了28.83%，年均增长率为1.60%。值得注意的是，2001～2006年中国服务业整体出口的国外增加值份额呈现逐年递增趋势，并在2006年达到峰值14.31%；而2007～2009年，国外增加值份额却出现逐年递减趋势，并在2009年几乎降到中国加入WTO前的水平。出现以上现象的原因可能为："入世"初期中国依靠服务业在部分生产环节中的竞争优势迅速融入全球价值链，但是这一时期中国经济的增长表现为依靠大量要素投入的粗放型生产方式，这使中国服务业出口中的国外增加值份额显著增长；为了实现优化中国商品出口结构，抑制低附加值、低技术含量产品出口及减少贸易摩擦等目标，2007年国家先后出台了一系列加工贸易限制类目录，其中对部分商品的出口退税政策进行了相关调整，如取消了能耗高、污染重、具有资源特征三类商品的税收补贴（马海涛，2010）。同时对国内企业到境外投资给予更多的资金支持，这些旨在调整制造业出口贡献率的政策在一定程度上也提升了中国服务业出口的国内增加值率。2008～2009年中国服务业出口的垂直专业化份额显著下降的原因可能应归因于国际金融危机爆发导致各国经济受到不同程度的影响，进而使中国进口规模大幅度下降。②从中国服务业总体出口的国外增加值国别（地区）来源来看，20个经济体①合计的占比下降趋势明显，从1995年的74.75%下降到2011年的61.24%，降幅达18.07%，年均降幅为1.24%，这表明中国服务业出口中的国外增加值来源呈现多元化趋势，即中国服务业在选择进口时有了更多的选择，这意味着考察期间中国服务贸易抗风险能力有了显著提高。

---

① 本书选取2011年中国服务业出口中国外增加值最大的20个经济体作为研究对象，具体经济体见表5－3。

表 5-2 中国服务业出口的垂直专业化及 20 个经济体占比变化 单位:%

年份	1995	1996	1997	1998	1999	2000	2001	2002	2003
中国	9.78	8.98	8.53	7.46	8.33	10.11	9.61	10.26	11.92
20 个经济体占比	74.75	74.79	79.97	77.61	75.09	68.21	67.69	68.98	67.13
年份	2004	2005	2006	2007	2008	2009	2010	2011	年均增长率
中国	13.90	14.03	14.31	13.69	13.15	10.60	11.93	12.60	1.60
20 个经济体占比	66.10	63.04	62.60	63.64	59.51	62.86	62.37	61.24	-1.24

为进一步探索中国服务业出口的国外增加值份额是否与经济体类型有关，本书将 20 个经济体划分为新兴市场经济体、新兴工业经济体和发达经济体三种类型[①]。表 5-3 为中国服务业出口国外增加值的国别（地区）来源。可以看出：

表 5-3 中国服务业出口垂直专业化国家（地区）来源 单位:%

类型	经济体	1995 年	1997 年	1999 年	2001 年	2003 年	2005 年	2007 年	2009 年	2011 年
新兴市场经济体	巴西	0.087	0.087	0.042	0.065	0.116	0.159	0.183	0.208	0.252
	印度尼西亚	0.319	0.233	0.175	0.186	0.213	0.210	0.198	0.180	0.265
	印度	0.043	0.075	0.078	0.108	0.125	0.148	0.145	0.083	0.117
	墨西哥	0.025	0.021	0.027	0.041	0.053	0.063	0.071	0.043	0.073
	俄罗斯	0.147	0.156	0.142	0.199	0.295	0.582	0.551	0.384	0.676
新兴工业经济体	韩国	0.696	0.735	0.693	0.671	0.846	0.977	0.883	0.613	0.662
	中国台湾	0.606	0.715	0.700	0.685	0.768	0.668	0.551	0.407	0.397
发达经济体	希腊	0.474	0.411	0.474	0.372	0.372	0.345	0.487	0.194	0.251
	澳大利亚	0.325	0.282	0.220	0.216	0.257	0.364	0.414	0.450	0.636
	奥地利	0.040	0.030	0.033	0.036	0.063	0.068	0.069	0.079	0.096
	比利时	0.092	0.069	0.056	0.060	0.083	0.085	0.112	0.074	0.099
	加拿大	0.246	0.180	0.144	0.182	0.194	0.231	0.248	0.191	0.219
	德国	0.463	0.426	0.400	0.518	0.782	0.827	0.892	0.662	0.699
	芬兰	0.041	0.040	0.063	0.062	0.065	0.063	0.059	0.065	0.072
	法国	0.198	0.174	0.182	0.215	0.259	0.279	0.248	0.260	0.271
	意大利	0.217	0.218	0.141	0.161	0.189	0.228	0.235	0.157	0.211
	日本	1.830	1.611	1.505	1.428	1.713	1.764	1.517	1.065	1.012

① 经济体分类标准参考世界银行和李金昌（2015）。

续表

类型	经济体	1995年	1997年	1999年	2001年	2003年	2005年	2007年	2009年	2011年
发达经济体	荷兰	0.123	0.100	0.104	0.141	0.299	0.246	0.210	0.182	0.190
	瑞典	0.049	0.053	0.064	0.068	0.087	0.133	0.144	0.133	0.133
	美国	1.292	1.207	1.015	1.093	1.220	1.405	1.496	1.235	1.387

（1）韩国和中国台湾两个新兴工业经济体，及德国、日本和美国三个发达经济体是中国服务业出口国外增加值的主要来源地，在选定年份中，中国服务业出口中来自这五个经济体的增加值份额都在0.4%以上。这意味着中国服务业在参与全球价值链国际分工时较多依赖从韩国、中国台湾、德国、日本和美国等经济体的进口品。这一研究结果与刘洪愧等（2015）研究结果相似，同时与中国大量进口发达经济体技术密集度高的中间产品的事实相符。

（2）虽然俄罗斯、墨西哥、巴西和印度四个新兴市场经济体及瑞典和奥地利两个发达经济体作为来源地占比相对较低，但是相对于1995年，2011年的增长幅度较大，均在140%以上，其中俄罗斯增幅最大，高达359%。换言之，这六个经济体与中国服务业形成垂直专业化分工潜力较大。此外，在中国服务业出口中来自日本、中国台湾和希腊三个经济体的增加值份额呈现下降趋势，即这些经济体出口对中国服务业出口贸易的影响力正在逐渐减弱。

二、按要素密集度分类的垂直专业化份额及国别（地区）来源

由表5－4可知：

（1）四种类型服务业出口垂直专业化水平均呈现不同程度增加趋势，其中资本密集型服务业出口国外增加值份额增加趋势最明显，从1995年的10.844%增加到2011年的16.563%，增长了52.739%，年均增长率为2.683%，同时，公共服务业、劳动密集型服务业、知识密集型服务业增幅依次减小；加入WTO后，资本密集型和知识密集型服务业出口国外增加值份额与整体服务业变化趋势相同，2001～2006年两者垂直专业化程度增幅分别高达61.804%和41.295%，这说明加入世界贸易组织对服务业尤其是资本与知识密集型服务业进一步融入全球产业分工具有重要的推动作用。

表5-4　按要素密集特征分类服务业出口国外增加值　　单位：%

产业类型＼年份	1995	1996	1997	1998	1999	2000	2001	2002	2003
劳动密集型	8.114	7.351	7.460	6.110	6.741	8.088	7.675	8.214	9.290
资本密集型	10.844	10.246	11.019	8.271	9.357	11.820	10.988	11.505	13.790
知识密集型	13.548	11.815	11.327	10.594	11.605	13.559	12.873	13.525	15.765
公共服务	10.218	9.222	9.535	8.345	9.352	11.065	10.522	11.283	12.540
产业类型＼年份	2004	2005	2006	2007	2008	2009	2010	2011	年均增长率
劳动密集型	10.432	10.104	9.879	9.318	8.917	7.307	8.213	8.560	0.335
资本密集型	16.438	16.979	17.779	16.820	16.755	13.364	15.145	16.563	2.683
知识密集型	18.358	18.299	18.138	17.065	15.681	12.592	14.034	14.333	0.353
公共服务	14.187	13.889	13.597	13.219	12.334	10.169	11.365	11.699	0.850

（2）劳动密集型服务业垂直专业化率最低，这表现为绝大多数年份出口中的国外增加值份额不足10%，并且增长较为缓慢，相比于1995年，2011年劳动密集型服务业垂直专业化水平增幅不足1%，其主要原因可能为劳动密集型服务业产品出口中可贸易的中间产品占比较少，其出口产品价值主要由本国创造，产品价值结构较为稳定。

（3）四种类型服务业出口国外增加值份额都不同程度地受到经济危机的影响，劳动密集型服务业、公共服务业、资本密集型服务业、知识密集型服务业受到的影响程度依次升高，其中，与2007年相比，2009年资本密集型和知识密集型服务业出口垂直专业化率分别下降20.547%和26.212%。这一结果与樊茂清（2014）的研究结果较为一致，说明随着中国融入全球垂直专业化分工程度加深，受世界经济影响的可能性随之提高。

表5-5为四种类型服务业出口中国外增加值国别（地区）来源变化。

（1）就不同经济体之间的比较来说，发达经济体在劳动密集型、资本密集型、知识密集型服务业和公共服务业等领域均占有绝对的主导地位，并且相对于1995年，2011年资本密集型服务业和公共服务业两个类型份额基本保持稳定，分别为5.219%和4.984%，而知识密集型服务业和劳动密集型服务业份额则呈现微弱的下降趋势。这说明不同类型服务业出口均对发达国家中间投入的依赖性较强，但是随着时间的推移，从发达经济体进口的比例则相对降低，即中国与发达国家形成的垂直专业化分工关系变弱。一方面，由于中国最大的两个贸易伙伴——美国和欧盟均属于发达经济体，并且本书的分类中属于发达经济体数目较多，占所有考察经济体数量的60%左右。另一方面，经济危机过后世界各经济体复苏步履维艰，不同形式的贸易保护主义只增不减。其中中国承受着来自美国和欧盟两大经济体的前所未有贸易摩擦压力，为了继续发挥外贸对国民经济的带动作用，中国实施了多元化的贸易发展策略，注重与各类经济体建立贸易合作关系，从而增加了对其他经济体尤其是新兴市场经济的进口。

表5-5　按要素密集特征分类服务业出口国外增加值的来源变化　　单位:%

经济体类型	产业类型	1995年	1997年	1999年	2001年	2003年	2005年	2007年	2009年	2011年
新兴市场经济体	劳动密集型	1.023	0.870	0.736	0.724	0.868	1.004	1.117	0.765	1.086
	资本密集型	1.217	1.295	1.257	1.338	1.583	2.186	2.177	1.441	2.362
	知识密集型	1.045	1.018	1.108	1.083	1.315	1.627	1.823	1.188	1.613
	公共服务	1.044	1.078	1.060	1.077	1.210	1.390	1.462	1.046	1.463
新兴工业经济体	劳动密集型	0.958	1.266	1.120	1.068	1.267	1.223	0.936	0.656	0.682
	资本密集型	1.370	1.887	1.280	1.217	1.511	1.585	1.435	0.987	1.084
	知识密集型	1.858	1.927	1.994	1.912	2.410	2.527	2.230	1.647	1.639
	公共服务	1.746	1.954	1.943	1.947	2.100	2.041	1.732	1.228	1.245
发达经济体	劳动密集型	4.202	3.943	3.225	3.450	4.214	4.285	4.040	3.510	3.959
	资本密集型	5.204	5.500	4.077	4.192	5.237	5.837	5.956	4.733	5.219
	知识密集型	7.660	6.172	5.882	6.157	7.675	8.498	7.979	6.101	6.617
	公共服务	5.008	4.399	4.260	4.607	5.696	6.021	5.751	4.615	4.984

（2）在不同经济体内部，中国服务业出口中来自新兴市场经济体的增加值份额最高的是资本密集型服务业，而来自新兴工业经济体和发达经济体份额最高的是知识密集型服务业。

（3）考察期间，四种产业类型服务业出口中来自新兴市场经济体的份额均呈现不同程度的增加趋势，特别是资本密集型服务业除了2007年和2009年的波动以外，1995~2011年整体呈现上升趋势，相比于1995年，2011年增幅高达

94.084%，知识密集型服务业和公共服务业增值幅度均在40%以上，劳动密集型服务业出口中来自新兴市场经济体增加值的增幅最小，为6.158%，这表明中国与新兴市场经济体形成了较大的分工潜力，特别是在资本密集型服务业领域。此外，四种产业类型服务业出口中来自新兴工业经济体基本呈现下降趋势。

三、按行业分类的垂直专业化份额及来源

本书测度了中国服务业16个细分产业出口国外增加值份额。从表5－6可以看出：1995～2011年出口国外增加值份额均在10%以上的产业分别为建筑业（c18）、水路运输（c24）、航空运输（c25）、租赁和商务服务（c30）、卫生和社会工作（c33），其中航空运输（c25）出口的垂直专业化率最高，历年平均值为16.575%，卫生和社会工作（c33）次之，平均值为16.006%，金融中介（c28）出口中的国外增加值份额最低，平均值仅为5.346%。其原因可能为：第一，由于金融中介（c28）等服务业生产分割较为困难，自身参与国际分工程度较低，因而对进口中间品投入的依赖性较小。第二，金融中介（c28）等在服务业出口中的所占比重较小，其在参与国际化产业分工中尚未形成“干中学”效应以促进出口中国外份额的上升。第三，中国对金融中介（c28）等领域设置的门槛较高，即在一定程度上限制了国外要素参与国内服务业的生产过程。另外，为了保障国内金融服务业稳定发展，中国政府对外资在股比和经营范围等方面设置了较高的门槛。

表5－6　中国服务业细分行业层面垂直专业化份额　　单位：%

产业＼年份	1995	1997	1999	2001	2003	2005	2007	2009	2011	平均值
c18	12.439	11.472	11.788	13.845	17.318	19.464	18.670	15.008	17.865	15.319
c20	8.437	7.308	6.878	7.702	8.999	9.366	8.126	6.236	7.253	7.812
c21	8.437	7.308	6.878	7.702	8.999	9.366	8.126	6.236	7.253	7.812
c22	6.852	5.881	5.333	6.079	7.809	9.123	9.131	7.666	8.839	7.412
c26	8.438	8.868	6.593	7.789	11.734	14.347	13.727	10.829	13.439	10.640
c17	9.327	9.185	7.940	9.000	12.119	15.503	17.140	14.108	17.358	12.409
c23	8.672	7.913	6.499	7.788	9.949	12.087	11.732	9.310	11.612	9.507
c24	12.839	14.632	10.259	11.885	14.121	16.637	15.939	12.785	16.126	13.914

续表

产业 \ 年份	1995	1997	1999	2001	2003	2005	2007	2009	2011	平均值
c25	12.379	12.125	10.430	12.228	16.303	21.907	22.880	18.259	22.667	16.575
c27	9.429	9.387	10.187	12.305	14.398	14.318	11.976	8.837	9.789	11.181
c28	6.212	4.810	4.597	5.148	6.081	6.536	5.609	4.212	4.905	5.346
c30	15.740	13.244	11.801	13.034	15.957	18.582	17.401	12.837	14.609	14.800
c31	9.458	8.082	6.659	7.118	8.461	9.703	9.425	7.179	8.462	8.283
c32	7.393	7.142	6.420	6.742	8.656	10.388	10.449	8.004	9.289	8.276
c33	14.786	15.315	14.090	13.727	15.699	19.410	19.007	14.753	17.268	16.006
c34	10.252	9.595	9.430	10.631	12.740	14.190	13.214	10.163	11.657	11.319

注：c17～c34与表5－1对应，其中c18、c20～c22、c26属于劳动密集型服务业，c17、c23～c25、c27属于资本密集型服务业，c28、c30属于知识密集型服务业，c31～c34属于公共服务，下同。

图5－1给出了1995～2011年中国服务业细分行业出口国外增加值份额年均变化率。可以看出，在16个服务业细分产业中，有3个细分产业的年均增长率为负，其中包括2个劳动密集型服务业和1个知识密集型服务业；而全部资本密集型服务业、公共服务业，及部分劳动密集型服务业和知识密集型服务业等共计13个细分服务业年均增长率为正，这说明相对于其他服务类型，资本密集型服务业对进口中间投入品的依赖性有所增强，这与樊茂清和黄薇（2013）的研究结果基本一致，解释了中国资本服务业出口显著增加而国内增加值增幅微弱的原因。具体看来：

（1）劳动密集型服务业中建筑业（c18）、住宿和餐饮（c22）、其他辅助运输活动（c26）出口的国外增加值份额呈现增加趋势，这一方面可能由于劳动密集型服务业本身参与国际垂直专业化分工水平较低而拥有较大的增长潜力（见表5－4）。另一方面，可能由于中国在加入世界贸易组织时曾承诺将逐步放宽外资对建筑设计和城市规划等服务领域的市场准入限制。考察期间，批发贸易（c20）和零售贸易（c21）出口中的国外增加值份额下降趋势显著，意味着这两个产业较多地依赖于国内生产要素。

（2）资本密集型服务业的全部细分产业出口的国外增加值份额均呈现增加趋

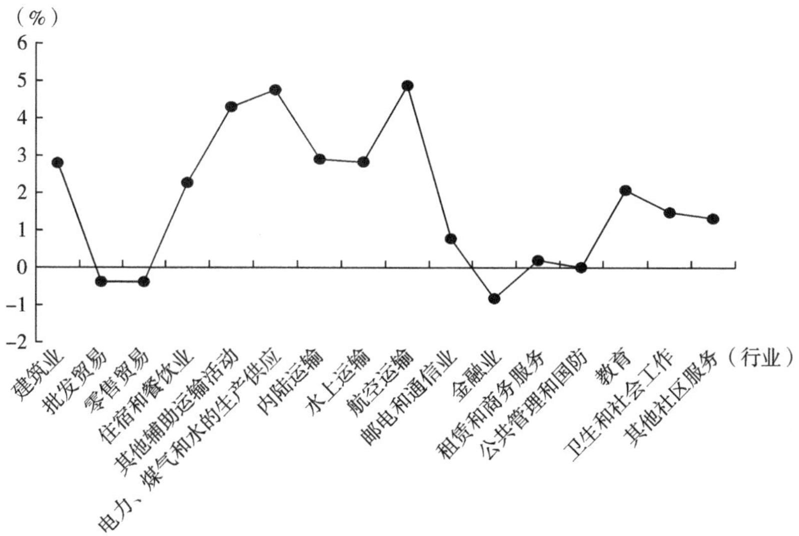

图 5－1　1995～2011 年中国服务业细分行业出口国外增加值份额年均变化率

势，其中电力、煤气和水的生产和供应（c17），航空运输（c25）两个行业的增长速度最快，分别为 4.87% 和 4.76%，反映了当前中国经济对电力设施、航空设备等的维护和管理服务进口需求增加。

（3）知识密集型服务业中租赁和商务服务（c30）出口的国外增加值份额增长缓慢，而金融中介服务（c28）出口的国外增加值份额则呈下降趋势，这侧面反映出中国在知识密集型行业，尤其是在金融中介服务（c28）的生产过程中仍未充分借鉴国外先进的管理模式、服务方式与服务理念。

（4）在公共服务业中，除公共管理及国防服务业（c31）出口中的国外增加值份额基本稳定，其他三个细分行业出口中的国外增加值份额都出现不同程度的上升趋势，这是由于公共管理与国防涉及国家安全，近几年的对外开放度基本保持不变，而教育及卫生服务领域不断与国际接轨。

表 5－7 测算了中国服务业整体出口国外增加值份额来源情况，结果发现中国服务业出口中来自印度尼西亚、希腊、韩国、中国台湾、加拿大、意大利和日本 7 个经济体的增加值份额有不同程度的下降趋势。那么，各细分产业出口中来自以上经济体的国外增加值份额是否同样都出现下降趋势呢？而来自其他经济体

的国外增加值份额是否都呈现上升趋势呢？为了回答以上问题，本节进一步测度了1995~2011年中国服务业细分行业出口国外增加值份额的国别（地区）来源变化情况。

从表5-7可以看出：

（1）部分细分行业出口中来自印度尼西亚、韩国、加拿大和意大利均呈现不同幅度的上升趋势，例如，住宿和餐饮（c22），其他辅助运输活动（c26），电力、煤气和水生产和供应（c17），航空运输（c25），卫生和社会工作（c33）等服务业出口中来自印度尼西亚的增加值份额占比增加，这说明虽然中国整体服务业出口与以上四个经济体形成的垂直专业化分工强度变弱，但是在某些细分行业出口中对以上经济体的依赖程度不减反增。而各细分服务业出口中来自希腊、中国台湾和日本三个经济体的增加值份额则全部呈现下降趋势，一方面，可能由于在尚未走出国际金融危机阴影之际，希腊又在2009年12月开始陷入债务危机，由此导致希腊经济全面衰退而使得出口规模受到影响；另一方面，可能由于中国服务业出口中隐含的日本、中国台湾增加值份额较大而出现增长乏力现象。

表5-7　中国服务业各产业出口垂直专业化来源变化情况　　单位:%

产业＼类别	新兴市场经济体					新兴工业经济体		发达经济体		
	巴西	印度尼西亚	印度	墨西哥	俄罗斯	韩国	中国台湾	希腊	澳大利亚	奥地利
c18	345.73	-5.26	298.55	242.88	269.33	2.20	-36.84	-38.83	274.50	135.35
c20	85.06	-41.69	85.23	68.07	132.56	-40.62	-62.17	-50.36	44.81	210.38
c21	85.06	-41.69	85.23	68.07	132.56	-40.62	-62.17	-50.36	44.81	210.38
c22	187.03	73.19	490.67	107.01	242.26	-24.11	-47.50	-29.02	40.81	203.21
c26	571.53	8.34	310.94	311.14	759.68	-5.64	-20.09	-68.10	118.02	116.98
c17	420.78	137.07	201.30	320.86	577.51	47.58	-13.41	-32.74	218.87	183.66
c23	332.00	-29.71	130.15	213.49	475.85	-17.43	-54.96	-47.13	134.20	101.73
c24	351.89	-39.54	76.94	221.01	503.61	-28.99	-54.84	-57.53	120.27	42.02
c25	316.98	14.05	149.26	345.02	641.46	28.57	-45.12	-18.50	220.17	111.67
c27	187.98	-0.62	140.90	152.82	139.62	14.50	-16.80	-52.25	94.50	138.50
c28	150.32	-40.95	86.09	60.72	163.24	-43.72	-68.08	-48.31	56.94	209.96

续表

产业＼类别	新兴市场经济体					新兴工业经济体		发达经济体		
	巴西	印度尼西亚	印度	墨西哥	俄罗斯	韩国	中国台湾	希腊	澳大利亚	奥地利
c30	225.36	-0.48	173.36	127.03	253.73	2.46	-42.55	-50.14	97.89	114.93
c31	187.56	-40.89	134.80	109.52	200.96	-29.85	-55.31	-54.37	41.29	106.28
c32	248.44	-13.48	197.48	168.74	243.84	-6.35	-37.60	-27.31	102.27	211.21
c33	245.02	10.04	113.49	79.45	106.45	-31.90	-42.86	-36.89	123.01	184.19
c34	221.77	-28.75	177.70	149.02	189.10	-25.56	-32.84	-29.49	106.91	127.63

产业＼类别	发达经济体									
	比利时	加拿大	德国	芬兰	法国	意大利	日本	荷兰	瑞典	美国
c18	14.84	71.17	63.09	80.33	25.13	8.07	-43.59	56.22	113.70	33.72
c20	19.43	-39.46	11.25	63.76	30.81	13.09	-68.48	74.69	196.98	-2.90
c21	19.43	-39.46	11.25	63.76	30.81	13.09	-68.48	74.69	196.98	-2.90
c22	19.08	-22.25	19.48	23.08	-3.20	19.29	-49.37	35.77	194.55	6.38
c26	3.69	-9.30	49.27	101.18	19.17	-24.00	-42.37	51.55	190.96	-5.08
c17	25.84	48.91	100.42	127.56	47.02	22.40	-29.37	95.31	138.21	35.08
c23	-5.22	-6.88	29.40	59.97	9.50	-20.17	-46.60	51.16	89.15	-5.04
c24	-16.33	-13.48	25.02	41.27	5.89	-41.76	-55.01	-1.22	65.49	-30.60
c25	20.24	14.71	72.00	77.56	102.87	-7.18	-34.94	44.52	118.87	27.94
c27	15.85	3.79	20.74	33.08	20.89	3.95	-55.91	47.14	84.77	11.77
c28	36.31	-33.59	14.04	70.98	30.10	11.09	-75.72	64.67	200.40	-4.81
c30	-14.52	-8.08	37.65	81.19	-2.24	-21.23	-61.87	35.98	74.03	-18.01
c31	4.93	-35.42	1.50	17.89	7.30	-25.12	-62.73	42.39	67.54	-15.03
c32	31.79	2.35	83.98	97.08	66.46	28.25	-43.85	88.37	186.27	28.75
c33	-14.00	8.04	26.50	49.07	6.80	0.95	-45.89	9.31	115.01	-12.64
c34	6.53	-5.54	38.72	22.47	29.46	-1.58	-45.75	60.65	117.73	13.74

（2）部分细分行业出口中来自比利时、法国、荷兰和美国四个经济体的增加值份额均有不同程度的下降趋势，相比于1995年，2011年下降幅度基本在15%以内；中国水上运输（c24）出口中来自美国的增加值份额下降趋势明显，为30.60%，这说明虽然中国整体服务业出口与以上四个经济体形成的垂直专业

化分工强度变强，但是在某些细分行业出口中对以上经济体的依赖程度不增反减。

（3）中国资本密集型服务业出口中来自巴西、墨西哥和俄罗斯三个经济体的份额增速明显，其中电力、煤气、水的生产和供应（c17），内陆运输（c23），水上运输（c24）和航空运输（c25）服务业出口中来自巴西和俄罗斯份额的增长速度均在300%以上；在劳动密集型服务业中，2011年中国服务业出口中来自巴西的建筑业（c18）和其他辅助运输活动（c26）、印度的住宿和餐饮业（c22）、俄罗斯的其他辅助运输活动（c26）等，相比1995年增速均在340%以上。此外，相比于新兴工业经济体和发达经济体，中国知识密集型服务业出口份额中来自新兴市场经济体的增速较为明显。为了促进双边贸易的发展及抵制各种形式的贸易保护主义，2005年和2006年中国与墨西哥政府签订了一系列有助于协作互利的协议，其中包括“共同行动计划”（李金昌、项莹，2014）；中国与俄罗斯、印度和巴西等新兴市场经济体也加强了双边和多边贸易联系。这些贸易政策促进了中国与其他新兴经济体垂直专业化分工合作的机会，使新兴市场经济体成为中国服务业出口国外增加值份额的新增长点。

第四节　垂直专业化份额变迁及国际比较

在全球产业格局不断调整的背景下，服务贸易日渐成为各国提高国际分工地位的重要领域，科学总结中国服务业垂直专业化份额的历史变迁，并在与强国比较中做出定位，能够为服务贸易发展提供决策依据。

一、整体垂直专业化份额及国际比较分析

表5－8测算了1995～2011年十大服务贸易出口国[①]垂直专业化份额。具体而言：

① 根据2011年世界投入产出表测算的服务贸易进出口规模确定。

表 5－8 服务业整体垂直专业化份额变迁及国际比较 单位：%

年份＼国家	美国	中国	英国	德国	日本	俄罗斯	荷兰	法国	比利时	爱尔兰
1995	3.164	9.783	8.130	7.166	4.236	4.543	22.027	10.036	21.276	20.312
1996	3.177	8.977	8.834	7.368	6.226	4.013	22.146	10.082	22.902	20.648
1997	3.096	8.533	8.344	7.870	6.060	4.372	22.596	10.496	23.803	21.100
1998	2.869	7.460	7.887	7.907	5.385	5.612	22.176	9.682	23.428	25.350
1999	3.240	8.335	8.190	8.258	5.448	6.267	22.399	9.457	23.930	25.946
2000	3.852	10.114	8.804	10.207	6.039	5.777	23.314	11.678	25.908	27.112
2001	3.370	9.615	8.290	10.130	7.391	5.967	21.565	11.098	25.011	32.066
2002	3.483	10.260	7.372	9.698	7.215	5.965	20.803	10.186	23.254	30.873
2003	3.646	11.917	7.247	9.635	6.639	6.159	20.725	9.751	21.460	28.236
2004	4.387	13.897	10.420	9.907	7.286	6.203	20.800	9.639	21.488	28.971
2005	4.855	14.035	10.777	10.835	7.712	6.543	21.138	10.221	21.700	29.402
2006	5.045	14.305	11.311	12.056	8.756	6.592	21.631	10.552	22.324	29.581
2007	5.529	13.695	11.032	12.269	9.422	6.450	21.281	10.441	23.619	29.983
2008	6.347	13.151	11.279	12.751	10.683	6.795	22.505	10.619	25.238	32.140
2009	4.461	10.602	10.401	11.094	7.602	4.891	23.085	9.358	24.116	34.742
2010	5.554	11.925	10.359	11.820	8.976	5.240	23.678	9.298	25.431	36.191
2011	5.895	12.603	8.620	12.051	9.522	6.172	24.103	10.043	25.795	36.315
平均值	4.234	11.130	9.253	10.060	7.329	5.739	22.116	10.155	23.570	28.763
增长率	3.966	1.596	0.366	3.302	5.193	1.934	0.565	0.004	1.211	3.698

注：增长率指年均增长率。下同。

（1）各国服务业垂直专业化水平差异较大，中国服务业居中等偏上水平。其中，美国、俄罗斯和日本三个经济大国服务贸易的垂直专业化份额最低，考察期间平均值分别为4.234%、5.739%和7.329%；爱尔兰、比利时和荷兰三个发达经济体服务贸易的垂直专业化份额最高，历年平均值分别为28.763%、23.570%和22.116%，中国、德国、英国和法国紧随其后，但是这三个经济体服务业垂直专业化水平却仅相当于前者一半水平。出现以上现象的原因可能为：美国、俄罗斯和日本经济发达程度较高，且经济体规模较大，从而容易实现规模经济，更少地依赖外部市场；爱尔兰、比利时和荷兰经济规模较小，政府向来奉行自由的贸易政策，支持和鼓励市场开放和国际竞争，因此，其服务贸易的垂直专业化分工程度一直较高。相比来说，中国服务贸易逆差现状决定了需通过进口先进的中间产品来提高垂直专业化水平，但是服务贸易发展起步较晚，许多领域正逐步采取对外开放策略，故其全球垂直专业化水平居于中等偏上。

（2）绝大多数经济体垂直专业化水平显著提高，中国垂直专业化份额增速居于中等水平。其中，日本、美国、爱尔兰和德国四个经济体垂直专业化水平年均增长率最高，依次为5.193%、3.966%、3.698%和3.302%，可以看出除爱尔兰以外，其余三个经济体服务业的垂直专业化水平均处于中等或较低水平，说明这些经济体可能意识到垂直专业化在一国对外贸易中的重要作用；俄罗斯、中国和比利时三国服务业垂直专业化年均增长率落在［1%，2%］内，属于中等增长速度，相对于出口规模和垂直专业化水平，中国垂直专业化年均增长率较低；而荷兰、英国和法国服务业垂直专业化水平没有发生显著改变，考察期间均不足0.6%。

（3）除爱尔兰以外，其他经济体服务贸易垂直专业化水平在2008～2009年均出现显著下降现象，这可能应归因于国际金融危机爆发导致各国经济受到不同程度的影响，进而使得进口规模大幅度下降。

为了进一步探索服务业出口国外增加值的国别（地区）来源特征，表5－9对中美两国垂直专业化份额来源进行了测算与比较。可以看出：

表5－9　中美服务业整体垂直专业化份额来源比较　　单位:%

国家	来源国	1995	1997	1999	2001	2003	2005	2007	2009	2011
中国	美国	1.292	1.207	1.015	1.093	1.220	1.405	1.496	1.235	1.387
	日本	1.830	1.611	1.505	1.428	1.713	1.764	1.517	1.065	1.012
	德国	0.463	0.426	0.400	0.518	0.782	0.827	0.892	0.662	0.699
	俄罗斯	0.147	0.156	0.142	0.199	0.295	0.582	0.551	0.384	0.676
	韩国	0.696	0.735	0.693	0.671	0.846	0.977	0.883	0.613	0.662
	澳大利亚	0.325	0.282	0.220	0.216	0.257	0.364	0.414	0.450	0.636
	中国台湾	0.606	0.715	0.700	0.685	0.768	0.668	0.551	0.407	0.397
	法国	0.198	0.174	0.182	0.215	0.259	0.279	0.248	0.260	0.271
	占比	56.803	62.184	58.273	52.264	51.523	48.921	47.843	47.876	45.545

续表

国家	来源国	1995	1997	1999	2001	2003	2005	2007	2009	2011
美国	加拿大	0.399	0.395	0.412	0.475	0.506	0.645	0.682	0.517	0.698
	中国	0.068	0.074	0.100	0.129	0.172	0.299	0.413	0.462	0.716
	墨西哥	0.148	0.173	0.174	0.184	0.204	0.292	0.365	0.244	0.382
	德国	0.161	0.145	0.139	0.141	0.189	0.235	0.261	0.197	0.257
	英国	0.296	0.357	0.384	0.345	0.413	0.315	0.304	0.289	0.331
美国	日本	0.101	0.134	0.123	0.120	0.121	0.128	0.188	0.117	0.102
	俄罗斯	0.311	0.318	0.487	0.360	0.377	0.407	0.271	0.147	0.185
	巴西	0.080	0.107	0.144	0.162	0.159	0.195	0.256	0.230	0.201
	占比	49.462	54.976	60.607	56.823	58.744	57.359	54.302	34.710	51.715

注：占比是指八个来源国合计占中国或美国出口国外增加值中的份额。

（1）中美两国服务出口国外增加值的主要来源地有较大差异，一方面，表现为除日本、德国和俄罗斯外，其他国外增加值来源国均不同；另一方面，美国、日本和德国为中国服务业出口国外增加值的三大来源国，而美国服务业出口国外增加值的三大来源国分别为加拿大、中国和墨西哥。这主要由于中美两国在全球价值链中的位置不同，中国通过进口发达国家的中间产品来提升自身出口竞争力，而美国位于价值链的上游，将非核心的服务环节外包给中国和墨西哥等发展中国家，因此，美国服务出口中含有大量的发展中国家增加值，此外，地理位置对两国垂直专业化的来源国也产生了一定影响。

（2）考察期间，中国服务出口国外增加值的国别来源呈现多元化趋势，美国则相反。从中国服务业出口的国外增加值来源来看，八个主要经济体[①]合计的占比下降趋势明显，从1995年的56.803%下降到2011年的45.545%，降幅达19.819%，这表明中国服务业出口中的国外增加值来源呈现多元化趋势，即中国服务业在选择进口时有了更多的选择，这同时意味着考察期间中国服务贸易抗风险能力有了显著提高，考察期间，美国出口国外增加值的八个主要来源经济体合计占比呈现“上升、下降”态势，相比1995年，2011年八个主要经济体合计占

① 本书选取2011年中国服务业出口中国外增加值最大的八个经济体作为研究对象。

比提升4.555%。

二、按要素密集程度分类的垂直专业化份额及国际比较分析

由表5－10可知：

表5－10　按要素密集特征分类服务业垂直专业化及国际比较　　单位:%

类型	年份	美国	中国	英国	德国	日本	俄罗斯	荷兰	法国	比利时	爱尔兰
劳动密集型	1995	2.271	8.114	8.094	7.839	2.112	3.759	19.781	8.646	23.188	18.879
	2000	2.562	8.088	8.456	10.864	2.438	4.526	21.701	10.953	29.772	24.577
	2005	3.426	10.104	11.976	11.192	3.294	5.665	20.348	11.034	25.496	26.150
	2010	4.727	8.213	10.534	11.968	3.584	4.428	21.532	10.907	30.443	28.024
	2011	4.982	8.560	10.630	12.341	4.072	5.145	21.807	11.890	30.754	28.168
	平均值	3.594	8.616	9.938	10.841	3.100	4.705	21.034	10.686	27.931	25.160
	增长率	5.033	0.335	1.718	2.877	4.188	1.981	0.611	2.011	1.781	2.532
资本密集型	1995	5.637	10.844	11.621	9.719	7.654	5.224	31.359	15.930	24.459	30.162
	2000	7.595	11.820	14.098	14.514	12.252	7.720	33.030	18.694	33.179	35.943
	2005	10.405	16.979	19.633	16.340	15.937	7.461	31.956	16.497	27.616	34.838
	2010	11.412	15.145	22.233	18.131	18.646	6.262	40.150	13.720	31.750	43.011
	2011	12.464	16.563	22.317	18.216	19.293	7.622	40.752	15.087	32.694	43.071
	平均值	9.503	14.270	17.980	15.384	14.755	6.858	35.449	15.986	29.940	37.405
	增长率	5.084	2.683	4.163	4.004	5.948	2.389	1.651	－0.339	1.830	2.252
知识密集型	1995	2.450	13.548	6.313	3.861	1.617	5.249	15.808	6.126	17.178	19.518
	2000	2.930	13.559	7.418	6.597	2.118	5.659	17.644	7.377	18.673	26.637
	2005	3.397	18.299	8.511	5.704	2.371	5.064	16.299	6.952	15.566	29.915
	2010	4.016	14.034	8.364	6.291	3.711	3.367	17.469	6.955	18.359	38.095
	2011	4.165	14.333	8.437	6.549	4.202	3.866	17.848	7.317	18.364	38.218
	平均值	3.392	14.755	7.809	5.800	2.804	4.641	17.014	6.945	17.628	30.477
	增长率	3.372	0.353	1.829	3.358	6.150	－1.893	0.761	1.117	0.418	4.289
公共服务	1995	3.233	10.218	9.701	4.967	2.478	6.111	16.682	6.516	14.003	12.033
	2000	3.980	11.065	8.863	7.022	2.905	8.802	17.800	7.477	17.944	16.796
	2005	4.698	13.889	8.584	7.363	4.141	6.377	16.021	6.844	12.495	19.989
	2010	5.718	11.365	7.855	8.263	4.628	4.699	17.670	6.284	14.628	20.883

续表

类型	年份	美国	中国	英国	德国	日本	俄罗斯	荷兰	法国	比利时	爱尔兰
公共服务	2011	6.136	11.699	7.864	8.586	5.287	5.468	17.894	6.753	14.695	20.732
	平均值	4.753	11.647	8.573	7.240	3.888	6.291	17.213	6.775	14.753	18.087
	增长率	4.086	0.850	-1.304	3.480	4.850	-0.692	0.439	0.224	0.302	3.459

（1）在劳动密集型服务业中，比例时、爱尔兰和荷兰三个经济体出口国外增加值最高，均值都在20%以上，俄罗斯、美国和日本垂直专业化则为最低，其均值不足5%，说明这些经济体劳动密集型服务业参与国际分工水平较低，中国垂直专业化份额为8.616%，处于中等水平。就增长率而言，美国和日本服务业垂直专业化年均增长率最高，分别为5.033%和4.188%，而中国年均增长率最低，仅为0.335%，这说明相对于国际水平，中国劳动密集型服务业需要进一步开放，其垂直专业化增长率亟须提高。

（2）在资本密集型服务业中，爱尔兰、荷兰和比利时三个经济体出口国外增加值最高，均值都在29%以上，俄罗斯垂直专业化水平则为最低，其均值为6.858%，可以看出相对于劳动密集型服务业，资本密集型服务业有较高的国际分工水平；中国垂直专业化份额为14.270%，在国际比较中尚处于较低水平，这意味着中国在资本服务贸易国际分工参与程度方面还有较大的提升空间。就增长率而言，日本和美国服务业垂直专业化年均增长率最高，均在5%以上，法国最低，为-0.339%，中国服务业垂直专业化年均增长率属于中等水平。

（3）在知识密集型服务业中，爱尔兰、比利时和荷兰三个经济体出口国外增加值最高，历年垂直专业化率均在15%以上，日本垂直专业化水平则为最低，其均值为2.804%，中国垂直专业化份额为14.755%，处于较高水平，具有高附加值的知识密集型服务业参与国际分工能有效地促进中国服务业出口水平，这与中国服务出口显著提升有密切关联。就增长率而言，日本、爱尔兰、美国和德国服务业垂直专业化年均增长率最高，均在3%以上，俄罗斯最低，为-1.893%，中国服务业垂直专业化年均增长率仅高于俄罗斯，为0.353%。这说明中国知识密集型服务业垂直专业化发展水平不容乐观。

（4）公共服务业中，爱尔兰和荷兰均值分别为18.087%和17.213%，日本垂直专业化水平则为最低，其均值为 3.888%；日本和英国分别为服务业垂直专业化年均增长率的最高值和最低值，中国在垂直专业化水平与增长率均处于中等水平，鉴于公共服务业在中国服务业出口中占比最低，且与国内其他产业的关联性最小，中国在公共服务业发展政策制定上可不优先考虑。

三、按行业分类的垂直专业化份额及国际比较分析

本书选择中国服务业中的五大行业：批发贸易（c20）、住宿和餐饮业（c22）、水上运输（c24）、航空运输（c25）、租赁和其他商业服务（c30）作为研究对象，根据世界投入产出表测算显示 2011 年这些行业的出口规模占服务业总出口的 74.602%。表 5－11 为服务业主要细分行业垂直专业化份额及国际比较情况，可以看出：

表 5－11 服务业主要细分行业垂直专业化份额变迁及国际比较 单位：%

产业	年份	美国	中国	英国	德国	日本	俄罗斯	荷兰	法国	比利时	爱尔兰
c20	1995	2.209	8.437	7.222	5.083	1.812	3.354	16.355	7.750	21.227	17.066
	2000	2.362	8.172	7.686	8.439	2.251	4.281	17.632	9.112	27.162	21.622
	2005	3.214	9.366	7.757	8.880	2.920	5.649	17.070	9.491	22.341	25.145
	2010	4.372	6.987	8.302	9.067	3.204	4.429	18.500	9.843	26.340	27.893
	2011	4.581	7.253	8.471	9.267	3.611	5.099	18.803	10.721	26.622	27.960
	平均值	3.348	8.043	7.888	8.147	2.760	4.562	17.672	9.383	24.738	23.937
	增长率	4.664	-0.941	1.002	3.825	4.404	2.653	0.876	2.049	1.425	3.134
c22	1995	4.793	6.852	9.958	8.654	3.480	4.871	18.713	0	22.896	15.771
	2000	4.769	6.432	8.536	9.999	3.796	7.758	18.766	0	22.980	19.619
	2005	5.378	9.123	9.831	9.503	5.457	7.225	18.158	0	22.357	26.063
	2010	6.324	8.684	11.219	10.420	6.139	6.302	20.328	8.976	25.536	26.047
	2011	6.733	8.839	11.384	11.292	7.141	6.800	20.367	9.807	26.892	26.420
	平均值	5.599	7.986	10.186	9.974	5.203	6.591	19.266	3.757	24.132	22.784
	增长率	2.147	1.604	0.840	1.677	4.595	2.107	0.531		1.010	3.277
c24	1995	8.109	12.839	12.122	10.917	9.331	5.226	42.660	26.837	36.437	23.791
	2000	10.395	13.447	17.834	13.668	16.698	7.741	41.073	27.356	47.365	33.468
	2005	15.875	16.637	15.587	15.281	21.480	8.801	37.721	19.044	38.946	31.417

续表

产业	年份	美国	中国	英国	德国	日本	俄罗斯	荷兰	法国	比利时	爱尔兰
c24	2010	15.656	14.546	14.970	19.045	24.270	7.452	48.446	5.568	42.658	34.243
	2011	17.147	16.126	14.589	19.080	24.559	9.014	48.823	6.387	45.102	34.157
	平均值	13.436	14.719	15.020	15.598	19.268	7.647	43.745	17.038	42.102	31.415
	增长率	4.792	1.435	1.165	3.551	6.235	3.466	0.847	-8.581	1.342	2.286
c25	1995	5.731	12.379	11.426	13.830	7.289	5.226	37.202	15.092	34.723	26.766
	2000	8.181	12.863	12.108	21.198	9.936	7.741	41.463	21.187	50.810	36.324
	2005	11.060	21.907	12.820	26.124	12.267	12.090	41.970	20.253	42.533	36.373
	2010	13.775	20.643	14.835	29.073	14.263	10.003	58.080	21.505	53.492	47.646
	2011	15.114	22.667	14.872	28.455	15.766	12.145	58.910	23.443	54.451	47.584
	平均值	10.772	18.092	13.212	23.736	11.904	9.441	47.525	20.296	47.202	38.939
	增长率	6.248	3.853	1.661	4.612	4.940	5.412	2.914	2.791	2.852	3.661
c30	1995	2.671	15.740	5.205	3.525	1.852	5.112	16.206	6.133	18.941	21.968
	2000	3.236	13.755	5.671	5.231	2.270	5.526	17.932	7.536	19.725	27.291
	2005	3.539	18.582	5.597	4.990	2.786	5.109	16.870	7.491	16.763	30.064
	2010	4.014	14.307	5.944	5.130	4.193	3.374	17.445	7.725	19.789	38.085
	2011	4.188	14.609	5.993	5.323	4.750	3.848	17.793	8.124	19.712	38.242
	平均值	3.530	15.399	5.682	4.840	3.170	4.594	17.249	7.402	18.986	31.130
	增长率	2.851	-0.465	0.885	2.609	6.063	-1.760	0.586	1.773	0.250	3.525

（1）在五大行业的国际比较中，除水上运输（c24）的垂直专业化水平较低、均值为14.719%、位列第八以外，中国其他四个出口行业垂直专业化水平均处于中等水平。尽管水上运输垂直专业化水平绝对值较高（显著高于服务业整体垂直专业化水平11.130%），但距离发达国家荷兰（43.745%）和比利时（42.102%）还有很大的提升空间，水上运输是提升中国服务业整体国际分工参与水平的关键行业。

（2）就变化趋势而言，五大行业出口的国外份额基本呈现增长态势，然而，相比于1995年，2011年中国批发贸易（c20）与租赁和商务服务（c30）的垂直专业化份额呈现微弱下降趋势，一方面，可能由于中国劳动力相对富裕，因而对进口中间投入的依赖性较小；另一方面，可能为近年来中国对租赁和商务服务业

（c30）等知识密集型产业开放程度缓慢。然而，在世界范围内普遍重视知识密集型服务业发展的今天，中国应该及时总结租赁和商业服务国际分工参与程度下降的原因，向美国、德国和爱尔兰等垂直专业化分工发展迅速国家借鉴发展策略。

第五节　本章小结

本书借鉴 Wang 等（2013）提出的总出口分解方法并利用世界投入产出表测算了 1995～2011 年中国服务业垂直专业化份额及来源，并在此基础上测算了十大服务贸易出口国整体、按要素密集程度及主要细分行业的垂直专业化水平并进行了比较分析。研究表明：

（1）中国服务业垂直专业化份额呈上升趋势，年均增长率为 1.60%；作为中国主要进口来源地的 20 个经济体总计占比从 1995 年的 74.38% 下降到 2011 年的 61.01%，即进口国外增加值的国别（地区）来源呈多元化分散趋势。

（2）新兴工业经济体和部分发达国家是中国服务业垂直专业化的主要来源地，来自俄罗斯、墨西哥、巴西和印度等新兴市场经济体的垂直专业化份额增长较快，与中国服务业形成垂直专业化分工潜力较大。

（3）各国服务业参与国际分工程度及发展水平差异显著，爱尔兰服务业的垂直专业化份额及发展速度都居于首位，中国则处于中等水平，这是由于爱尔兰经济规模较小，政府向来执行自由的贸易政策，支持和鼓励市场开放和国际竞争，因此，其服务贸易的垂直专业化分工程度一直较高；相比来说中国服务贸易发展起步较晚，许多领域正逐步采取对外开放策略，故其全球垂直专业化水平居于中等偏上。

（4）在国际比较中，中国资本密集型服务业垂直专业化水平较低，其中水上运输是提升中国资本密集型服务业全球参与水平的关键产业；劳动密集型和知识密集型服务业垂直专业化发展速度堪忧，批发贸易（c20）、租赁和其他商业服务（c30）是导致两个领域国际分工参与程度增速缓慢的主要行业。在服务贸易日渐成为各国提高国际分工地位的重要领域背景下，本书研究结果具有重要的政策意义，即在服务贸易规模扩张的同时，要结合中国服务贸易发展现实和国际发展两个大局，推动服务业积极参与国际分工。

第六章　贸易增加值核算在显性比较优势中的应用

第一节　引言

在开放的经济体中，以显性比较优势指数测算的出口产品密集度，可以在一定程度上反映一国出口贸易结构及国际竞争力现状，同时能够预测未来一段时期内出口产品结构转变的潜力及方向（Hausmann，2006）。然而，在全球范围内服务外包特别是离岸外包发展迅速的背景下，Balassa（1965）提出，以出口总额为基准的比较优势评估将难以准确地刻画这一产品内分工模式下各国各行业的国际竞争力（黎谧等，2016），甚至可能产生错误的结论（Timmeretal，2013）。具体而言，Balassa（1965）提出的传统 RCA 指数没有考虑一国部门总出口中包含国外增加值和重复统计的事实，同时传统 RCA 指数忽略一国部门的增加值可以隐含在该国其他部门的出口中，而实现间接出口这一事实。

鉴于此，Wang 等（2013）不仅考虑了产品生产的国际分工，同时考虑到产品的国内分工，定义了一种测量一国部门显性比较优势的新指标。新指标建立在从生产者角度定义的前向联系增加值出口的基础上，以金融中介服务出口为例，前向联系增加值出口是指：金融中介服务部门出口中因投入劳动、资本等生产要素而产生的增加值（又称为金融中介的直接增加值出口）和隐含于其他行业出口中的该部门生产的增加值（其他部门生产中需要金融中介生产的产品作为中间投入品，这部分价值与金融中介部门出口无关，称为金融中介的间接增加值出口）；与此相似却有区别的是从使用者角度定义的后向联系增加值出口，仍以金融中介出口为例，后向联系增加值出口是指：金融中介服务行业出口中因投入劳动、资本等生产要素而产生的增加值（又称为金融中介直接增加值）和隐含于金融中介出口中其他行业生产的增加值（金融中介生产中需要其他行业生产的产品作为中间产品，这部分价值由其他行业生产且隐含于金融中介出口中，又称为其他部门的间接增加值出口）。可见，测算前向联系增加值出口需要从本行业总出口中扣除国外创造的增加值及本国其他行业创造的增加值，再加上由本部门创造增加值并通过其他部门而实现间接出口的价值，显然，基于前向增加值出口测算的显性比较优势指数不仅考虑了国际生产分工，也考虑了国内生产分工。因此，从部门自身的创造能力来看，需要按照 Wang 等（2013）方法重新测算中国服务业出口显性比较优势指数。

正如第五章所述，中国服务贸易取得了较快发展，但不容忽视的是，中国服务贸易一直存在较大的逆差。特别地，自 2010 年以来服务贸易逆差急剧加大。因此，中国服务业在提高国际分工参与程度的同时，也迫切需要通过提高服务业出口竞争力来缓解贸易逆差。然而，中国服务贸易部门出口竞争力的真实情况如何及呈现何种变迁方式？与服务贸易强国有多大差距？这些问题的回答对于正确认识和评价中国服务贸易的发展现状、促进产业结构的转型升级及更好地实施可持续发展战略具有重要的理论及政策意义。

本章首先介绍了前向联系增加值测算方法及修订的比较优势指数，进而用其测算了 1995 ~2011 年中国服务业按要素密集特征和细分行业的比较优势指数，并将其与总值口径下的 RCA 指数进行了比较分析，最后基于修订的比较优势指数对中美两国进行了横向分析，试图进一步通过与强国比较中做出定位与改进。

第二节 模型构建

本章在构建显性比较优势指数时主要采用前向增加值出口作为贸易量，它是

Wang 等（2013）定义的三种出口增加值之一，其核算起点仍然为世界投入产出表。在一个包含 G（s，r = 1，2，…，G）个经济体、N（i，j = 1，2，…，N）个行业的经济系统中，所有经济体（行业）的总产出去向为国内外中间需求和最终需求。即总产出 = 中间需求 + 最终需求，矩阵表达式如下：

$$\begin{bmatrix} X^1 \\ X^2 \\ \vdots \\ X^G \end{bmatrix} = \begin{bmatrix} Z^{11} & Z^{12} & \cdots & Z^{1G} \\ Z^{21} & Z^{22} & \cdots & Z^{2G} \\ \vdots & \vdots & \ddots & \vdots \\ Z^{G1} & Z^{G2} & \cdots & Z^{GG} \end{bmatrix} + \begin{bmatrix} Y^{11} & Y^{12} & \cdots & Y^{1G} \\ Y^{21} & Y^{22} & \cdots & Y^{2G} \\ \vdots & \vdots & \ddots & \vdots \\ Y^{G1} & Y^{G2} & \cdots & Y^{GG} \end{bmatrix} \tag{6-1}$$

其中，X^s 表示 s 国（地区）的总产出，是 N×1 的矩阵；Z^{sr}表示 s 国（地区）生产的且被 r 国（地区）使用的中间产品，是 N×N 的矩阵；Y^{sr}是 s 国（地区）生产并被 r 国（地区）使用的最终产品，是 N×1 的矩阵。定义投入系数 $A^{sr} = Z^{sr}(X^r)^{-1}$，当 s = r 时，$A^{ss}$表示 r 国生产过程中使用的本国中间投入，当 s≠r，A^{sr}表示 r 国生产中所需 s 国的中间投入。则式（6 - 1）可以表示为：

$$\begin{bmatrix} X^1 \\ X^2 \\ \vdots \\ X^G \end{bmatrix} = \begin{bmatrix} A^{11} & A^{12} & \cdots & A^{1G} \\ A^{21} & A^{22} & \cdots & A^{2G} \\ \vdots & \vdots & \ddots & \vdots \\ A^{G1} & A^{G2} & \cdots & A^{GG} \end{bmatrix} \begin{bmatrix} X^1 \\ X^2 \\ \vdots \\ X^G \end{bmatrix} + \begin{bmatrix} Y^{11} & Y^{12} & \cdots & Y^{1G} \\ Y^{21} & Y^{22} & \cdots & Y^{2G} \\ \vdots & \vdots & \ddots & \vdots \\ Y^{G1} & Y^{G2} & \cdots & Y^{GG} \end{bmatrix} \tag{6-2}$$

调整式（6 - 2）可以得到最终需求拉动总产出的形式：

$$\begin{bmatrix} X^1 \\ X^2 \\ \vdots \\ X^G \end{bmatrix} = \begin{bmatrix} B^{11} & B^{12} & \cdots & B^{1G} \\ B^{21} & B^{22} & \cdots & B^{2G} \\ \vdots & \vdots & \ddots & \vdots \\ B^{G1} & B^{G2} & \cdots & B^{GG} \end{bmatrix} + \begin{bmatrix} Y^{11} & Y^{12} & \cdots & Y^{1G} \\ Y^{21} & Y^{22} & \cdots & Y^{2G} \\ \vdots & \vdots & \ddots & \vdots \\ Y^{G1} & Y^{G2} & \cdots & Y^{GG} \end{bmatrix} \tag{6-3}$$

其中，$\begin{bmatrix} B^{11} & B^{12} & \cdots & B^{1G} \\ B^{21} & B^{22} & \cdots & B^{2G} \\ \vdots & \vdots & \ddots & \vdots \\ B^{G1} & B^{G2} & \cdots & B^{GG} \end{bmatrix} = \begin{bmatrix} I - A^{11} & -A^{12} & \cdots & -A^{1G} \\ -A^{21} & I - A^{22} & \cdots & -A^{2G} \\ \vdots & \vdots & \ddots & \vdots \\ -A^{G1} & -A^{G2} & \cdots & I - A^{GG} \end{bmatrix}$为经典的列昂惕夫逆矩阵，表示单位最终需求拉动总产出的数量。

投入产出表列向上存在以下平衡关系。总产出 = 中间投入 + 增加值。

$$\begin{bmatrix} X^1 \\ X^2 \\ \vdots \\ X^G \end{bmatrix} = \begin{bmatrix} A^{11}+A^{21}+\cdots+A^{G1} & 0 & \cdots & 0 \\ 0 & A^{12}+A^{22}+\cdots+A^{G2} & \cdots & 0 \\ \vdots & \vdots & & \vdots \\ 0 & 0 & \cdots & A^{1G}+A^{2G}+\cdots+A^{GG} \end{bmatrix} \begin{bmatrix} X^1 \\ X^2 \\ \vdots \\ X^G \end{bmatrix} + \begin{bmatrix} VA^1 \\ VA^2 \\ \vdots \\ VA^G \end{bmatrix} \quad (6-4)$$

其中，VA^s 表示 $1 \times N$ 增加值向量矩阵。

令

$$\Phi = \begin{bmatrix} \Phi^1 & 0 & \cdots & 0 \\ 0 & \Phi^2 & \cdots & 0 \\ \vdots & \vdots & \ddots & \vdots \\ 0 & 0 & \cdots & \Phi^G \end{bmatrix} = \begin{bmatrix} A^{11}+A^{21}+\cdots+A^{G1} & 0 & \cdots & 0 \\ 0 & A^{12}+A^{22}+\cdots+A^{G2} & \cdots & 0 \\ \vdots & \vdots & & \vdots \\ 0 & 0 & \cdots & A^{1G}+A^{2G}+\cdots+A^{GG} \end{bmatrix} \quad (6-5)$$

则 Φ 表示中间投入产品向量的对角矩阵，其中，中间投入包括进口中间投入和国内中间投入。进一步式（6-4）可以写成：

$$\begin{bmatrix} VA^1 \\ VA^2 \\ \vdots \\ VA^G \end{bmatrix} = \begin{bmatrix} I-\Phi^1 & 0 & \cdots & 0 \\ 0 & I-\Phi^2 & \cdots & 0 \\ \vdots & \vdots & \ddots & \vdots \\ 0 & 0 & \cdots & I-\Phi^G \end{bmatrix} \begin{bmatrix} X^1 \\ X^2 \\ \vdots \\ X^G \end{bmatrix} = \begin{bmatrix} V^1 & 0 & \cdots & 0 \\ 0 & V^2 & \cdots & 0 \\ \vdots & \vdots & \ddots & \vdots \\ 0 & 0 & \cdots & V^G \end{bmatrix} \begin{bmatrix} X^1 \\ X^2 \\ \vdots \\ X^G \end{bmatrix} \quad (6-6)$$

其中，$V^s = I - \Phi^s$，由于 Φ^s 表示总产出中的中间投入率，$I - \Phi^s$ 表示总产出

中的增加值率 V^s。由式（6－3）和式（6－4）可得：

$$\begin{bmatrix} VA^1 \\ VA^2 \\ \vdots \\ VA^G \end{bmatrix} = \begin{bmatrix} V^1 & 0 & \cdots & 0 \\ 0 & V^2 & \cdots & 0 \\ \vdots & \vdots & \ddots & \vdots \\ 0 & 0 & \cdots & V^G \end{bmatrix} \begin{bmatrix} B^{11} & B^{12} & \cdots & B^{1G} \\ B^{21} & B^{22} & \cdots & B^{2G} \\ \vdots & \vdots & \ddots & \vdots \\ B^{G1} & B^{G2} & \cdots & B^{GG} \end{bmatrix} \begin{bmatrix} Y^{11} & Y^{12} & \cdots & Y^{1G} \\ Y^{21} & Y^{22} & \cdots & Y^{2G} \\ \vdots & \vdots & \ddots & \vdots \\ Y^{G1} & Y^{G2} & \cdots & Y^{GG} \end{bmatrix} \tag{6-7}$$

则 VB 为最终需求的增加值率，将式(6－7)右端 Y 写成 G×G 的对角矩阵并展开可得：

$$\begin{bmatrix} VA^1 \\ VA^2 \\ \vdots \\ VA^G \end{bmatrix} = \begin{bmatrix} V^1B^{11}Y^1 & V^1B^{12}Y^2 & \cdots & V^1B^{1G}Y^G \\ V^2B^{21}Y^1 & V^2B^{22}Y^2 & \cdots & V^2B^{2G}Y^G \\ \vdots & \vdots & \ddots & \vdots \\ V^GB^{G1}Y^1 & V^GB^{G2}Y^2 & \cdots & V^GB^{GG}Y^G \end{bmatrix} \tag{6-8}$$

其中，$Y^s = \sum_{r=1}^{G} Y^{sr}$。Wang 等（2013）将 s 国 i 行业前向联系增加值出口定义为：

$$VAX\_F_i^s + RVA\_F_i^s = \sum_{r \neq s}^{G} V_i^s B^{ss} Y^{sr} + \sum_{r \neq s}^{G} V_i^s B^{ss} Y^{rr} + \sum_{r \neq s}^{G} V_i^s B^{sr} \sum_{r \neq s}^{G} Y^{rt} + \sum_{r \neq s}^{G} V_i^s B^{sr} Y^{rs} \tag{6-9}$$

其中，$VAX\_F_i^s = \sum_{r \neq s}^{G} V_i^s B^{ss} Y^{sr} + \sum_{r \neq s}^{G} V_i^s B^{ss} Y^{rr} + \sum_{r \neq s}^{G} V_i^s B^{sr} \sum_{r \neq s}^{G} Y^{rt}$ 表示 s 国 i 行业生产的增加值以最终产品和中间产品的形式出口且被国外吸收的部分，$RVA\_F_i^s = \sum_{r \neq s}^{G} V_i^s B^{sr} Y^{rs}$ 表示 s 国 i 行业生产的增加值以中间产品的形式出口，但最终返回国内的部分。

Balassa（1965）测算部门显性比较优势的基本思想为：一国某部门出口在本国出口中所占的比重与世界该部门出口占世界出口的比重之比（魏浩等，2011），因此，显性比较优势指数的数学表达式为：

$$RCA_i^s = \frac{e_i^s \Big/ \sum_{i=1}^{N} e_i^s}{\sum_{s=1}^{G} e_i^s \Big/ \sum_{i=1}^{N} \sum_{s=1}^{G} e_i^s} \tag{6-10}$$

其中，e_i^s 表示 s 国 i 部门的出口总值；$\sum_{i=1}^{N} e_i^s$ 表示 s 国所有部门出口值之和，$\sum_{s=1}^{G} e_i^s$ 表示所有国家第 i 个部门出口值之和，$\sum_{i=1}^{N}\sum_{s=1}^{G} e_i^s$ 表示 G 个国家 N 个部门出口值之和。日本贸易振兴会设定的判断产品显性比较优势强弱的分类标准为：当 RCA > 1.25 时，表示一国产品出口在世界市场上具有显著的显性比较优势和较强的出口竞争力；当 0.8 < RCA < 1.25 时，表示该产品出口具有显性优势，但出口竞争力不强；当 RCA < 0.8 时，表示产品在世界市场上处于显性劣势，出口竞争力较差（沈国兵，2012），还有研究将 1 作为判断竞争优势与否的临界点。从全球价值链来看，RCA 指数不仅忽略了国际生产分工，也忽略了国内生产分工。首先，RCA 指数没有考虑一国部门总出口中包含国外增加值和重复统计的事实；其次，RCA 指数忽略一国部门的增加值可以隐含在该国其他部门的出口中，而实现间接出口这一事实。因此，结合式（6－9）并对 Balassa 指数进行修正，得到基于前向联系增加值出口的显性比较优势指数：

$$RCA\_F_i^s = \frac{(VAX\_F_i^s + RVA\_F_i^s) \Big/ \sum_{i=1}^{N}(VAX\_F_i^s + RVA\_F_i^s)}{\sum_{s=1}^{G}(VAX\_F_i^s + RVA\_F_i^s) \Big/ \sum_{i=1}^{N}\sum_{s=1}^{G}(VAX\_F_i^s + RVA\_F_i^s)} \tag{6-11}$$

第三节　显性比较优势

——基于总值与增加值的比较分析

一、按要素密集特征分类的行业整体的测算结果及分析

基于总值核算法的许多研究表明，中国凭借长期以来的“人口红利”在劳动密集型产业中的比较优势正在形成，如 Seyoum（2007）、陈宪和殷凤（2008）等，那么在前向联系增加值视角下中国服务业中是否存在类似现象？为分析中国

服务业具有不同要素特征产业的竞争力及变化趋势，更好地反映中国参与全球价值链分工及演变趋势，此处将 17 个服务业[①]按照要素密集特征进行分类，见表 6－1 所示。

表 6－1 的第（1）～第（4）列依次为按照要素密集程度分类的劳动密集型、资本密集型、知识密集型和公共服务业，所有指数（RCA_ F）的核算口径均为前向增加值出口。第（5）～第（8）列分别为总值核算口径下的四类产业的 RCA 指数，第（9）～第（12）列分别为总值核算方法与前向增加值核算方法下比较优势指数的差值。第（1）～第（4）列的测算结果显示：随着时间序列的推移，劳动密集型服务业、知识密集型服务业和公共服务业的比较优势指数均显示不同程度的上浮，然而，截至 2011 年，三个领域均未取得比较优势；其中，知识密集型服务业的比较劣势改善趋势最为明显，已经出现了由比较劣势向比较优势转变的良好势头，值得注意的是，它一直是四个类别中比较劣势最显著的领域，换言之，中国知识密集型服务业尤为缺乏竞争力，这显然与当今世界向服务经济尤其是知识服务经济转型的背景不相符。然而，劳动密集型服务业和公共服务两个领域的比较优势指数的改善趋势较弱，且出现“反复”，具体表现在前者在 1997 年达到峰值 0.903，后者在 2002 年达到峰值 0.973，即已经接近中性比较优势指数 1，但是随后却呈现下降趋势；其中，1995～1997 年劳动密集型比较优势显著提升的原因可能是中国依托低成本优势迅速地参与到全球价值链中，而 1997 年爆发的全面通货膨胀迅速波及劳动力成本、土地等生产要素的价格，致使中国参与全球价值链分工进而创造增加值的优势逐步丧失，而当通货膨胀得到治理后，巴西、印度等国的人口增长又掩盖了中国低成本优势。有迹象表明中国资本密集型服务业比较优势已经形成，并且成为中国服务业参与国际竞争的“主导”产业，这与中国具有丰富的自然资源密不可分，其衍生出不同类型的资源密集型服务部门成为中国参与国际贸易的“可依托”产业。

作为比较，表 6－1 的第（5）～（8）列测算了基于总值核算法测度的四类比较优势指数，结果表明资本密集型及知识密集型服务业的在样本年度均未出现

① 房地产业（c29）没有直接出口，但是可以隐含于其他行业实现间接出口，故本章分析中将其纳入。

大于1的情形，公共服务业的比较优势指数发生了性质的转变，即由“比较优势”转变为“比较劣势”，而劳动密集型服务业在1997～2006年持续出现了10年的比较优势，其他年份比较优势指数则略低于1。由第（9）～第（12）列的测算结果可以看出，劳动密集型服务业的RCA在官方贸易总值口径下被高估，资本密集型及知识密集型服务业的竞争力却被低估，而在公共服务领域则出现了先高估后低估的现象。同细分部门分析结果相似，在要素密集层面，也会出现统计“幻象”，即原本属于比较优势的资本密集型服务业，在总值核算方法下却显示持续的比较劣势，相反，原本属于比较劣势的劳动密集型服务业，在总值核算方法下却显示出间断性比较优势。综上所知，基于总值核算法测算的比较优势指数不仅会出现“错估”，还会出现“误判”。

表6－1　基于要素密集特征分类的不同口径下RCA指数比较

类别 年份	RCA_ F				RCA				RCA－RCAF			
	劳动密集型 (1)	资本密集型 (2)	知识密集型 (3)	公共服务 (4)	劳动密集型 (5)	资本密集型 (6)	知识密集型 (7)	公共服务 (8)	(9) =(5) －(1)	(10) =(6) －(2)	(11) =(7) －(3)	(12) =(8) －(4)
1995	0.720	0.855	0.389	0.596	0.887	0.745	0.137	1.533	0.168	－0.110	－0.253	0.937
1996	0.686	0.814	0.346	0.666	0.738	0.672	0.102	1.873	0.051	－0.143	－0.244	1.207
1997	0.903	0.820	0.347	0.683	1.694	0.558	0.070	1.748	0.792	－0.262	－0.277	1.064
1998	0.882	0.875	0.405	0.730	1.560	0.599	0.393	1.830	0.678	－0.276	－0.012	1.101
1999	0.874	0.958	0.389	0.753	1.518	0.654	0.362	1.848	0.644	－0.303	－0.027	1.094
2000	0.838	1.000	0.387	0.811	1.494	0.728	0.367	2.125	0.656	－0.271	－0.020	1.314
2001	0.841	1.051	0.384	0.886	1.550	0.817	0.353	2.271	0.709	－0.234	－0.031	1.385
2002	0.858	1.118	0.389	0.973	1.588	0.945	0.348	2.409	0.730	－0.173	－0.041	1.437
2003	0.815	1.075	0.396	0.848	1.492	0.915	0.366	1.862	0.677	－0.160	－0.029	1.014
2004	0.762	1.125	0.407	0.755	1.344	0.883	0.385	1.356	0.582	－0.242	－0.022	0.601
2005	0.728	1.114	0.424	0.716	1.209	0.841	0.398	1.003	0.481	－0.273	－0.026	0.287
2006	0.704	1.047	0.449	0.692	1.077	0.813	0.410	0.776	0.373	－0.234	－0.039	0.084
2007	0.697	1.038	0.480	0.662	0.968	0.789	0.400	0.635	0.271	－0.249	－0.080	－0.027
2008	0.716	1.004	0.493	0.679	0.993	0.790	0.416	0.658	0.278	－0.214	－0.077	－0.021
2009	0.725	0.992	0.501	0.694	0.963	0.750	0.358	0.575	0.238	－0.242	－0.143	－0.118
2010	0.745	1.022	0.510	0.673	0.979	0.794	0.399	0.621	0.234	－0.228	－0.111	－0.051
2011	0.757	1.044	0.515	0.665	1.000	0.826	0.424	0.628	0.242	－0.218	－0.092	－0.036

二、按行业分类的测算结果及分析

在要素密集度层面，RCA_ F 和 RCA 结果及对比分析有助于正确地评估服务业按要素密集特征的国际竞争，但是无法从微观上揭示不同细分行业视角下服务业的竞争力，这是由于各部门的出口份额存在显著的差异（见图6-1），同一要素密集类别具有竞争力可能不代表多数部门具有比较优势。

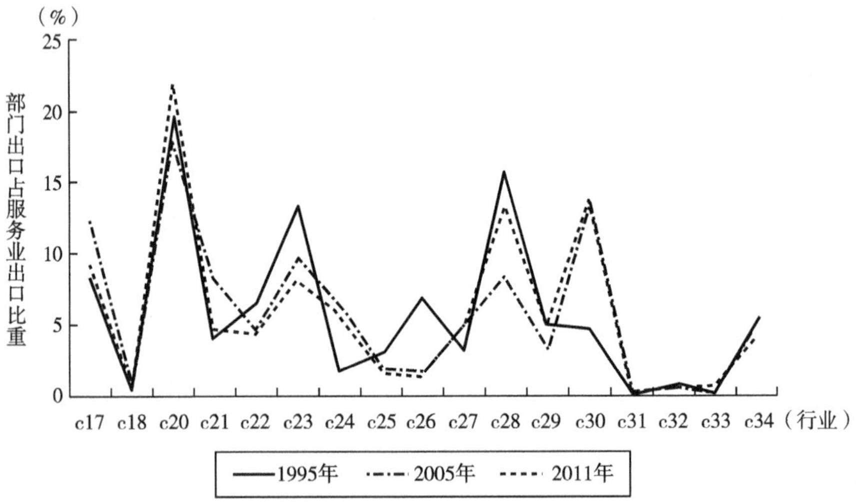

图6-1　前向联系增加值口径下选定年份中国服务业分部门出口结构

表6-2显示了1995~2011年中国服务业出口的比较优势指数，可以得到如下两种判断：

（1）建筑业（c18）、零售贸易（c21）、航空运输（c25）、其他辅助运输（c26）、金融中介（c28）、房地产业（c29）、租赁和商业服务（c30）、公共管理和国防（c31）和教育（c32）9个部门具有持续性比较劣势，其中建筑业（c18）、租赁和商业服务（c30）和公共管理和国防（c31）3个部门比较优势指数普遍不足0.4，即这3个部门具有显著的比较劣势，在国际贸易中竞争力极弱；而具有持续竞争优势的部门仅有电力、煤气及水的生产和供应业（c17），住宿和餐饮业（c22）。

表6-2　1995~2011年基于前向联系增加值测算的中国服务业出口的RCA_ F指数

行业＼年份	1995	1996	1997	1998	1999	2000	2001	2002	2003	2004	2005	2006	2007	2008	2009	2010	2011
c17	1. 077	1. 113	1. 131	1. 220	1. 460	1. 452	1. 464	1. 525	1. 547	1. 868	1. 863	1. 463	1. 530	1. 489	1. 489	1. 394	1. 425
c18	0. 402	0. 331	0. 283	0. 304	0. 314	0. 349	0. 352	0. 360	0. 302	0. 269	0. 260	0. 258	0. 259	0. 239	0. 239	0. 236	0. 254
c20	0. 747	0. 712	1. 078	1. 100	1. 139	1. 091	1. 138	1. 202	1. 137	1. 058	0. 827	0. 787	0. 931	0. 972	0. 972	1. 014	1. 027
c21	0. 371	0. 362	0. 573	0. 569	0. 578	0. 577	0. 573	0. 584	0. 541	0. 503	0. 837	0. 827	0. 464	0. 479	0. 479	0. 509	0. 514
c22	1. 964	1. 832	1. 763	1. 742	1. 629	1. 535	1. 523	1. 535	1. 547	1. 401	1. 421	1. 386	1. 322	1. 348	1. 348	1. 309	1. 336
c23	1. 218	1. 222	1. 165	1. 194	1. 252	1. 256	1. 239	1. 256	1. 129	1. 104	1. 044	1. 001	0. 954	0. 883	0. 883	0. 874	0. 884
c24	0. 545	0. 498	0. 423	0. 757	1. 064	1. 422	1. 773	2. 228	1. 938	1. 766	1. 693	1. 789	1. 607	1. 611	1. 611	1. 555	1. 623
c25	0. 829	0. 758	0. 676	0. 696	0. 754	0. 833	0. 955	0. 969	0. 934	0. 861	0. 750	0. 719	0. 672	0. 692	0. 692	0. 699	0. 721
c26	0. 999	0. 973	0. 892	0. 671	0. 495	0. 365	0. 256	0. 168	0. 207	0. 241	0. 289	0. 283	0. 310	0. 289	0. 289	0. 282	0. 290
c27	0. 497	0. 550	0. 625	0. 670	0. 719	0. 798	0. 871	0. 928	0. 919	0. 925	0. 954	0. 968	0. 959	0. 981	0. 981	1. 013	1. 042
c28	0. 842	0. 754	0. 729	0. 726	0. 668	0. 663	0. 633	0. 584	0. 555	0. 527	0. 529	0. 599	0. 724	0. 757	0. 757	0. 787	0. 791
c29	0. 605	0. 496	0. 489	0. 458	0. 416	0. 373	0. 366	0. 379	0. 408	0. 424	0. 468	0. 536	0. 609	0. 552	0. 552	0. 698	0. 703
c30	0. 142	0. 130	0. 151	0. 251	0. 254	0. 260	0. 272	0. 295	0. 322	0. 352	0. 377	0. 381	0. 371	0. 376	0. 376	0. 378	0. 385
c31	0. 071	0. 058	0. 030	0. 037	0. 046	0. 060	0. 071	0. 089	0. 098	0. 093	0. 104	0. 121	0. 111	0. 112	0. 112	0. 113	0. 103
c32	0. 668	0. 594	0. 777	0. 738	0. 612	0. 521	0. 531	0. 520	0. 512	0. 506	0. 576	0. 643	0. 575	0. 632	0. 632	0. 648	0. 631
c33	0. 358	0. 266	0. 283	0. 428	0. 509	0. 585	0. 702	0. 750	0. 878	0. 958	1. 193	1. 393	1. 364	1. 432	1. 432	1. 412	1. 375
c34	0. 846	0. 921	0. 908	0. 966	1. 011	1. 114	1. 226	1. 359	1. 160	1. 004	0. 909	0. 833	0. 801	0. 821	0. 821	0. 795	0. 805

（2）就显性比较优势的变化趋势来看，电力、煤气及水的生产和供应（c17），零售贸易（不含汽车和摩托车）（c21），租赁和商业服务（c30），批发贸易（c20）（不含汽车和摩托车），水上运输（c24），信息和通信（c27），卫生和社会工作（c33）7个服务部门的显性比较优势指数随着时间推移出现了一定程度的提升，其中后4个部门还出现了比较劣势与比较优势的“反转”。而建筑业（c18）、住宿和餐饮业（c22）、内陆运输（c23）、其他辅助运输（c26）4个部门的比较优势指数则呈现不同程度的下降，其中，住宿和餐饮业（c22）、其他辅助运输（c26）两个部门比较优势指数降幅最大，内陆运输（c23）由比较优势部门变为比较劣势部门；除了内陆运输（c23）以外，其他三大部门都是典型的劳动密集部门，也是以往中国依托“人口红利”带来低成本竞争优势参与国际合作的主要部门，但是随着印度、巴西等人口大国迅速发展，中国劳动密集型服务业出口优势正在逐渐弱化，在考察期间，其他（c25）、（c28）、（c29）、（c31）、（c32）、（c34）6个部门的比较优势指数变化不大。综合以上两点判断可知：中国服务业在全球价值链分工中还处于比较劣势，距建成服务贸易强国还有很长的道路要走，但是随着中国建设开放型经济强国步伐的加快以及国际、国内环境的深刻变化，中国参与国际竞争与合作的优势产业正在发生悄然的变化，中国的比较优势产业正朝着“多样化”和“升级化”方向发展。

为了进一步考察基于前向联系增加值出口测算的中国服务业出口竞争力是否与总值核算方法下测算的竞争力不同，还需进行对比分析。表6－3是基于总值核算方法测算的1995～2011年中国服务业出口的RCA指数。与表6－2相比，两者的相似处在于：

（1）在考察期间，金融中介（c28）、租赁和商务服务（c30）、公共管理和国防（c31）3个部门具有持续的比较劣势，且包括金融中介在内的3个部门比较优势指数均不足0.4。

（2）从时间变化趋势来看，零售贸易（c21）、租赁和商务服务（c30）、批发贸易（不含汽车和摩托车）（c20）、水上运输（c24）、信息和通信（c27）5个部门的比较优势指数呈现不同程度的上升趋势，其中后3个部门由比较劣势变成比较优势。此外，建筑业（c18）、住宿和餐饮业（c22）、内陆运输（c23）、其他辅助运输（c26）4个部门的比较优势指数出现显著下降。

表 6－3　1995～2011 年基于总值核算方法测算的中国服务业出口的 RCA 指数

行业＼年份	1995	1996	1997	1998	1999	2000	2001	2002	2003	2004	2005	2006	2007	2008	2009	2010	2011
c17	1. 003	0. 912	0. 830	0. 770	0. 734	0. 657	0. 512	0. 492	0. 377	0. 392	0. 308	0. 206	0. 215	0. 222	0. 174	0. 201	0. 218
c18	1. 702	1. 073	0. 553	0. 597	0. 634	0. 856	0. 975	1. 202	1. 224	1. 393	1. 463	1. 552	1. 528	1. 455	1. 297	1. 460	1. 496
c19	0. 000	0. 000	0. 000	0. 000	0. 000	0. 000	0. 000	0. 000	0. 000	0. 000	0. 000	0. 000	0. 000	0. 000	0. 000	0. 000	0. 000
c20	0. 000	0. 000	1. 568	1. 561	1. 599	1. 601	1. 738	1. 827	1. 711	1. 561	1. 356	1. 180	1. 053	1. 088	1. 110	1. 076	1. 096
c21	0. 000	0. 000	2. 518	2. 223	2. 193	2. 283	2. 217	2. 231	2. 085	1. 940	1. 775	1. 550	1. 406	1. 430	1. 365	1. 408	1. 404
c22	3. 411	2. 947	2. 274	2. 131	2. 121	1. 965	1. 970	1. 962	1. 856	1. 359	1. 261	1. 169	1. 055	1. 140	1. 019	1. 045	1. 078
c23	0. 760	0. 593	0. 404	0. 450	0. 545	0. 610	0. 705	0. 791	0. 708	0. 630	0. 550	0. 481	0. 444	0. 409	0. 415	0. 424	0. 441
c24	0. 526	0. 469	0. 380	0. 507	0. 619	0. 783	1. 003	1. 295	1. 232	1. 155	1. 170	1. 201	1. 121	1. 181	1. 162	1. 224	1. 296
c25	1. 014	0. 924	0. 778	0. 798	0. 809	0. 865	0. 987	1. 109	1. 197	1. 179	1. 173	1. 195	1. 169	1. 189	1. 093	1. 193	1. 227
c26	2. 094	2. 101	1. 830	1. 271	0. 926	0. 688	0. 529	0. 390	0. 374	0. 361	0. 351	0. 325	0. 294	0. 291	0. 263	0. 296	0. 308
c27	0. 864	0. 994	1. 021	0. 932	0. 826	0. 841	0. 762	0. 770	0. 801	0. 834	0. 862	0. 839	0. 843	0. 889	0. 779	0. 855	0. 889
c28	0. 091	0. 068	0. 046	0. 038	0. 029	0. 025	0. 020	0. 017	0. 021	0. 023	0. 027	0. 029	0. 031	0. 032	0. 027	0. 031	0. 033
c29	0. 000	0. 000	0. 000	0. 000	0. 000	0. 000	0. 000	0. 000	0. 000	0. 000	0. 000	0. 000	0. 000	0. 000	0. 000	0. 000	0. 000
c30	0. 160	0. 119	0. 082	0. 563	0. 535	0. 544	0. 542	0. 542	0. 549	0. 587	0. 595	0. 624	0. 614	0. 640	0. 552	0. 610	0. 646
c31	0. 315	0. 283	0. 152	0. 195	0. 220	0. 261	0. 307	0. 355	0. 329	0. 293	0. 239	0. 206	0. 179	0. 172	0. 151	0. 163	0. 153
c32	0. 828	0. 895	0. 996	0. 846	0. 645	0. 587	0. 514	0. 363	0. 319	0. 304	0. 282	0. 267	0. 237	0. 247	0. 216	0. 232	0. 236
c33	1. 469	1. 027	0. 719	0. 677	0. 654	0. 762	0. 732	0. 000	0. 000	0. 000	0. 000	0. 000	0. 652	0. 682	0. 603	0. 663	0. 689
c34	2. 035	2. 435	2. 246	2. 343	2. 397	2. 802	2. 988	3. 242	2. 563	1. 885	1. 400	1. 079	0. 832	0. 883	0. 770	0. 831	0. 860
c35	0. 000	0. 000	0. 000	0. 000	0. 000	0. 000	0. 000	0. 000	0. 000	0. 000	0. 000	0. 000	0. 000	0. 000	0. 000	0. 000	0. 000

值得注意的是，上述两种口径下的测算结果也存在较大差异，笔者将表6-2和表6-3的测算结果作差（见表6-4），可以清晰地发现存在以下两点区别。

（1）相较于前向联系增加值的测算，总值核算出的RCA分别存在低估和高估现象，具体说来，在电力、煤气及水的生产和供应业（c17），内陆运输（c23），水上运输（c24），金融中介（c28）和房地产业（c29）5大服务领域存在低估现象，除金融中介（c28）属于知识密集型产业以外，其他四个部门均属于资本密集型产业，换言之，总值核算结果总体上低估了资本密集型服务业的比较优势指数；然而，却高估了建筑业（c18）、航空运输（c25）、公共管理和国防（c31）、其他社会服务及个人服务（c34）4个部门的比较优势指数，这些部门分属于不同的要素密集型产业；在批发贸易（不含汽车和摩托车）（c20）、零售贸易（不含汽车和摩托车）（c21）、租赁和商务服务（c30）3个产业部门出现了先低估后高估的现象，其他五个部门则出现相反的结果。

（2）就各个部门的差异程度而言，基于总值核算法不仅低估了电力、煤气及水的生产和供应业（c17）和内陆运输业（c23）（1995~2006年）两个产业整体的比较优势水平，还从根本上改变了竞争力指数的“性质”，即由比较优势变成比较劣势。换言之，根据贸易总值核算的电力、煤气及水的生产和供应业（c17）RCA指数及其时间序列变化显示出了一个令人担忧的状况，即中国出口竞争力日益下降，但是基于前向联系增加值测算的RCA指数表明，中国电力、煤气及水的生产和供应业出口在1995~2011年一直具有比较优势且呈现持续增强趋势。同时，建筑业（c18）、零售贸易（不含汽车和摩托车）（c21）、其他辅助运输（c26）及其他社会服务及个人服务（c34）4个部门也都显示出较强的比较优势，但是在前向联系增加值测算方法下却出现了比较优势指数小于1的情景，且建筑业（c18）、其他辅助运输（c26）和其他社会服务及个人服务（c34）3个部门的比较优势指数有恶化迹象。

以上分析结果充分显示，RCA指数存在潜在的误导性。导致两种结果存在差异的经济原因可能为：电力、煤气及水的生产和供应业（c17），内陆运输（c23），水上运输（c24），金融中介（c28）和房地产业（c29）5大服务部门创造了大量增加值，这些服务部门的间接出口比例很高，因此一旦将间接出口的增加值考虑在内，中国的服务业出口相比于其他国家比较优势就显著了。而建筑业

表 6-4 总值核算与前向联系增加值结果差值分析

部门/年份	低估部门					高估部门				先低估后高估部门			先高估再低估部门				
	c17	c23	c24	c28	c29	c18	c25	c31	c34	c20	c21	c30	c22	c26	c27	c32	c33
1995	-0.07	-0.46	-0.02	-0.75	-0.61	1.3	0.19	0.24	1.19	-0.75	-0.37	0.02	1.45	1.1	0.37	0.16	1.11
1996	-0.2	-0.63	-0.03	-0.69	-0.5	0.74	0.17	0.23	1.51	-0.71	-0.36	-0.01	1.12	1.13	0.44	0.3	0.76
1997	-0.3	-0.76	-0.04	-0.68	-0.49	0.27	0.1	0.12	1.34	0.49	1.95	-0.07	0.51	0.94	0.4	0.22	0.44
1998	-0.45	-0.74	-0.25	-0.69	-0.46	0.29	0.1	0.16	1.38	0.46	1.65	0.31	0.39	0.6	0.26	0.11	0.25
1999	-0.73	-0.71	-0.45	-0.64	-0.42	0.32	0.06	0.17	1.39	0.46	1.62	0.28	0.49	0.43	0.11	0.03	0.15
2000	-0.8	-0.65	-0.64	-0.64	-0.37	0.51	0.03	0.2	1.69	0.51	1.71	0.28	0.43	0.32	0.04	0.07	0.18
2001	-0.95	-0.53	-0.77	-0.61	-0.37	0.62	0.03	0.24	1.76	0.6	1.64	0.27	0.45	0.27	-0.11	-0.02	0.03
2002	-1.03	-0.47	-0.93	-0.57	-0.38	0.84	0.14	0.27	1.88	0.63	1.65	0.25	0.43	0.22	-0.16	-0.16	-0.75
2003	-1.17	-0.42	-0.71	-0.53	-0.41	0.92	0.26	0.23	1.4	0.57	1.54	0.23	0.31	0.17	-0.12	-0.19	-0.88
2004	-1.48	-0.47	-0.61	-0.5	-0.42	1.12	0.32	0.2	0.88	0.5	1.44	0.24	-0.04	0.12	-0.09	-0.2	-0.96
2005	-1.56	-0.49	-0.52	-0.5	-0.47	1.2	0.42	0.14	0.49	0.53	0.94	0.22	-0.16	0.06	-0.09	-0.29	-1.19
2006	-1.26	-0.52	-0.59	-0.57	-0.54	1.29	0.48	0.09	0.25	0.39	0.72	0.24	-0.22	0.04	-0.13	-0.38	-1.39
2007	-1.32	-0.51	-0.49	-0.69	-0.61	1.27	0.5	0.07	0.03	0.12	0.94	0.24	-0.27	-0.02	-0.12	-0.34	-0.71
2008	-1.27	-0.47	-0.43	-0.73	-0.55	1.22	0.5	0.06	0.06	0.12	0.95	0.26	-0.21	0	-0.09	-0.39	-0.75
2009	-1.32	-0.47	-0.45	-0.73	-0.55	1.06	0.4	0.04	-0.05	0.14	0.89	0.18	-0.33	-0.03	-0.2	-0.42	-0.83
2010	-1.19	-0.45	-0.33	-0.76	-0.7	1.22	0.49	0.05	0.04	0.06	0.9	0.23	-0.26	0.01	-0.16	-0.42	-0.75
2011	-1.21	-0.44	-0.33	-0.76	-0.7	1.24	0.51	0.05	0.05	0.07	0.89	0.26	-0.26	0.02	-0.15	-0.4	-0.69

(c18)、零售贸易（不含汽车和摩托车）（c21）、其他辅助运输（c26）、其他社会服务及个人服务（c34）4 个部门则正好相反，其出口中的国外增加值及通过其他部门实现间接出口的比例较低。因而，只有充分考虑国际和国内分工的现实背景，利用基于前向联系增加值测算的细分服务业部门的 RCA 指数，才能正确地评估各部门在全球价值链中的竞争地位。

第四节　显性比较优势
——基于增加值的中美比较分析

美国不仅是世界服务贸易大国、强国，更是中国最大的贸易合作伙伴。因此，对中美服务贸易的比较研究有助于进一步了解中国服务贸易的相对优势和劣势。在上节基础上，本节进一步测算了美国按要素密集度分类和行业的 RCA_ F，并对中美服务业比较优势进行了比较分析。

一、按要素密集特征分类的测算结果及分析

表 6 –5 显示中国服务业比较优势主要集中在资本服务业，而美国与中国情形正好相反；中美服务领域比较优势存在较大差距的主要原因在于知识密集型服务业。美国在劳动密集型产业和资本密集型产业的比较优势指数都呈现显著下降趋势，但是考察期内，劳动密集型比较优势并未发生性质的变化；美国知识密集型和公共服务两个领域的比较优势指数呈现显著上升趋势，前者由 1995 年的 1.598 上升到 2011 年的 1.828，后者由 1995 年的 1.161 上升到 2011 年的 1.384。中国四大要素密集领域服务业显性比较优势整体呈现出上升趋势，但除资本密集型产业以外，中国在其他三个要素密集型产业领域均存在显著绝对比较劣势，即显性比较优势指数小于 1 且低于美国。可见，中国服务业整体竞争力与美国还有很大的差距，这可能与“低回报、低收益”的粗放式发展方式有关①。具体到每

① 杨坤鹏和戴翔（2016）研究显示，长期以来我国服务业增加值率较低且很多部门呈下降趋势。

个领域差距各不相同。

表 6-5　基于要素密集特征的中美分类服务部门出口的 RCA_ F 指数

类别/年份	中国				美国				美国-中国			
	劳动密集型(1)	资本密集型(2)	知识密集型(3)	公共服务(4)	劳动密集型(5)	资本密集型(6)	知识密集型(7)	公共服务(8)	(9)=(5)-(1)	(10)=(6)-(2)	(11)=(7)-(3)	(12)=(8)-(4)
1995	0.720	0.855	0.389	0.596	1.254	1.040	1.598	1.161	0.534	0.185	1.209	0.565
1996	0.686	0.814	0.346	0.666	1.266	1.012	1.593	1.172	0.580	0.198	1.247	0.506
1997	0.903	0.820	0.347	0.683	1.253	0.972	1.577	1.073	0.350	0.152	1.230	0.390
1998	0.882	0.875	0.405	0.730	1.244	0.955	1.539	1.062	0.362	0.080	1.134	0.332
1999	0.874	0.958	0.389	0.753	1.228	0.998	1.594	1.110	0.354	0.040	1.205	0.357
2000	0.838	1.000	0.387	0.811	1.241	0.997	1.613	1.091	0.403	-0.003	1.226	0.280
2001	0.841	1.051	0.384	0.886	1.201	0.977	1.635	1.102	0.360	-0.074	1.251	0.216
2002	0.858	1.118	0.389	0.973	1.182	0.944	1.647	1.145	0.324	-0.174	1.258	0.172
2003	0.815	1.075	0.396	0.848	1.202	0.932	1.645	1.160	0.387	-0.134	1.249	0.312
2004	0.762	1.125	0.407	0.755	1.210	0.934	1.659	1.156	0.448	-0.193	1.252	0.401
2005	0.728	1.114	0.424	0.716	1.234	0.924	1.713	1.161	0.506	-0.180	1.289	0.445
2006	0.704	1.047	0.449	0.692	1.245	0.939	1.730	1.211	0.541	-0.123	1.281	0.519
2007	0.697	1.038	0.480	0.662	1.237	0.923	1.726	1.207	0.540	-0.099	1.246	0.545
2008	0.716	1.004	0.493	0.679	1.123	0.861	1.755	1.300	0.407	-0.081	1.262	0.621
2009	0.725	0.992	0.501	0.694	1.037	0.804	1.702	1.240	0.312	-0.131	1.201	0.546
2010	0.745	1.022	0.510	0.673	1.061	0.782	1.800	1.272	0.316	-0.218	1.290	0.599
2011	0.757	1.044	0.515	0.665	1.052	0.826	1.828	1.384	0.295	-0.262	1.313	0.719

资料来源：笔者根据 WIOD 测算。

（1）在劳动密集型服务业领域，1995~2008 年中国显性比较优势指数与美国一直存在较大差距，但是经济危机过后这种差距明显减少。然而，传统观点认为，中国具有劳动力资源禀赋优势，本书测算结果却显示中国在劳动密集型领域不仅没有显著的比较优势，而且与劳动力资源稀缺的美国有较大差距。这可能有两个方面的原因：一是中国劳动力资源丰富，但是受制于经济发展水平、教育经费投入不足和教育资源不均衡等因素的影响，高层次人才还较为匮乏。在生产函数中，有效人力资本是制约生产率的一个关键因素，可能由于生产效率不足影响到了产业竞争力。二是中国最早对外开放的部门主要集中在制造业，服务部门开放相对较晚，这在一定程度上影响了劳动密集型服务部门在内的服务部门，竞争优势相对较弱（尹伟华，2015b）。

（2）在资本密集型服务业领域，中国在2000年实现了由比较劣势向比较优势转变，同时，其显性比较优势指数超过美国。结合表6-2可知，这主要得益于水上运输（c24）、信息和通信（c27）、房地产业（c29）3个产业部门竞争力的较快提升。这表明资本密集型服务业是目前中国服务业参与国际竞争“可依托”或“主导”产业，与中国现阶段为迈向资本输出而实施的“一带一路”倡议相吻合。

（3）在知识密集型领域，中国显性比较优势指数虽呈现一定的上升趋势，但是始终与美国保持较大的差距，具体表现在两者的绝对量之差一直维持在1.1以上。表6-2和表6-3的测算结果显示，中国知识密集领域的两个部门（金融中介（c28）、租赁和其他商务服务（c30））都存在绝对比较劣势。由此可以推断：知识密集型服务业之间的差距是中国服务业竞争力明显落后于美国的主要原因。中国知识密集型产业显性比较优势较低的两个可能原因为：一是生产过程中各种投入要素之间的匹配度较低，影响各服务部门的最大产出水平进而导致竞争力下降，即中国缺乏与高端知识服务相匹配的精英；二是知识密集服务领域中的金融部门属于中国长期垄断的重点行业，而经济理论显示垄断容易导致低效率。另外，租赁和商业服务虽然实现了一定程度的对外开放，但是相对美国来说，开放程度仍有较大的提升空间。

（4）在公共服务领域，中国与美国的差距呈现“先减小后增大”的变化趋势，这主要是由于中国公共服务业在新千年开始的四年内（2000~2003年）出现过一段“黄金时期”，比较优势指数在［0.8，1］浮动，其他年份则落在0.6~0.8的区间内。

二、按行业分类的测算结果及比较

按照要素密集度分类测算的比较优势并不能反映行业比较优势之间的异质性。表6-6给出了美国17个服务部门的RCA_F测算结果。可以看出美国具有

表 6-6　1995~2011 年基于前向联系增加值测算的美国服务业出口的 RCA_ F 指数

行业＼年份	1995	1996	1997	1998	1999	2000	2001	2002	2003	2004	2005	2006	2007	2008	2009	2010	2011
c17	0. 761	0. 684	0. 644	0. 602	0. 729	0. 736	0. 759	0. 603	0. 590	0. 534	0. 512	0. 530	0. 606	0. 669	0. 584	0. 506	0. 465
c18	0. 572	0. 567	0. 554	0. 552	0. 562	0. 594	0. 585	0. 610	0. 596	0. 544	0. 609	0. 623	0. 692	0. 705	0. 617	0. 694	0. 678
c20	1. 915	1. 917	1. 864	1. 864	1. 840	1. 825	1. 777	1. 743	1. 806	1. 842	1. 884	1. 904	1. 862	1. 656	1. 554	1. 556	1. 537
c21	0. 369	0. 354	0. 357	0. 343	0. 332	0. 315	0. 290	0. 273	0. 270	0. 263	0. 264	0. 264	0. 270	0. 249	0. 216	0. 225	0. 219
c22	0. 776	0. 774	0. 750	0. 757	0. 799	0. 789	0. 792	0. 819	0. 827	0. 735	0. 748	0. 736	0. 727	0. 703	0. 631	0. 702	0. 714
c23	0. 776	0. 764	0. 763	0. 782	0. 823	0. 788	0. 801	0. 753	0. 773	0. 779	0. 785	0. 792	0. 800	0. 836	0. 791	0. 792	0. 783
c24	0. 494	0. 517	0. 519	0. 545	0. 514	0. 567	0. 537	0. 500	0. 526	0. 438	0. 417	0. 528	0. 509	0. 228	0. 234	0. 202	0. 202
c25	1. 509	1. 521	1. 495	1. 526	1. 535	1. 398	1. 295	1. 428	1. 440	1. 504	1. 532	1. 511	1. 462	1. 644	1. 725	1. 732	1. 714
c26	1. 106	1. 138	1. 150	1. 174	1. 178	1. 247	1. 274	1. 342	1. 307	1. 392	1. 477	1. 450	1. 358	1. 292	1. 200	1. 226	1. 229
c27	1. 968	1. 874	1. 719	1. 613	1. 575	1. 578	1. 532	1. 504	1. 481	1. 483	1. 525	1. 478	1. 531	1. 479	1. 373	1. 373	1. 350
c28	1. 595	1. 620	1. 633	1. 663	1. 680	1. 818	1. 882	1. 906	1. 953	2. 005	2. 118	2. 098	1. 960	1. 992	2. 003	2. 109	2. 119
c29	0. 990	0. 953	0. 909	0. 884	0. 934	1. 031	1. 006	1. 031	1. 057	1. 118	1. 161	1. 073	1. 056	1. 014	0. 881	0. 742	0. 708
c30	1. 600	1. 578	1. 548	1. 479	1. 552	1. 517	1. 519	1. 519	1. 500	1. 498	1. 527	1. 559	1. 616	1. 647	1. 557	1. 646	1. 684
c31	1. 546	1. 935	1. 772	1. 616	1. 686	1. 675	1. 695	1. 768	1. 779	1. 810	1. 924	1. 993	2. 018	2. 341	2. 313	2. 337	2. 732
c32	0. 377	0. 307	0. 285	0. 269	0. 244	0. 227	0. 210	0. 183	0. 163	0. 197	0. 200	0. 236	0. 192	0. 228	0. 250	0. 247	0. 246
c33	0. 192	0. 158	0. 146	0. 140	0. 111	0. 170	0. 158	0. 071	0. 133	0. 070	0. 059	0. 078	0. 100	0. 131	0. 128	0. 206	0. 216
c34	1. 173	1. 165	1. 068	1. 110	1. 182	1. 149	1. 156	1. 226	1. 260	1. 261	1. 225	1. 270	1. 271	1. 287	1. 205	1. 240	1. 265

表 6－7　1995～2011 年基于前向联系增加值测算的中美服务业出口的 RCA_ F 指数差值①

行业＼年份	1995	1996	1997	1998	1999	2000	2001	2002	2003	2004	2005	2006	2007	2008	2009	2010	2011
c17	-0.316	-0.429	-0.487	-0.618	-0.731	-0.716	-0.705	-0.922	-0.957	-1.334	-1.351	-0.933	-0.924	-0.820	-0.905	-0.888	-0.960
c18	0.170	0.236	0.271	0.248	0.248	0.245	0.233	0.250	0.294	0.275	0.349	0.365	0.433	0.466	0.378	0.458	0.424
c20	1.168	1.205	0.786	0.764	0.701	0.734	0.639	0.541	0.669	0.784	1.057	1.117	0.931	0.684	0.582	0.542	0.510
c21	-0.002	-0.008	-0.216	-0.226	-0.246	-0.262	-0.283	-0.311	-0.271	-0.240	-0.573	-0.563	-0.194	-0.230	-0.263	-0.284	-0.295
c22	-1.188	-1.058	-1.013	-0.985	-0.830	-0.746	-0.731	-0.716	-0.720	-0.666	-0.673	-0.650	-0.595	-0.645	-0.717	-0.607	-0.622
c23	-0.442	-0.458	-0.402	-0.412	-0.429	-0.468	-0.438	-0.503	-0.356	-0.325	-0.259	-0.209	-0.154	-0.047	-0.092	-0.082	-0.101
c24	-0.051	0.019	0.096	-0.212	-0.550	-0.855	-1.236	-1.728	-1.412	-1.328	-1.276	-1.261	-1.098	-1.383	-1.377	-1.353	-1.421
c25	0.680	0.763	0.819	0.830	0.781	0.565	0.340	0.459	0.506	0.643	0.782	0.792	0.790	0.952	1.033	1.033	0.993
c26	0.107	0.165	0.258	0.503	0.683	0.882	1.018	1.174	1.100	1.151	1.188	1.167	1.048	1.003	0.911	0.944	0.939
c27	1.471	1.324	1.094	0.943	0.856	0.78	0.661	0.576	0.562	0.558	0.571	0.510	0.572	0.498	0.392	0.360	0.308
c28	0.753	0.866	0.904	0.937	1.012	1.155	1.249	1.322	1.398	1.478	1.589	1.499	1.236	1.235	1.246	1.322	1.328
c29	0.385	0.457	0.420	0.426	0.518	0.658	0.640	0.652	0.649	0.694	0.693	0.537	0.447	0.462	0.329	0.044	0.005
c30	1.458	1.448	1.397	1.228	1.298	1.257	1.247	1.224	1.178	1.146	1.150	1.178	1.245	1.271	1.181	1.268	1.299
c31	1.475	1.877	1.742	1.579	1.640	1.615	1.624	1.679	1.681	1.717	1.820	1.872	1.907	2.229	2.201	2.224	2.629
c32	-0.291	-0.287	-0.492	-0.469	-0.368	-0.294	-0.321	-0.337	-0.349	-0.309	-0.376	-0.407	-0.383	-0.404	-0.382	-0.401	-0.385
c33	-0.166	-0.108	-0.137	-0.288	-0.398	-0.415	-0.544	-0.679	-0.745	-0.888	-1.134	-1.315	-1.264	-1.301	-1.304	-1.206	-1.159
c34	0.327	0.244	0.160	0.144	0.171	0.035	-0.070	-0.133	0.100	0.257	0.316	0.437	0.470	0.466	0.384	0.445	0.460

资料来源：笔者根据 WIOD 测算。

① 美国比较优势与中国比较优势之差，即表 43 与表 39 之差。

持续比较优势的部门为批发贸易（不含汽车和摩托车）（c20），航空运输（c25），其他辅助运输（c26），信息和通信（c27），金融中介（c28），租赁和商业服务（c30），公共管理和强制性社会保障（c31），其他社会服务及个人服务（c34）8个部门；并且除信息和通信（c27）以外，其他7个部门均呈现不同程度的上升趋势。考察期间，房地产业（c29）则一度实现从比较劣势向比较优势的转变，即由1995年的0.990上升到2000年的1.031，此后这种比较优势一直持续了8年，2009~2011年房地产呈现比较劣势并有明显下降趋势。在具有持续比较劣势的8个部门中，只有建筑业（c18）、内陆运输（c23）和卫生与社会工作（c33）3个部门比较优势指数有改善迹象。

表6-7为中美分部门比较优势差值表，可以看出：与美国相比，中国在电力、煤气和水的生产和供应（c17），零售贸易和家庭物品的修理（c21），住宿和餐饮业（c22），内陆运输（c23），水上运输（c24），教育（c32）及卫生与社会工作（c33）7个产业部门具有比较优势。其中，电力、煤气和水的生产和供应（c17），住宿和餐饮业（c22），内陆运输（c23），水上运输（c24）4个部门具有绝对比较优势[①]，这些部门分别属于资本密集型产业和劳动密集型产业，其他三个产业部门具有相对比较优势[②]。此外，其他10个细分服务部门的显性比较优势均低于美国[③]，其中，中国在批发贸易（c20）（不含汽车和摩托车）、航空运输（c25）、其他辅助运输活动（c26）、信息和通信（c27）、金融中介（c28）、租赁和其他商业服务（c30）、公共管理和国防（c31）7个部门的比较优势指数与美国存在显著差异，值得欣慰的是，由差值的变化趋势可以推断这些差距正在逐渐缩小。综上所述，与美国相比，中国大部分细分服务业不具有“绝对比较优势”，但是有迹象表明中美服务业比较优势有缩小趋势。

三、出口结构的中美比较分析

在前文分析的基础上，本书进一步比较了中美服务贸易出口结构（见表

---

① 本书将多数年份（大于等于9）比较优势指数高于美国并且大于1的情况称为绝对比较优势，将高于美国且小于1的情况称为相对比较优势。

② 此处是基于中美两国相同年份RCA_ F的比较，中国除c24部门有两个年份低于美国外，其他6个部门所有年份均高于美国。本书基于多数原则，将c24部门视为具有绝对比较优势。

③ 此处中国所有年份部门RCA_ F均低于美国。

6－8）。可以看出：

表6－8　中美四大服务领域前向增加值出口占比①

年份＼类别	中国				美国			
	劳动密集型	资本密集型	知识密集型	公共服务型	劳动密集型	资本密集型	知识密集型	公共服务型
1995	38.259	34.836	20.476	6.428	32.483	20.481	40.949	6.087
1996	39.092	34.623	19.515	6.770	33.211	19.758	41.402	5.630
1997	45.863	30.348	17.529	6.261	33.425	19.016	42.251	5.309
1998	42.759	30.895	19.955	6.391	33.414	18.755	42.509	5.322
1999	41.319	32.300	19.708	6.673	31.579	18.483	44.398	5.541
2000	39.827	33.702	19.373	7.098	31.971	18.525	44.167	5.337
2001	38.337	34.710	19.249	7.704	30.356	18.322	45.826	5.496
2002	36.813	35.643	19.179	8.365	29.335	17.763	47.093	5.809
2003	36.015	36.014	20.422	7.549	29.209	17.830	47.164	5.797
2004	34.033	38.509	20.695	6.762	29.536	17.995	46.629	5.840
2005	32.856	38.802	21.807	6.535	29.313	17.807	47.092	5.788
2006	32.704	36.946	23.953	6.397	29.424	17.320	47.364	5.891
2007	31.843	36.147	26.008	6.002	28.856	17.353	48.012	5.779
2008	32.583	34.918	26.329	6.169	26.850	17.574	49.197	6.378
2009	32.133	33.888	27.616	6.363	25.174	16.764	51.645	6.417
2010	32.627	34.366	27.057	5.951	25.579	15.498	52.566	6.356
2011	32.984	34.590	26.612	5.814	25.539	15.076	52.452	6.933

资料来源：笔者根据 WIOD 测算。

（1）中美两国在服务业贸易结构方面存在较大差异，其中，中国以劳动密集型产业和资本密集型产业出口为主，两者增加值出口均占总增加值出口的30%以上，美国则表现出“一枝独秀”的局面，知识密集型服务业几乎占到服务业出口的“半壁江山”，自2001～2011年以来，其占比一直维持在45%以上，这与美国知识密集型产业具有较强的显性比较优势不无关系。值得注意的是，美国知识密集型服务业出口占比几乎是同期中国知识密集型服务业的两倍。

（2）从变化趋势上来看，中国劳动密集型和公共服务两个领域占比从总体

① 此处的出口指以前向增加值统计口径。

上呈现下降趋势；知识密集型服务业占比呈现显著上升趋势，特别地，由2005年的21.807%上升到2011年的26.612%；而资本密集型服务业占比呈现“上升、下降”趋势，相比于1995年，2011年占比基本维持不变。这在一定程度上说明中国服务贸易正朝更健康的方向发展。美国则主要表现出“两降一升”的趋势，劳动密集型和资本密集型服务业份额显著降低，知识密集型服务业占比则呈现显著上升趋势。一方面，出现上述情况符合世界经济发展从低级到高级的演变规律：近年来各国经济结构不断“软化”，各国贸易逐渐向服务领域倾斜，服务贸易尤其是高附加值的知识经济贸易成为衡量各国贸易竞争力的新指标；另一方面，经济全球化及通信技术的发展，各国知识、技术及人才等高级生产要素可以跨区流动，极大地促进了全球服务业向高级化方向发展。

（3）总体而言，近年来中国服务贸易结构不断优化，但是无论在数量（见图6-2）还是质量方面都与美国存在较大的差异。在结构方面，中国劳动密集型服务业占比过高，知识密集型服务业占比过低。在趋势方面，美国“两降一升”的变化速度明显高于中国，即美国在服务贸易发展结构调整方面显著优于中国。这一方面与中国拥有较为富裕的劳动和资本资源有关，另一方面也说明中国服务业出口仍然靠劳动、资本低端服务推动。因而，中国服务业在发展质量和速度上有待于进一步提升。

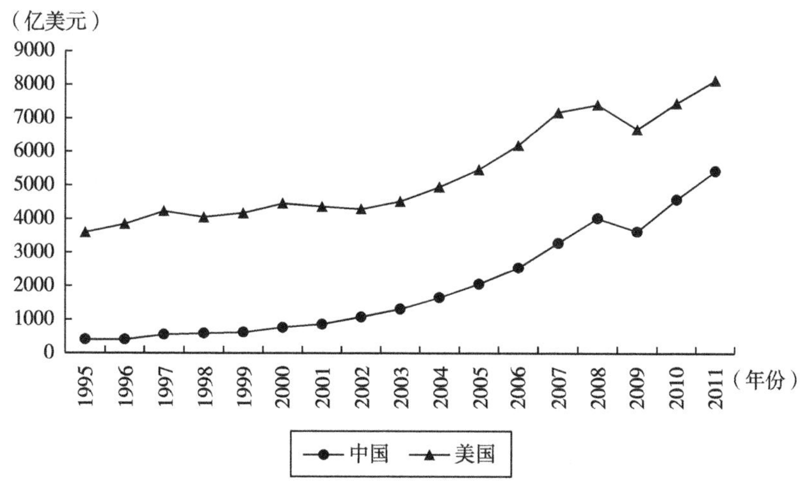

图6-2　1995~2011年中美服务贸易出口增加值

资料来源：笔者根据WIOD测算。

（4）相对于劳动、资本及公共服务三个领域，知识密集型服务业显性比较优势的提升具有更大的结构效应。结合表6－5不难看出，中国四类要素密集服务领域比较优势都出现了不同程度的提升，但是只有知识密集型服务业出口占比出现显著提升。由此可见，优化中国服务结构的关键是进一步提升知识密集型服务业在全球价值链中的竞争力，而与美国相比，中国还有很大的提升空间。

（5）公共服务在中美两国服务出口占比均维持在6%左右，然而，表6－5显示其在中美两国分别具有显性比较劣势和比较优势。由于公共服务本身比重较小，其竞争力的差异对服务出口结构影响不大。因此，提升公共服务的产业竞争力，可以增强中国服务业的发展质量，但是对服务贸易出口结构影响不大。

第五节　本章小结

本章在全球价值链视角下，以贸易增加值核算的方法系统地研究了中国服务业整体、按要素密集程度和细分行业出口的变迁及国别分布问题，同时利用可以反映国际分工和产业间分工的前向增加值分解方法，修订了显性比较优势测算公式，将结果分别与传统比较优势指数和美国比较优势指数进行比较，所得出的结论显示：

（1）基于前向联系增加值出口分别测算了按要素密集和细分行业分类层面的中国服务业显性比较优势指数。研究显示资本密集型服务业一直具有“较强的竞争力”，其比较优势指数呈现不断上升的趋势，且在2000年首次实现由比较劣势向比较优势的转变，成为中国唯一具有国际竞争优势的产业（2009年除外），换言之，中国主要依托资本密集产业参与国际竞争与合作，短期来看，这种局势不会发生实质性的变化；劳动密集型服务业比较优势指数在反复中呈现微弱的上升趋势，但是始终未突破“中性比较优势”[①] 的临界点，可以预期，随着中国全面二胎政策的实施，中国可能会在劳动密集型产业领域取得较为显著的比较优

① 许多文献将“1”视为“中性比较优势”的临界点。

势；在知识密集型服务领域中，目前中国还处于比较劣势水平，但是有迹象表明其比较劣势趋势有明显的改善趋势，可以预期，随着中国经济的蓬勃发展，政府对教育事业投入力度不断加大，知识密集型服务业竞争力指数将得到持续的改善，进而会缩小同发达国家的差距；公共服务业的“黄金时段”为新千年开始的四年内（2000～2003 年），比较优势指数在 0.8～1 浮动，其他年份则落在 0.6～0.8的区间内，随着中国服务业对外开放力度不断加大，在未来相当长的一段时间内，该部门的比较优势指数可能有显著改善趋势。

（2）基于前向联系的增加值和总值测算的 RCA 指数比较分析显示，两种测算结果不仅存在不同程度的差异性，而且在四类要素密集特征服务业领域有不同的表现，即总值核算法下的 RCA 指数低估了资本密集型和知识密集型服务业领域的竞争力，却高估了劳动密集型服务业的竞争力，其中对建筑业和零售贸易两个部门的估计偏差最大；然而，随着时间的推移，“高估”与“低估”在公共服务业领域发生了性质的改变，即由高估变成低估。根据总值核算法测算的 RCA 指数表明，中国在资本密集型服务业领域一直显示比较劣势，而在前向联系增加值口径下，自 2000 年起中国便在这一领域取得了比较优势。

（3）中国服务业比较优势指数只有在住宿和餐饮、内陆运输、水上运输等 7 个产业部门高于美国，其他产业部门都显著低于美国；不仅如此，中国还有 8 个产业部门的比较优势呈现下降趋势。中美贸易结构比较显示，中国以劳动和资源密集型出口为主，美国知识密集型服务业出口已经占据“半壁江山”，这意味着中国服务业出口结构有待于进一步优化。

第七章　主要结论、政策建议及研究展望

第一节　主要结论

在相对封闭或者进口产品通常是最终使用型货物或服务的经济体中，出口额能够反映该国产值增长的假设是成立的。然而，随着国际分工和贸易的不断发展，这一假设在现实经济中已经越来越脱离实际。在全球价值链的背景下，以关境为界的生产与贸易方式不断被打破，每个经济体都凭借自身的比较优势参与到全球化生产之中并创造相应的增加值，与此同时，“货物贸易”转变为“任务贸易”、“世界制造”代替“国家制造”成为国际贸易领域的新特征。然而，生产与贸易方式的深刻变革并没有引致贸易统计制度发生相应的改变，仍将商品的全部价值归于最后的出口国，由此可能产生一系列对贸易问题的误判。20 世纪末这种现象开始引发学界对贸易统计方式改进的探索（陈锡康，1999）。但是，由于缺乏具有权威性国际组织的支持及相应投入产出数据，导致 21 世纪的最初几年内贸易统计方式改进研究发展较为缓慢。2008 年，爆发于美国的金融危机演化为全球经济危机，并导致世界范围内贸易流骤减，这引发人们更加关注贸易统计方法的改革。拉米多次在不同场合公开指出：“现行贸易统计数据呈现的是歪曲的贸易不平衡，这非常不利于全球贸易的健康发展，要考虑不应该是出口和进

口总值测算贸易不平衡，而是有多少增加值产生于贸易流中。”2010 年，贸易增加值核算方法被正式提出，世界贸易组织成为其提倡者与推动者，随后日本亚洲经济研究院、美国普渡大学、经济合作与发展组织和欧盟委员会等国际组织或研究机构纷纷加入投入产出数据的开发及贸易核算方法的研究之中，由此产生了一批有价值的核算理论。

然而，现存文献却鲜见从演进、比较与评析的角度系统地研究这些理论，本书试图弥补这一缺憾。理论最重要的价值在于应用，作为理论研究的延续笔者选择了人们尤为关注的几个话题：双边贸易失衡程度、实际有效汇率、垂直专业化、显性比较优势等。综览国内外文献，笔者发现虽然已有学者以全球价值链为视角测算了中国对外贸易失衡程度，但是这些研究主要关注中美失衡、中日失衡、中韩失衡及中国与东盟失衡等，鲜有文献较为全面地分析中国的双边失衡问题，即尽可能将所有贸易伙伴纳入一个研究框架；此外，这些文献不仅缺乏对失衡原因的分析，而且时序普遍较短，同时使用的核算方法较为单一。鉴于此，本书首次以跨境次数作为出口或进口分解的基础，不仅核算出中国与主要贸易伙伴失衡时间序列数据，而且找出相应失衡原因。在实际有效汇率方面，已有国外学者以全球价值链为视角对实际有效汇率进行测算，然而，研究对象多针对国外，较少文献将贸易核算真实地嵌入中国实际有效汇率，特别是制造业细分行业层面的实际有效汇率，同时鲜有文献能够关注到中国基于贸易增加值核算实际有效汇率产生的贸易效应，诸如出口的弹性系数是多少、近年来是否发生改变等问题。在垂直专业化分工及显性比较优势方面，笔者注意到现有文献较多侧重于对制造业或国家层面的研究，然而，对货物贸易乃至经济发展起到极大推动作用的服务贸易相关研究较为匮乏。正值党中央、国务院对服务贸易提出明确要求之际，本书以全球价值链为视角研究了服务贸易垂直专业化及来源等问题，并用考虑国际分工和产业分工的前向联系增加值方法，对服务出口比较优势进行了测算，同时与美国进行了比较分析。需要说明的是，本书的研究脉络看似分裂，实则构成了一个有机整体，即理论与应用相结合、国家层面与行业层面相呼应、制造业与服务业互为补充，换言之，在有详细数据支撑的情况下，用于研究制造业的方法可以用于服务业，服务业的方法也可以用于制造业。通过前文的研究，本书最终得到理论与应用两个方面的结论。

一、理论研究结论

在理论研究中，本书发现垂直专业化核算方法是贸易增加值核算方法的雏形，随着贸易增加值核算方法的发展，垂直专业化核算方法得以丰富与发展，两者是描述国际分工现象相通而不相同的方法；就核算目的而言，前者侧重于度量一国参与国际分工的程度，而后者侧重于度量贸易中各国的利益分配。具体而言，HIY（2001）首次准确地定义了两种垂直专业化测算指标，并用投入产出分析的方法在做出两个严格假定的基础上定量地将 VS 测度出来，然而由于基础数据的限制，在他们的研究中并没有测算出 VS1 的大小。D&R（2009）放松了 HIY（2001）关于进口商品完全是国外增加值的假定，他们对垂直专业化定义进行了扩展：将一国出口品中用于进口国最终产品形成，而后通过出口被本国吸收的部分定义为 VS1*，而且利用含有三个指标的表达式分别从全球、国家和行业层面阐明官方贸易与剔除垂直专业化贸易之间的关系并进行测算。Dean 等（2008，2009，2011）、Chen 等（2004）和 KWW（2008）利用区别加工进口和一般进口的贸易数据集、联合国大类经济分类等信息推导出包含加工贸易的垂直专业化份额测算公式。

由于现行的贸易统计数据没有为当局者提供真实的贸易失衡图景，致使他们在经济危机爆发时没有厘清各国之间的贸易关系继而可能做出错误的决策。在 WTO 的倡导下，国际组织和学者以垂直专业化为基本核算原理，通过放松其假定及将目光转移到各国利益的测度两个方面使贸易增加值核算方法形成并不断发展。综观国内外文献，笔者发现贸易增加值核算方法是依托于国家投入产出表和世界投入产出表发展而来，目前尚未实现较好的融合。其中，以国家投入产出表为依托的贸易增加值核算方法不断地将中间投入产出系数矩阵进行细化，即由将生产活动划分为一般贸易和加工贸易转向进一步将一般贸易区分为一般贸易和国内生产，在此基础上，MWZ（2015）又根据企业性质对非竞争投入产出表进行了拆分，使对一国出口国内增加值的测算更加准确。然而，国家投入产出表仅能够描述经济体内各部门之间的投入产出关系，同时将所有国外进口部门视为一个整体，因此，一般而言基于国家投入产出表的贸易增加值核算方法仅能够区别出国内与国外增加值；不过荷兰格罗宁根大学教授 Marcel 等（2016）灵活利用

"假设抽取法"将一国出口国内增加值分解为最终品出口、中间品出口、折返值及重复计算，但是它仍然无法满足对一国出口成分的彻底分解。以世界投入产出表为依托的贸易增加值核算方法则表现为不断地细化出口总值的分解项，由Koopman等（2010）的五部分分解方法发展到Koopman等（2012）的九部分分解法，后者根据产品形式进一步将前者国外增加值进行分解，同时识别出官方贸易统计中重复核算部分及来源；在此基础上，Wang等（2013）通过对中间产品的分解并依据增加值的来源和去向将一国总出口分解为十六个部分，从而准确地搭建了从官方贸易到贸易增加值核算的准确桥梁，其分解方法不仅适合国家层面，同时也适合部门双边层面，成为目前最为成熟的出口分解方法之一。基于此，本书借鉴其核算原理，对中国制造业实际有效汇率、服务业垂直专业化及显性比较优势进行了测算。此外，双边失衡核算是贸易增加值核算方法的一个延伸，Stehrer R.（2012b）提出的方法在国内备受推崇，然而利用此方法很难厘清贸易失衡的原因，结合当前学者提出的以跨境次数核算贸易增加值的方法，本书试图构建一个基于跨境次数并且可以厘清双边贸易失衡原因的分解模型。

综上所述，贸易增加值核算方法的发展脉络具有"纵向发展，横向深化"的双重特点。最新的研究成果不仅在总值贸易和贸易增加值统计方法间建立了联系，还实现了与以往研究成果测算指标之间的"无缝"衔接。两个发展脉络的结合是未来贸易增加值核算领域的重点及难点问题。本书实证部分正是在已有贸易增加值核算理论的基础上展开的，实现了对其"继承"与"发扬"。

二、应用研究结论

在应用研究中，本书选择中国对外贸易失衡、制造业实际有效汇率、垂直专业化及显性比较优势4个方面进行了探究，主要得出了以下几点结论：

首先，中国对外贸易一直呈现顺差状态，并且整体上呈现出明显的上升趋势（1998年和2009年除外，这两个年份的顺差因受到亚洲金融危机和世界经济危机影响而显著减小），由1995年的258.27亿美元上升至2011年的2947.37亿美元，其中，2008年达到最大值4163.71亿美元，中国整体对外失衡状况日益严峻。然而，中国对外贸易失衡程度在贸易增加值核算口径下并未发生任何改变，即进一步证实了"贸易增加值核算方法并不会改变一国与其他国家（地区）的总体贸易失衡程度”的结论。在双边贸易失衡分析中，一方面，本书对中国与主要贸易伙伴的失衡程度进行了分析，结果表明贸易增加值视角下的中国双边贸易失衡程度明显减小，其中，贸易逆差主要来自韩国和中国台湾两个经济体，分别由1995年的32.364亿美元和62.309亿美元上升到2011年的174.424亿美元和306.528亿美元，对这两个经济体的逆差扩大趋势明显；顺差主要来自美国、印度和英国等经济体，其中，来自美国的增加值顺差最大，2011年扩大到1961.728亿美元，占当年中国对外贸易顺差的66.56%，这可能由于美、英等发达经济体和印度是中国主要最终产品的出口地；考察期间，中国与法国的贸易增加值由逆差转变为顺差，与澳大利亚的贸易增加值则出现相反的变化。以上测算结果意味着如果以双边贸易增加值核算结果作为各国政策制定的依据，可能会降低贸易摩擦发生的次数。另一方面，本书对中国与典型贸易伙伴的失衡程度进行了分析，结果表明在双边贸易失衡测算中，不仅存在官方贸易统计数据高估实际贸易失衡程度，还存在官方贸易失衡大于贸易增加值失衡、两者异号且前者绝对值较大、两者异号且前者绝对值较小3种情况，进而根据官方贸易失衡的状态（顺逆差）可以继续细分为六个类别，其中典型贸易伙伴包括西班牙、爱尔兰、德国、希腊、立陶宛、澳大利亚、日本、马耳他和丹麦等，中国政府在制定外贸政策时应密切关注以上经济体，在与这些经济体的贸易中，依据官方贸易统计数据制定的政策往往会出现严重的“失灵”。此外，理论分析表明双边贸易伙伴对国外增加值需求、第三国对国内外增加值需求、间接贸易、重复核算及折返值4类因素是导致官方贸易失衡出现统计“幻觉”的主要因素，例如，虽然中国大陆与中国台湾、韩国等贸易伙伴在以总值测算出的双边贸易差额中显示较大的贸易逆差，但是这也不能代表中国与这两个经济体的双边贸易中存在巨大亏损，一方面，由于中国可能通过第三国实现对这两个经济体的间接增加值出口；另一方面，中国进口的增加值并不一定由本国吸收，以上这两个因素在一定程度上缓解了中国与韩国、中国大陆与中国台湾的贸易逆差。进一步分析显示，不仅不同类别中导致总值和贸易增加值差异因素不同，相同类别中导致两者差异的因素也不相同，这就要求我们在调节各国贸易失衡问题时要具体问题具体分析。通过对比不同口径下中国外贸失衡与双边失衡不难发现贸易增加值核算方法的改变并不影响中国对外贸易失衡程度，而是改变了原有的失衡结构。

其次，根据 Wang 等（2013）提出的双边贸易流分解方法，得出制造业整体和部门层面的国内增加值出口，然后将其代入传统实际有效汇率的计算公式中。研究发现：相比于 1999 年，2012 年中国制造业实际有效汇率和基于增加值测算的实际有效汇率分别升值 12% 和 16% 左右，这意味着基于总值测算的实际有效汇率在一定程度上低估了出口竞争力的恶化；此外，两者在数值上并非表现出较大差异，这是由于基于总值和增加值出口赋予贸易伙伴的权重相差较小，基于官方贸易出口统计数据测算的实际有效汇率在加总层面低于基于增加值实际有效汇率，这一结论在具体部门也成立。基于贸易增加值核算的实际有效汇率的波动幅度均落在 90% ~120%，相同核算方法下不同行业实际有效汇率变化趋势具有明显的异质性，饮料和烟草制造业，木材和软木制品制造业，造纸、印刷和出版制造业 3 个行业的实际有效汇率升值幅度最大，表明考察期间这些行业出口价格竞争力明显下降，而纺织产品制造业、皮革和鞋类制造业和运输设备制造业 3 个行业的实际有效汇率升值幅度在 10% 以内，表明这些行业出口价格竞争力较强。在实际有效汇率变动的贸易效应研究中，本书发现行业出口总值对行业实际有效汇率的解释程度高于加总制造业层面；基于出口总值测算的出口弹性系数出现下降，全球化在出口弹性系数下降中起到了自然对冲作用。考察期间，基于增加值测算的出口弹性系数变化不大，整体小于总值测算的出口弹性系数。

最后，在对中国整体服务贸易产业出口总值根据价值来源和吸收地进行分解基础上，构建了垂直专业化分工指数，同时利用前向联系分解方法构建比较优势指数。研究发现：1995 ~2011 年中国服务业整体垂直专业化份额呈上升趋势，年均增长率为 1.60%；出口国外增加值来源呈现多元化趋势，作为中国主要进口来源地的 20 个经济体总计占比从 1995 年的 74.75% 下降到 2011 年的 61.24%；新兴工业经济体和部分发达国家是中国服务业出口国外增加值的主要来源地，来自俄罗斯、墨西哥、巴西和印度等新兴市场经济体的国外增加值份额增长较快，与中国服务业形成垂直专业化分工潜力较大；在按要素密集度特征分类中，资本密集型服务业垂直专业化分工水平最高，但是数据显示部分劳动密集型和公共服务两个领域参与全球垂直专业化趋势明显；在细分行业层面中国服务业出口中隐含的日本、中国台湾和希腊三个经济体增加值份额都呈现不同程度的下降趋势。中国服务业在全球价值链分工中，比较优势集中在资本密集型服务业领域，且实现了比较劣势向比较优势的转变；劳动、知识密集型服务业及公共服务均尚未取得比较优势，但是有迹象表明三个领域的比较劣势有改善的趋势。与基于前向联系增加值核算结果相比，基于总出口核算结果“高估”了劳动密集型产业的比较优势，其中对建筑业和零售贸易两个部门的估计偏差最大；同时，在资本、知识密集型两个领域存在不同程度的“低估”现象。与美国相比，中国大部分细分行业不具有绝对比较优势，除资本密集型服务业以外，中国在其他领域的比较优势显著低于美国。

第二节　政策建议

全球价值链分工与贸易已经成为当今世界经济的一个主要特征，商品和服务越来越多地选择在技术和原材料价格和质量有竞争力的地区进行生产，很多出口产品的价值来源实际上涉及多个国家（地区），而不是仅由最终出口该产品的经济体所有（王直等，2015）。然而，现行的国际贸易统计制度和方法没有考虑这些新变化，只统计产品跨境时的进出口总值，无法准确描述整个生产过程，作为致力于解决贸易现实与官方贸易统计数据矛盾的贸易增加值核算方法在一定程度上还原了贸易真相，在对外贸易失衡、实际汇率、比较优势等领域产生了深刻的影响。本书在继承与发展已有贸易增加值核算方法的基础上，利用世界投入产出表对上述问题进行了系统研究，并得出相应的政策建议。

一、有必要深度调整对外贸易发展的国别结构

在对外贸易失衡研究中，本书分别测算了中国的双边贸易失衡及整体对外贸易失衡，研究结果有助于正确识别中国的双边贸易失衡规模及失衡结构，具有一定的政策含义：首先，考察期间中国整体对外贸易失衡规模较为严峻，经常账户顺差有持续扩大的趋势，由此产生的巨额外汇将给中国宏观经济调控带来极大的压力，因为这部分外汇储备最终要变成本国的基础货币，从而将会干扰国内物价均衡，主要表现为加大通货膨胀的压力。为此，可以通过两个途径改善经常账户

顺差：其一，通过降低关税、增加补贴等方式鼓励国外产品流入中国消费市场，最大限度地激发国内消费活力，同时为国外商品在中国推销、推介提供政策上的便利。其二，适度降低各大银行向对外投资企业发放贷款的门槛，鼓励中国企业走出国门积极参与到国际合作与竞争之中，这样做也能够避免外汇贬值。其次，相对于官方贸易统计结果，中国贸易增加值国别（地区）失衡状况明显好转，虽然这是由于中国有巨额的贸易顺差，但是并非都是国内要素的净贡献，中国出口的价值并非都由直接进口国吸收。为此，中国在加强最终产品出口竞争力的同时，应该注重提高投入要素的技术水平，提高出口竞争优势，以较好地适应国际化分工的大浪潮。最后，美国依然是中国最大的出口国，中美贸易顺差占中国对外贸易顺差60%以上，为进一步降低贸易风险，有必要调整“一国独大”的贸易结构，以党中央、国务院提出的“一带一路”发展战略为契机，促进中国向亚洲其他经济体、欧洲及非洲等经济体的外贸与投资。同时鼓励企业到逆差经济体投资，共建工业园区，以提高其出口竞争能力。总之，通过多元化的外贸策略，释放出口过度集中可能带来的风险，从整体上减少贸易失衡程度。

二、控制名义汇率升值速度，降低国内要素价格

在实际有效汇率研究中，本书基于贸易增加值核算实际有效汇率并与总值口径下进行对比分析，进而对不同口径、不同时期的实际有效汇率的贸易效应进行了研究，具有重要的政策意义：首先，为了更好地理解不同行业竞争力变化，国际货币基金组织、世界银行、联合国贸发会议、各国统计机构等尝试发布行业实际有效汇率，为各国贸易政策制定提供依据，针对实际有效汇率出现显著升值的行业，中国政府可以通过控制名义汇率升值，尤其是可以通过控制国内要素价格水平，或从国外进口低价的原材料，并提高其价格竞争力。其次，各国需要适时纠正在实际有效汇率贬值基础上做出的经济政策；这是由于各经济体普遍将货币贬值作为刺激出口和经济增长的政策工具，然而需要警惕这种政策工具的有效性在下降，这一点需要引起格外关注。此外，Ahmed（2015）指出出口中包含国外增加值越多，通过货币贬值所能提升的出口量越少，目前中国部分高科技行业出口中的国外增加值成分高达40%以上，因此，中国需要格外关注实际汇率贬值对出口的影响。最后，基于增加值实际有效汇率的变动制定贸易政策将是一个稳

定的政策工具，但是这需要有精确的数据基础。

三、提高服务贸易国际分工质量，优化出口结构

本书认为，应该更加充分地利用国际资源与发达国家的发展经验，一方面，扩大服务业关键技术环节的进口，进一步提高低价劳动力成本的利用效率；另一方面，鼓励各种类型企业到中国产业链的上游及下游投资办厂，延长中国在全球价值链中的势力范围。此外，警惕美国贸易保护主义对中国服务业出口的抵制，制定相关贸易政策进一步促使服务业出口国别分布向多元化方向发展。具体来说：

第一，鼓励服务业参与国际垂直专业化分工，特别是知识密集型服务业，通过“干中学”效应促进服务业出口增加值比重提高。本书测算结果显示中国服务业垂直专业化水平不高①，因此，扩大服务业的对外开放，如进一步放开外资对金融中介、邮政和通信业等领域的市场准入，鼓励外资进入教育、其他社区、社会及个人服务领域；此外，知识密集型服务业因具有高附加值等特点成为当今服务贸易增长的新引擎，而金融中介、租赁和商务服务两个知识密集型行业不仅在服务出口中所占的比重偏低，而且对发达国家尤其是美国中间品的利用率也不高。为使中国由服务大国向服务强国转变，政府需高度重视知识密集型服务业的发展，通过对发达国家尤其是美国先进生产经验的积累与总结，提高整个服务业出口的数量与质量。就垂直专业化份额来源而言，应扩大与新兴市场经济体的贸易协商与垂直专业化合作的机会，培育服务贸易来源的新增长点。本书研究显示中国服务业出口中自美国、加拿大、日本和中国台湾等发达经济体的增加值份额有放缓甚至下降趋势，而来自新兴经济体增速明显，尤其是俄罗斯、墨西哥和巴西等新兴市场经济体成为中国资本密集型服务业的新增长点。因此，与新兴市场经济体合作不仅可以减少对发达国家的依赖，还可以通过同时加强进口与出口的贸易战略来减少新兴市场经济体之间的贸易摩擦。为此，中国政府需进一步提升与新兴市场经济体贸易合作的机会，加强双边和多边贸易联系，培育服务贸易来

① 与已有研究的制造业垂直专业化水平相比，还处于较低水平；与十大服务贸易大国相比，处于中等水平。

源的新增长点。

第二，客观认识并夯实中国服务业比较优势基础，推动资源密集型服务业向中高端发展。从前向联系增加值的角度认清中国服务业的比较优势和比较劣势，扎扎实实地夯实现有的比较优势。本书建议深化资源型产业之间的融合，进一步细化专业分工，增强服务功能，提高密集型产业整体素质和核心竞争力，根据循序渐进的原则，实现资源密集型服务业向全球产业链中高端发展，这是中国服务业实现转型升级的必要步骤之一，如果不能从中国现实状况出发，盲目地模仿发达国家，不切实际地大力发展知识密集型服务业，那么，中国服务业可能在国际竞争中由于缺乏根基而“摔得粉身碎骨”。此外还需发挥跟随模仿的发展战略，全面提升服务业的国际竞争力。跟随模仿对经济发展乃至产业竞争力的提升都起着至关重要的作用。本书研究结果显示，中国在劳动密集型、知识密集型服务业和公共服务 3 个领域尚缺乏比较优势，即使在资源密集型服务业中，目前中国距离全球价值链的高端尚有很大程度的差距，这也意味着通过进一步融入全球价值链体系，中国服务业仍有很大的跟随模仿空间，鉴于自主创新需要花费的时间较长，跟随模仿是中国服务业竞争力进一步提升的现实选择，这主要指集成创新和引进吸收再创新。因此，为了推进中国服务贸易在“量”和“质”两个方面的发展，需要跟随模仿发达国家尤其是美国的发展经验，同时要注重运用“拿来主义”：取其精髓，去其糟粕。

第三，提升知识密集型服务业的竞争力，优化服务业出口结构。本书研究结果发现，中国服务业出口依然是以劳动密集型和资本密集型为主，两者增加值出口均占总增加值出口的 30% 以上；虽然知识密集型产业占据一定的市场份额，但与发达国家尤其是美国还有很大的差距。由于知识密集型产业自身的生产函数技术变化率相对较高，产出特性变化较快，因此，对于使用它们作为中间投入品的服务业和制造业生产率增长贡献较大，为此，应将知识密集型产业的发展放在重要的战略位置，而发展知识型产业不仅要靠政府投入大量的资金用于基础设施的建设，更需要提高整个国家的教育质量，一方面，国家应该停止高校招生规模的扩张，将有限的财政收入投入到高层次人才的培养和国际知名学者聘请上，真正地实现“财富—知识—财富”的良性循环；另一方面，扩大留学生的输送力度，学习发达国家先进的技术与管理经验，切实提高金融中介及租赁和商务服务的服务水平，提高扩大出口规模，从而实现我国出口由劳动密集型和资本密集型向知识密集型产业逐步转变。

第三节　研究展望

笔者从概念、原理及结果等方面入手较为系统地探究了国内外贸易增加值核算理论的研究进展，同时比较了核算方法之间的异同点及适用范围。在此基础上，通过科学构建分解模型完成了对开放宏观经济领域中的贸易失衡问题、实际有效汇率、垂直专业化及显性比较优势等问题的再研究。大量的数据处理及系统化的研究视角使得这项工作具有一定的挑战性，值得欣慰的是，最终得出了一些有意义的结论。除此之外，笔者对如何提高贸易增加值核算数据的权威性、准确性及时效性，拓展贸易增加值核算方法的应用领域等问题充满了浓厚的兴趣。遗憾的是，由于时间限制，笔者尚未来得及对这些问题进行深入、系统的研究，这里仅作为未来研究方向简单列示出来。

一、如何提高贸易增加值核算数据的权威性、准确性与时效性

目前，国际官方机构、学界、各国统计机构等在“贸易增加值核算对于准确测度全球化时代各国利益非常必要”议题上已经取得共识。然而，这一方法要实际用于测算各国贸易还有很长的路要走，问题在于目前一些机构提供的增加值核算数据还需要进一步提高其权威性、准确性与时效性。因此，对如何进一步提高贸易增加值核算数据质量的探究可能会产生一些有益的结论。

首先，开展贸易增加值统计各国不能自行其是，需要建立一个国际上统一的全球层面的贸易增加值核算模型和执行机制，其成果数据具有唯一性，供各经济体使用。同时，要编制国际通行的贸易增加值核算数据，不仅需要现行的海关统计的货物数据、国家外汇管理局提供的服务贸易数据、用于国民核算的投入产出数据，还需要通过企业调查补充微观数据。如果各个国家分别采用一套数据标准，会大大降低统计结果的可比性。此外，还需要有一个权威组织出版官方核算

框架对贸易增加值核算方法进行规范，即在贸易增加值核算方法不断发展的过程中，应积极推进其背后理论基础的构建，以形成用于指导贸易增加值核算方法的理论框架，争取早日实现将贸易增加值纳入官方统计体系的最终目的。

其次，需要各经济体按照统一的口径提高基础数据的收集质量。然而，就现行统计制度下货物统计差额而言，虽然各国都是按照国际统一的数据采集规则采集数据，两个贸易伙伴统一的贸易差额数据仍然相差很多，由此可以推知搜集用于核算贸易增加值的基础数据将更富有挑战性。它需要充分利用“海关数据与企业调查”和“贸易统计与商业统计”等基础数据。具体而言，需要两种渠道数据用以核算贸易增加值，不过最重要的贸易数据仍然是海关数据，报关资料上进出口数据的详尽程度是决定贸易增加值数据质量的关键，同时应该拓展企业调查的商品范围、增加贸易伙伴的信息，提高调查频率，最大限度地发挥好企业调查为海关调查的补充作用。贸易增加值核算不仅厘清了国家之间的利益，更厘清了两国商业企业之间的利益。为此，在最优化使用和联系已存在数据来源的基础上，遵守相关的规则并建立统计信息系统至关重要，如基于关税的商业贸易统计、贸易和商业登记、经济调查数据、企业调查和行政记录。由于企业调查是现行统计制度外的活动，势必增加企业的负担，这可能影响企业的配合程度，进而影响数据完整性及数据质量，因此，如何取得高效、高质量且可比的微观数据是各国统计机构值得重点商榷的事件。此外，目前 WIOD 中服务贸易数据收集的详细程度及精确性低于货物贸易数据，未来仍有较大改进空间尤其是在公司内贸易流的统计上（Francois and Hoekman，2010）。

值得注意的是，2008 年国民核算体系（SNA2008）和国际贸易收支统计标准第六版（BPM6）出现了若干修改，如有关加工贸易统计口径的变化、将“研究和开发”直接视为投资。这两项统计制度的修订，意味着在不远的将来投入产出表的编制基础要以新准则为标准，同时也意味着若想获得历史可比的贸易数据，需要对国家投入产出表，乃至世界投入产出表做出修订，然而如何改进原有投入产出表的数据，是提高贸易增加值核算数据准确性的基本条件之一。

最后，利用现代数据收集技术、加大经费投入提高贸易增加值核算数据的时效性。贸易增加值核算数据不是直接从海关采集的数据，而是在此基础上派生并发布的数据，其主要的分析工具为投入产出表。由于需要协调各方面数据，编表工作具有耗时、费力、工作量大、涉及面广等特点。通常国家投入产出表每五年编制一次，这就不免使得据此测算的贸易增加值数据具有一定的时滞性，例如，截至目前，商务部发布的中国贸易增加值核算数据更新到2013年，TiVA发布的数据更新到2011年，本书核算数据与其时间上限一致，这就造成贸易政策制定的缺乏及时有效的工具。倘若利用现代数据收集技术，统计部门及时掌握海关、企业的数据信息，加大经费投入增加值投入产出表编制人员的数量，或许可以提高贸易增加值核算数据的时效性。

二、拓宽贸易增加值核算方法的应用领域

在贸易增加值核算方法的应用层面，不仅限于外贸失衡问题、实际有效汇率问题、服务业显性比较优势等问题，本书仅就当前研究空白予以探究。未来一段时期内计划在贸易增加值视角下关注“对外贸易引致的要素收入分配”“服务贸易对制造业的贡献度、变迁及影响因素分析”“各国碳排放责任的分担”三个选题。具体而言：

WIOT不仅提供了40个经济体1995～2011年的投入产出数据，同时也提供了包含资本、劳动等要素投入的社会核算矩阵。将一国最终消费品的价值按照不同国家部门的劳动和资本要素收入进行分解，可以核算各经济体要素收入，通过要素分配的纵向对比，可以观察不同类型要素收入变迁情况；通过要素分配的纵向对比，可以观察不同经济体的要素报酬之间的差异。同时由于劳动和资本被进一步区分为不同类型，从而可以对比不同类型要素分配情况。通过对最终品分解可以测算出哪些经济体是高技术劳动力的净输出者？哪些经济体是低技术劳动者的净输出者？新兴经济体、发达经济体与发展中经济体要素输出类型有何差异？这些问题的探究对于改善各国收入分配或许是一个有益的补充。因此，“对外贸易引致的要素收入分配”是未来需要重点关注的领域。

本书在实证研究中分别测算了国家层面、制造业及服务业出口增加值情况，但“服务贸易对制造业的贡献度、变迁及机理分析”对于指导制造业产业升级同样具有理论意义。在该研究框架下，国内外服务业出口增加值对不同类型制造业出口的贡献度是否相同？呈现何种变迁方式？何种因素是服务业出口对制造业出口的贡献度？是制造业国际分工程度、制造业创新能力、经济发展水平、服务

贸易开放度、服务业国内发展水平，还是其他因素？这些问题的回答对于提高制造业附加值水平，指导制造业产业升级，促进服务业与制造业的融合有积极作用。

此外，贸易增加值核算在环境领域的应用可能是未来研究的热点。据国际能源署估计，全球二氧化碳的绝对量已经由 1990 年的 215 亿吨增至 2014 年的 351.44 亿吨，约占温室气体的 70% 以上。联合国政府间气候变化专门委员会（Intergovernmental Panel on Climate Change，IPCC）研究表明，气候变暖正在对人类社会和大自然产生不可估量的危害。在全球化生产及贸易中，必然有经济体主要从事高污染的产品出口贸易，为各国碳排放核算产生干扰，因此，构建能够凸显公平、效率的国际碳排放分摊机制受到重视。学者在公平原则角度下，提出生产者、消费者各自承担，共同承担（肖艳和郑学党，2016）。然而，在这三种论点下二氧化碳排放量核算有赖于对各国贸易增加值的正确核算。

总而言之，贸易增加值核算及相关议题研究仍是一个开放的领域，核算框架的统一、基础数据的采集、应用范围的拓宽，都有助于人们进一步厘清贸易给各国带来的利益，认清贸易统计方法的改进对社会经济领域的影响，从而最终达到将增加值核算方法纳入官方贸易统计体系的目的。

附录 1

在一个三国组成的经济系统中，每一个国家的总产出都可以写成中间使用和最终使用组成的函数：

$$x_1 = a_{11}x_1 + f_{11} + a_{12}x_2 + f_{12} + a_{13}x_3 + f_{13}$$

$$x_2 = a_{21}x_1 + f_{21} + a_{22}x_2 + f_{22} + a_{23}x_3 + f_{23}$$

$$x_3 = a_{31}x_1 + f_{31} + a_{32}x_2 + f_{32} + a_{33}x_3 + f_{33} \qquad (1)$$

进一步，写成矩阵形式：

$$\begin{bmatrix} x_1 \\ x_2 \\ x_3 \end{bmatrix} = \begin{bmatrix} a_{11} & a_{12} & a_{13} \\ a_{21} & a_{22} & a_{23} \\ a_{31} & a_{32} & a_{33} \end{bmatrix} \begin{bmatrix} x_1 \\ x_2 \\ x_3 \end{bmatrix} + \begin{bmatrix} f_{11} & f_{12} & f_{13} \\ f_{21} & f_{22} & f_{23} \\ f_{31} & f_{32} & f_{33} \end{bmatrix} \qquad (2)$$

移项：

$$\begin{bmatrix} x_1 \\ x_2 \\ x_3 \end{bmatrix} = \begin{bmatrix} 1-a_{11} & -a_{12} & -a_{13} \\ -a_{21} & 1-a_{22} & -a_{23} \\ -a_{31} & -a_{32} & -a_{33} \end{bmatrix}^{-1} \begin{bmatrix} f_{11} & f_{12} & f_{13} \\ f_{21} & f_{22} & f_{23} \\ f_{31} & f_{32} & f_{33} \end{bmatrix} \qquad (3)$$

其中，

$$L = (I - A)^{-1} = \begin{bmatrix} 1-a_{11} & -a_{12} & -a_{13} \\ -a_{21} & 1-a_{22} & -a_{23} \\ -a_{31} & -a_{32} & -a_{33} \end{bmatrix}^{-1} \qquad (4)$$

则式（4）可以表示成：

$$\begin{bmatrix} x_1 \\ x_2 \\ x_3 \end{bmatrix} = \begin{bmatrix} l_{11} & l_{12} & l_{13} \\ l_{21} & l_{22} & l_{23} \\ l_{31} & l_{32} & l_{33} \end{bmatrix} \begin{bmatrix} f_{11} & f_{12} & f_{13} \\ f_{21} & f_{22} & f_{23} \\ f_{31} & f_{32} & f_{33} \end{bmatrix} \tag{5}$$

展开：

$$x_2 = l_{21}(f_{11} + f_{12} + f_{13}) + l_{22}(f_{21} + f_{22} + f_{23}) + l_{23}(f_{31} + f_{32} + f_{33}) \tag{6}$$

附录 2

在列向上总产出可以表示为各国中间投入与本国增加值之和：

$$x_j = \sum_{i=1}^{C} z_{ij} + w_j \tag{1}$$

其中，z_{ij}为 i 国对 j 国的中间投入，C 为所有国家，w_j 为 j 国产生的增加值。写成矩阵形式为：

$$X' = u'Z + W' \tag{2}$$

另外，全球投入产出系数矩阵可由中间投入与各国总产出之比得出，即

$$A = \hat{Z}X^{-1} \tag{3}$$

其中，$\hat{X}$ 表示 X 的对角矩阵。同理增加值系数矩阵可以由增加值与各国总产出之比得出，即

$$V = W\hat{X}^{-1} \tag{4}$$

将式（3）代入式（2）得：

$$X' = u'A\hat{X} + W' \tag{5}$$

将式(5)右乘 $\hat{X}^{-1}$可得：

$$X'\hat{X}^{-1} = u'A\hat{X}\hat{X}^{-1} + W'\hat{X}^{-1} \tag{6}$$

即：

$$u' = u'A + V' \tag{7}$$

移项得：

$$V'(I - A)^{-1} = u' \tag{8}$$

附录3

正文中提到全球列昂惕夫逆矩阵中的一个元素代表了 i 国中间品中包含的国内增加值通过国际生产网络到达 j 国的所有可能方式，此处以一个三国组成的经济系统为例，予以证明①。

假如全球投入产出系数矩阵和仅包含本国投入产出系数组成的矩阵分别为 A 和 $\tilde{A}$，其展开式为：

$$A = \begin{bmatrix} a_{11} & a_{12} & a_{13} \\ a_{21} & a_{22} & a_{23} \\ a_{31} & a_{32} & a_{33} \end{bmatrix} \tag{1}$$

$$\hat{A} = \begin{bmatrix} a_{11} & 0 & 0 \\ 0 & a_{22} & 0 \\ 0 & 0 & a_{33} \end{bmatrix} \tag{2}$$

因为 A 和 $\tilde{A}$ 的逆矩阵可以分别表示成 A 和 $\tilde{A}$ 不同次幂的函数，即

$$L = I + A + A^2 + A^3 + \cdots = (I - A)^{-1} \tag{3}$$

$$\tilde{L} = I + \tilde{A} + \tilde{A}^2 + \tilde{A}^3 + \cdots = (1 - \tilde{A})^{-1} \tag{4}$$

其中，

$$A^2 = \begin{bmatrix} a_{11} & a_{12} & a_{13} \\ a_{21} & a_{22} & a_{23} \\ a_{31} & a_{32} & a_{33} \end{bmatrix} \begin{bmatrix} a_{11} & a_{12} & a_{13} \\ a_{21} & a_{22} & a_{23} \\ a_{31} & a_{32} & a_{33} \end{bmatrix} = \begin{bmatrix} \sum_i a_{1i}a_{i1} & \sum_i a_{1i}a_{i2} & \sum_i a_{1i}a_{i3} \\ \sum_i a_{2i}a_{i1} & \sum_i a_{2i}a_{i2} & \sum_i a_{2i}a_{i3} \\ \sum_i a_{3i}a_{i1} & \sum_i a_{3i}a_{i2} & \sum_i a_{3i}a_{i3} \end{bmatrix} \tag{5}$$

① 参考 Nagengast 和 Stehrer（2014）。

$$A^3=\begin{bmatrix}\sum_i a_{1i}a_{i1} & \sum_i a_{1i}a_{i2} & \sum_i a_{1i}a_{i3}\\ \sum_i a_{2i}a_{i1} & \sum_i a_{2i}a_{i2} & \sum_i a_{2i}a_{i3}\\ \sum_i a_{3i}a_{i1} & \sum_i a_{3i}a_{i2} & \sum_i a_{3i}a_{i3}\end{bmatrix}\begin{bmatrix}a_{11} & a_{12} & a_{13}\\ a_{21} & a_{22} & a_{23}\\ a_{31} & a_{32} & a_{33}\end{bmatrix}$$

$$=\begin{bmatrix}\sum_i(\sum_i a_{1i}a_{i1})a_{j1} & \sum_i(\sum_i a_{1i}a_{i2})a_{j2} & \sum_i(\sum_i a_{1i}a_{i3})a_{j3}\\ \sum_i(\sum_i a_{2i}a_{i1})a_{j1} & \sum_i(\sum_i a_{2i}a_{i2})a_{j2} & \sum_i(\sum_i a_{2i}a_{i3})a_{j3}\\ \sum_i(\sum_i a_{3i}a_{i1})a_{j1} & \sum_i(\sum_i a_{3i}a_{i2})a_{j2} & \sum_i(\sum_i a_{3i}a_{i3})a_{j3}\end{bmatrix} \tag{6}$$

A^3 中的一个元素为：

$$a_{(3)kl}=\sum_{i3}(\sum_{i2}a_{ki_2}a_{i_2i_3})a_{i_3l} \tag{7}$$

同理，A^n 中的一个元素为：

$$a_{(n)kl}=\sum_{i_n}(\sum_{i_{n-1}}\cdots\sum_{i_3}(\sum_{i_2}a_{ki_2}a_{i_2i_3})a_{i_3i_4}\cdots a_{i_{n-1}i_n})a_{i_nl} \tag{8}$$

因此，列昂惕夫逆矩阵的元素可以表示成：

$$l_{(n)kl}=\delta_{kl}+a_{kl}+\sum_{m=2}^{n}a_{(m)kl} \tag{9}$$

当 $k=l$ 时，$\delta_{kl}=1$；当 $k\neq l$ 时，$\delta_{kl}=0$。因此，列昂惕夫逆矩阵描述了从 k 国到 l 国所有可能的方式。同理，$\tilde{A}$ 描述了国内各产业间中间产品所有的去向。为了计算没有离开本国的增加值，只需要 $\tilde{A}$ 矩阵的对角元素：

$$\tilde{l}^{kk}=\sum_{m=0}^{\infty}(a^{kk})^m=(1-a^{kk})^{-1} \tag{10}$$

用矩阵表示为：

$$\tilde{L}=(I-\tilde{A})^{-1} \tag{11}$$

因此，正文中全球列昂惕夫逆矩阵被分解为：

$$L=\tilde{L}+(L-\tilde{L}) \tag{12}$$

即：

$$L=\begin{bmatrix}l_{11} & l_{12} & l_{13}\\ l_{21} & l_{22} & l_{23}\\ l_{31} & l_{32} & l_{33}\end{bmatrix}=\begin{bmatrix}\tilde{l}_{11} & 0 & 0\\ 0 & \tilde{l}_{22} & 0\\ 0 & 0 & \tilde{l}_{33}\end{bmatrix}+\begin{bmatrix}1-\tilde{l}_{11} & l_{12} & l_{13}\\ l_{21} & l_{22}-\tilde{l}_{22} & l_{23}\\ l_{31} & l_{32} & l_{33}-\tilde{l}_{33}\end{bmatrix} \tag{13}$$

附录4

附表　中国与其他典型贸易伙伴的双边贸易失衡分解

单位：百万美元

类别 年份	情形	国家	NX	NVAX	NVAX*	CORR	FVA_ tp	FVA_ 3rd	DR
1996	C1	澳大利亚	67.330	-11.457	329.204	340.660	-0.903	-221.710	-39.260
	B2	保加利亚	-1.702	-5.791	2.930	8.721	-0.035	-3.201	-1.396
	B1	希腊	297.517	318.048	248.254	-69.793	-0.026	48.714	0.575
	B1	马耳他	5.133	7.678	5.548	-2.130	-0.054	-0.675	0.314
	D2	罗马尼亚	-0.013	10.488	10.824	0.336	-0.179	-8.194	-2.464
1998	C1	比利时	129.141	-38.502	18.801	57.304	-168.256	260.508	18.088
	B1	巴西	339.504	349.116	312.209	-36.907	77.905	-49.115	-1.496
	B1	西班牙	726.972	825.926	616.388	-209.538	66.525	33.705	10.354
	B1	希腊	371.674	426.874	307.696	-119.179	29.531	32.541	1.907
	B1	意大利	226.717	336.285	194.839	-141.446	-100.705	133.526	-0.943
	B1	立陶宛	8.396	11.427	4.920	-6.507	0.602	2.511	0.363
	B1	拉脱维亚	4.998	6.536	3.762	-2.774	0.554	0.846	-0.164
1999	B1	西班牙	859.594	952.349	693.624	-258.725	-48.610	172.514	42.066
	B1	希腊	348.939	399.060	284.390	-114.669	17.288	32.341	14.920
	B1	意大利	121.152	274.084	143.256	-130.828	-97.367	-61.481	136.744
	B1	立陶宛	5.891	8.741	3.844	-4.896	-0.994	0.672	2.368
	D2	马耳他	-0.284	2.717	1.987	-0.730	-6.273	3.242	0.760

续表

类别 年份	情形	国家	NX	NVAX	NVAX*	CORR	FVA_ tp	FVA_ 3rd	DR
2001	B2	德国	-1633.681	-1868.102	-1450.272	417.829	-145.619	-907.741	-2532.731
	B1	西班牙	58.886	406.841	98.520	-308.321	204.755	-141.477	626.177
	B2	印度尼西亚	-433.432	-760.039	-261.355	498.683	-9.988	-288.925	-1188.496
	B2	爱尔兰	-70.156	-186.113	-5.271	180.841	-241.362	-177.892	-0.528
	B2	俄罗斯	-946.021	-984.269	-437.875	546.393	221.649	-211.654	-2262.815
2003	B2	新西兰	-409.387	-452.252	-245.277	206.975	-89.223	-74.289	-0.599
	C1	比利时	306.929	-142.252	118.534	260.786	-118.916	272.602	34.710
	B2	德国	-7727.593	-7850.196	-6676.779	1173.418	42.296	-1208.421	115.310
	D1	丹麦	67.203	-313.291	-155.493	157.797	-86.560	247.425	61.832
	C2	西班牙	-557.061	191.482	-335.825	-527.306	503.348	-706.357	-18.227
	B2	芬兰	-686.603	-840.135	-554.006	286.129	-65.512	-110.093	43.008
	C1	爱尔兰	832.404	-117.032	298.256	415.288	-318.462	614.693	237.917
	B2	日本	-7787.779	-8521.388	-4068.639	4452.749	5514.151	-7872.825	-1360.468
	B2	俄罗斯	-428.737	-731.026	296.994	1028.021	634.769	-1260.945	-99.556
2004	B2	新西兰	-255.382	-285.733	-70.741	214.992	-1.946	-161.603	-21.091
	B2	德国	-7707.306	-9322.890	-7564.297	1758.593	1191.899	-1938.483	603.576
	D1	丹麦	66.925	-293.707	-150.929	142.778	-0.772	151.389	67.237
	B1	西班牙	83.352	1055.290	49.578	-1005.712	911.542	-892.799	15.031
	B2	印度尼西亚	-17.092	-722.840	159.605	882.445	229.856	-432.136	25.583
	C1	爱尔兰	1217.436	-200.535	269.351	469.887	-99.624	654.432	393.277
	B1	拉脱维亚	33.712	45.291	27.502	-17.789	6.960	0.232	-0.983
	D1	荷兰	222.894	-1476.435	-870.666	605.768	-156.511	887.381	362.692
	B2	斯洛文尼亚	-24.264	-43.599	-34.046	9.554	0.272	2.504	7.006
	B2	瑞典	-1475.368	-1508.314	-878.116	630.198	-186.805	-391.942	-18.505
2006	C2	澳大利亚	-2132.354	658.518	1335.352	676.834	2705.595	-5657.175	-516.125
	B1	希腊	1761.520	1794.322	1269.617	-524.705	219.600	243.439	28.864
	C1	印度尼西亚	635.845	-311.609	893.847	1205.456	448.469	-763.519	57.049
	C2	日本	-4158.027	725.832	5941.768	5215.936	11432.697	-18439.791	-3092.696
	C1	卢森堡	248.708	-103.427	98.221	201.648	-25.151	157.459	18.179
	B1	马耳他	16.577	105.611	97.092	-8.519	4.918	-10.826	-74.607
	B2	瑞典	-42.626	-506.463	-138.408	368.055	-47.542	3.933	139.391

续表

年份 \ 类别	情形	国家	NX	NVAX	NVAX*	CORR	FVA_ tp	FVA_ 3rd	DR
2008	B2	德国	-149.061	-2649.039	-2696.884	-47.845	1045.789	-65.456	1567.490
	B1	丹麦	262.514	354.365	282.226	-72.139	-183.233	78.997	84.523
	C1	芬兰	684.513	-244.148	4.991	249.139	-257.581	460.462	476.641
	B1	拉脱维亚	196.680	230.476	142.476	-88.001	32.892	19.119	2.194
	C2	马耳他	-222.028	30.075	23.594	-6.481	10.822	-125.586	-130.857
	B1	葡萄牙	1063.007	1300.917	692.805	-608.112	109.683	216.011	44.508
2009	B2	德国	-2821.779	-5931.965	-4938.879	993.086	-761.490	1269.417	1609.187
	C1	日本	1215.642	-270.576	7409.043	7679.619	8101.603	-13679.544	-615.449
	B2	卢森堡	-261.796	-419.632	-89.048	330.585	-16.941	-123.127	-32.680
	B1	拉脱维亚	30.626	51.885	42.153	-9.731	15.590	-21.686	-5.431
	C2	马耳他	-148.203	22.601	26.932	4.331	10.152	-104.815	-80.473
	B1	葡萄牙	805.623	959.727	589.270	-370.457	54.082	134.575	27.697

附录 5

各产业 GDP 的计算方法仍然以世界投入产出表为起点，在行向上建立平衡式，总产出 = 中间需求 + 最终需求，用数学公式表示为：

$$\begin{bmatrix} X^1 \\ X^2 \\ \vdots \\ X^G \end{bmatrix} = \begin{bmatrix} Z^{11} & Z^{12} & \cdots & Z^{1G} \\ Z^{21} & Z^{22} & \cdots & Z^{2G} \\ \vdots & \vdots & \ddots & \vdots \\ Z^{G1} & Z^{G2} & \cdots & Z^{GG} \end{bmatrix} + \begin{bmatrix} Y^{11} & Y^{12} & \cdots & Y^{1G} \\ Y^{21} & Y^{22} & \cdots & Y^{2G} \\ \vdots & \vdots & \ddots & \vdots \\ Y^{G1} + & Y^{G2} + & \cdots + & Y^{GG} \end{bmatrix} \tag{1}$$

定义投入系数 $A^{ij} = Z^{ij}(X^j)^{-1}$，当 $i = j$ 时，A^{ii} 表示 i 国生产过程中使用的本国中间投入，当 $i \neq j$，A^{ij} 表示 j 国生产中所需 i 国的中间投入。则式(1)可以表示为：

$$\begin{bmatrix} X^1 \\ X^2 \\ \vdots \\ X^G \end{bmatrix} = \begin{bmatrix} A^{11} & A^{12} & \cdots & A^{1G} \\ A^{21} & A^{22} & \cdots & A^{2G} \\ \vdots & \vdots & \ddots & \vdots \\ A^{G1} & A^{G2} & \cdots & A^{GG} \end{bmatrix} \begin{bmatrix} X^1 \\ X^2 \\ \vdots \\ X^G \end{bmatrix} + \begin{bmatrix} Y^{11} & Y^{12} & \cdots & Y^{1G} \\ Y^{21} & Y^{22} & \cdots & Y^{2G} \\ \vdots & \vdots & \ddots & \vdots \\ Y^{G1} & Y^{G2} & \cdots & Y^{GG} \end{bmatrix} \tag{2}$$

调整式（2）可以得到由最终需求拉动总产出的形式：

$$\begin{bmatrix} X^1 \\ X^2 \\ \vdots \\ X^G \end{bmatrix} = \begin{bmatrix} B^{11} & B^{12} & \cdots & B^{1G} \\ B^{21} & B^{22} & \cdots & B^{2G} \\ \vdots & \vdots & \ddots & \vdots \\ B^{G1} & B^{G2} & \cdots & B^{GG} \end{bmatrix} + \begin{bmatrix} Y^{11} & Y^{12} & \cdots & Y^{1G} \\ Y^{21} & Y^{22} & \cdots & Y^{2G} \\ \vdots & \vdots & \ddots & \vdots \\ Y^{G1} & Y^{G2} & \cdots & Y^{GG} \end{bmatrix} \tag{3}$$

其中，$\begin{bmatrix} B^{11} & B^{12} & \cdots & B^{1G} \\ B^{21} & B^{22} & \cdots & B^{2G} \\ \vdots & \vdots & \ddots & \vdots \\ B^{G1} & B^{G2} & \cdots & B^{GG} \end{bmatrix} = \begin{bmatrix} I - A^{11} & -A^{12} & \cdots & -A^{1G} \\ -A^{21} & I - A^{22} & \cdots & -A^{2G} \\ \vdots & \vdots & \ddots & \vdots \\ -A^{G1} & -A^{G2} & \cdots & I - A^{GG} \end{bmatrix}^{-1}$ 为经典的列昂惕夫逆矩阵，表示单位最终需求拉动总产出的数量。将式(3)右端展开，i 国总产出 X^i 可以分解成不同最终需求拉动的总产出的形式：

$$
\begin{aligned}
X^i &= B^{ii}Y^{ii} + B^{ii}\sum_{j\neq i}^{G} Y^{ij} + B^{ij}\sum_{j\neq i}^{G} Y^{ji} + \sum_{j\neq i}^{G} B^{ij}\sum_{k\neq i}^{G} Y^{jk} \\
&= L^{ii}Y^{ii} + L^{ii}\sum_{j\neq i}^{G} Y^{ij} + L^{ii}\sum_{j\neq i}^{G} A^{ij}\sum_{u}^{G} B^{ju}\sum_{k}^{G} Y^{uk}
\end{aligned} \tag{4}
$$

其中，$L^{ii} = (I - A^{ii})^{-1}$表示 i 国的国内列昂惕夫逆矩阵。定义 i 国 N 部门增加值系数 $V^i = VA^i(X^i)^{-1}$，并将 V^i 写成 $N \times N$ 对角矩阵，并将其记为 $\hat{V}^i$。那么，i 国总产出所引致的本国各行业增加值 GDP^i 可以表示为：

$$
GDP^i = \hat{V}^iX^i = \hat{V}^iL^{ii}Y^{ii} + \hat{V}^iL^{ii}\sum_{j\neq i}^{G} Y^{ij} + \hat{V}^iL^{ii}\sum_{j\neq i}^{G} A^{ij}\sum_{u}^{G} B^{ju}\sum_{k}^{G} Y^{uk} \tag{5}
$$

其中，右端第一项为直接用于满足国内最终需求的增加值，第二项为直接增加值出口，第三项为 GVC 增加值出口。

附录 6

附表　中国各产业 GDP　　　　单位：亿美元

行业 年份	c3	c4	c5	c6	c7	c8	c9	c10	c11	c12	c13	c14	c15	c16
1995	329	287	58	59	108	79	244	108	276	366	245	244	134	41
1996	421	344	75	75	138	82	299	139	330	405	283	283	157	51
1997	476	376	80	89	156	89	322	159	362	433	322	338	175	58
1998	483	382	80	90	165	81	322	170	359	442	326	388	190	60
1999	492	389	79	94	172	88	352	174	360	452	337	433	204	68
2000	520	420	82	103	184	116	399	190	375	497	368	534	223	79
2001	563	449	90	116	203	127	427	209	390	545	405	586	264	94
2002	606	466	94	121	217	141	471	224	393	580	443	677	329	107
2003	686	517	107	132	235	151	572	247	426	742	524	795	419	113
2004	738	543	106	143	281	221	655	261	473	939	608	951	437	97
2005	883	648	126	171	336	265	785	313	566	1127	726	1142	522	117
2006	1102	815	163	229	353	268	949	394	652	1501	917	1547	597	188
2007	1403	995	201	297	429	356	1252	492	819	1984	1183	1856	828	236
2008	1812	1280	259	382	551	463	1612	632	1055	2558	1510	2348	1060	304
2009	1910	1349	273	402	582	482	1695	666	1113	2689	1592	2455	1118	321
2010	2294	1619	328	484	699	583	2038	800	1337	3245	1911	2959	1343	385
2011	2819	1990	402	595	859	723	2509	984	1645	4006	2362	3620	1654	474

参考文献

［1］ Ahmed S, Appendino M, Ruta M. Depreciations without Exports? Global Value Chains and the Exchange Rate Elasticity of Exports ［R］. World Bank Policy Research Working Paper, 2015.

［2］ Andreas M, Christophe D. Globalization and Trade Flows: What You See is not What You Get! ［R］. WTO Staff Working Paper, 2010.

［3］ Arndt S W, Kierzkowski H. Fragmentation: New Production Patterns in the World Economy ［M］. Oxford, Oxford University Press, 2001.

［4］ Balassa B. Globalisation: Trade Liberalization and "Revealed" Comparative Advantage ［R］. The Manchester School of Economic and Scocial Studies, 1965, 33 (2): 99-123.

［5］ Baldwin R, Lopez G J. Supply-chain Trade: A Portrait of Global Patterns and Several Testable Hypotheses ［R］. CEPR Discussion Papers, 2013, 38 (11): 1682-1721.

［6］ Bayoumi T, Saito M, Turunen J. Measuring Competitiveness: Trade in Goods or Tasks? ［R］. IMF Working Paper, 2013, 13 (100): 1.

［7］ Bayoumi T, Faruqee H, Lee J. A Fair Exchange ? Theory and Practice of Calculating Equilibrium Exchange Rates ［R］. IMF Working Paper, 2005.

［8］ Bayoumi T, Harmsen R, Turunen J. Euro Area Export Performance and Competitiveness ［R］. IMF Working Paper, 2011.

［9］ Bems R, Johnson R C. Value-Added Exchange Rates ［R］. NBER Working Paper, 2012.

[10] Berman N. How do Different Exporters React to Exchange Rate Changes? [J] . Quarterly Journal of Economics, 2012, 127 (1): 437 –492.

[11] Benedetto J B. Implications and Interpretations of Value – Added Trade Balances [J] . Journal of International Commerce and Economics, 2012, 4 (2): 39 –53.

[12] Bennet H Z, Zarnic Z. International Competitiveness of the Mediterranean Quartet: A Heterogeneous – Product Approach [R] . IMF Staff Papers, 2009, 56 (4): 919 –957.

[13] Borin A, Mancini M. Follow the Value Added: Bilateral Gross Export Accounting [R] . Temidi Discussione (Economic Working Paper), 2015 (1026) .

[14] Brodsky D. Arithmetic versus Geometric Effective Exchange Rate [J] . Weltwirtschaftliches Archiv, 1982, 118 (3): 546 –562.

[15] Chen X, Cheng L K, Fung K C, et al. The Estimation of Domestic Value Added and Employment Induced by Exports: An Application to Chinese Exports to the United States [R] . Orking Paper, 2008.

[16] Chen X, Cheng L K, Fung K C, et al. Domestic Value Added and Employment Generated by Chinese Exports: A Quantitative Estimation [J] . China Economic Review, 2012, 23 (4): 850 –864.

[17] Cheng K C, Hong G H, Seneviratne D, Elkan R. Rethinking the Exchange Rate Impact on Trade in a World with Global Value Chains [J] . International Economic Journal, 2016, 30 (2): 1 –13.

[18] Daudin G, Rifflart C, Schweisguth D. Who Produces for Whom in World Economy? [R] . Working Papers, 2009.

[19] Dean J M, Fung K C, Wang Z. Measuring the Vertical Specialization in Chinese Trade, U. S [R] . International Trade Commission Working Paper, 2007 –2007.

[20] Dean J M, Fung K C, Wang Z. How Vertically Specialized is Chinese Trade? U. S [J] . SSRN Electronic Journal, 2008.

[21] Dean J M, Mary E. Decomposing China – Japan – U. S. Trade: Vertical

Specialization, Ownership, and Organizational Form [J] . Journal of Asian Economics, 2009, 20 (6): 596 - 610.

[22] De J, Cruz L, Koopman R, et al. Estimating Foreign Value - added in Mexico's Manufacturing Exports. U. S [R] . International Trade Commission Office of Economics Working Paper, 2011.

[23] Dietzenbacher E, Los B, Stehrer R, et al. The Construction of the World Input - Output Tables In the WIOD Project [J] . Economic Systems Research, 2013, 25 (1): 71 - 98.

[24] Eichengreen B, Gupta P. The Real Exchange Rate and Export Growth: Are Services Different? [J] . SSRN Electronic Journal, 2013.

[25] Farrell, Diana. Beyond off - shoring: Assessing Your Company's Global Potential [J] . Harvard Business Review, 2005, 82 (12): 82 - 90.

[26] Fauceglia D, Lassmann A, Shingal A, et al. Backward Participation in Global Value Chains and Exchange Rate Driven Adjustments of Swiss Exports [R] . World Trade Institute Annual Meeting Report, 2015.

[27] Feenstra R C, Hanson G H. Globalization, Outsourcing, and Wage Inequality [J] . American Economic Review, 1996, 86 (2): 240 - 245.

[28] Feenstra R C, Hanson G H. Foreign Direct Investment and Relative Wages: Evidence from Mexico's Maquiladoras [R] . NBER Working Papers, 2000, 42 (3 - 4): 371 - 393.

[29] Feenstra R C, Jensen J B. Evaluating Estimates of Materials Offshoring from U. S. Manufacturing [J] . Economics Letters, 2012, 17 (1): 170 - 173.

[30] Financial Times. Rich Economies Question Faith in Power of Lower Exchange Rate [N] . Global Insight, Published on March 9, 2015.

[31] Freund C, Pierola M D. Export Surges the Power of a Competitive Currency [J] . Journal of Development Economics, 2012, 97 (2): 387 - 395.

[32] Francois J, Hoekman B. Services Trade and Policy [J] . Journal of Economic Literature, 2010, 48 (3): 642 - 692.

[33] Goldberg L. Industry - specific Exchange Rates for the United States [J] .

Economic Policy Review, 2004, 88 (10): 1 – 16.

[34] Goldstein M, Khan M. Income and Price Effects in Foreign Trade [J]. Handbook of International Economics, 1985, 11 (1): 1041 – 1105.

[35] Grossman D G. Trade and Protection with Multi – Stage Production [J]. Review of Economic Studies, 1982, 49 (4): 583 – 594.

[36] Hummels D, Ishii J, Yi K M. The Nature and Growth of Vertical Specialization in World Trade [J]. Journal of International Economics, 2001, 54 (1): 75 – 96.

[37] Jones R W, Kierzkowski H. Globalization and the Consequences of International Fragmentation [J]. Capital Mobility & Trade Essays in Honor of Robert A, 1997, 59 (5): 635 – 644.

[38] Johnson R C, Noguera G. Accounting for Intermediates: Production Sharing and Trade in Value Added [J]. Journal of International Economics, 2012a, 86 (2): 0 – 236.

[39] Johnson R C, Noguera G. Proximity and Production Fragmentation [J]. American Economic Review, 2012, 102 (3): 407 – 411.

[40] Johnson R C. Five Facts About Value – Added Exports and Implication for Macroeconomics and Trade Research [J]. Journal of Economic Perspectives, 2014, 28 (2): 119 – 142.

[41] Hausmann R, Klinger B. Structure Transformation and Patterns of Comparative Advantage in the Product Space [R]. Center for International Development Working Paper, 2006 (8): 128.

[42] Krugman P, Venables A J. Globalization and the Inequality of Nations [J]. Quarterly Journal of Economics, 1995, 110 (4): 857 – 880.

[43] Kuboniwa M. Trade in Value Added Revisited: A Coment on R. Johnson and G. Noguera, Accounting for Intermediates: Production Sharing and Trade in Value Added [J]. Institute of Economic Research Hitotsubashi University Discussion Paper Series A, 2014a: 598.

[44] Kuboniwa M. Fundamental Theorem on the Relationship between Trade Bal-

ance in Value Added and Gross Term: Amendment [J]. Institute of Economic Research Hitotsubashi University Discussion Paper Series A, 2014b.

[45] Kuboniwa M. Bilateral Equivalence between Trade in Value Added and Value Added Content of Trade [J]. Institute of Economic Research Hitotsubashi University Discussion Paper Series A, 2014c.

[46] Koopman R, Wang Z, Wei S J. How much of Chinese Exports is Really Made in China? Assessing Dommestic Value - Added When Processing Trade is Pervasive? [R]. NBER Working Paper, 2008.

[47] Koopman R, Powers W, Wang Z, et al. Give credit to Where Credit is Due: Tracing Value Added in Global Production [R]. NBER Working Paper, 2010.

[48] Koopman R, Wang Z. The Value - added Structure of Gross Exports: Measuring Revealed Comparative Advantage by Domestic Content in Exports [C]. Paper for Present at 2012 AEA Annual Meeting Chicago, January 7, 2012a.

[49] Koopman R, Wang Z. The Value - added Structure of Gross Exports and Global Production Network [C]. Paper for Presentation at the Final WIOD Conference, 2012b.

[50] Koopman R, Wang Z, Wei S J. Tracing Value - Added and Double Counting in Gross Exports [R]. NBER Working Paper, 2012c.

[51] Leontief W, Quantitative Input and Output Relations in the Economic System of the United States [J]. Review of Economics and Statistics, 1936, 18 (3): 105 - 125.

[52] Lenzen M, Moran D, Kanemoto K, et al. Building Eora: A Multi - Region Input - Output Database at High Country and Sector Resolution [J]. Economic Systems Research, 2013, 25 (1): 20 - 49.

[53] Los B, Timmer M P, Vries G J D. Made in Europe? Trends in International Production Fragmentation [J]. Monthly Weather Review, 2013a, 141 (10): 3556 - 3675.

[54] Los B, Timmer M P, Vries G J D. Globalization or Regionalization? A New Approach to Measure International Fragmentation of Value Chains [J]. GGDC Re-

search Memo138. August, 2013b.

[55] Los B, Timmer M P, De Vries G J. Tracing Value – Added and Double Counting in Gross Exports: Comment [J] . American Economic Review, 2016, 106 (7): 1958 – 1966.

[56] Makin T, Robson A. Comparing Capital and Trade Weighted Measures of Australia' s Effective Exchange Rate [J] . Pacific Economic Review, 1999, 4 (2): 203 – 214.

[57] Ma H, Wang Z, Zhu K F. Domestic Content in China' s Exports and its Distribution by Firm Ownership [J] . Journal of Comparative Economics, 2015, 43 (1): 3 – 18.

[58] Mauro F D, Pappada F. Euro Area External Imbalance and the Burden of Adjustment [J] . Journal of International Money and Finance, 2014 (48): 336 – 356.

[59] Meng B, Zhang Y. Compilation and Application of IDE – JETRO' s International Input – output Tables [J] . Economic Systems Research, 2013, 25 (1): 122 – 142.

[60] Miroudot S, Lanz R, Ragoussis A. Trade in Intermediate Goods and Serves [R] . OECD Publishing Working Paper, 2009.

[61] Naughton B J. The Chinese Economy: Transitions and Growth [M] . The Mit Press Books, 2007.

[62] Nakamura Y. Trade in Value Added in the West Pacific: An Input – Output Analysis [J] . Journal of Economic Structures, 2015, 4 (1): 1 – 10.

[63] Narayanan B G, Terrie L W. Global Trade Assistance, and Production: The GTAP 8 Data Base [J] . Médecine Aéronautique Et Spatiale, 2008, 5 (1): 39 – 47.

[64] Nagengast A J, Stehrer R. Collateral Imbalances in Intera – European Trade? Accounting for the Differences between Gross and Value Added Trade Balances [J] . European Central Bank, 2014.

[65] Nino V D, Eichengreen B, Sbracia M. Real Exchange Rates, Trade, and Growth: Italy 1861 – 2011 [R] . Bank of Italy Economic History Working Papers, 2011.

[66] Patel N, Wang Z, Wei S J. Global Value Chains and Effective Exchange Rate at the Country - Sector [R]. NBER Working Paper, 2014.

[67] Rahman J, Zhao M T. Export Performance in Europe: What Do We Know From Supply Links? [M]. International Monetary Fund, 2013.

[68] Ree J, Hong G H, Choi S. Should Korea Worry about a Permanently Weak Yen? [R]. IMF Working Paper, 2015.

[69] Roster N, Stehrer R, Vries G D. Decomposing Net Trade in Value Added and the Patterns of Trade in Factors [R]. WIOD Working Paper, 2011.

[70] Saito M, Ruta J T. Trade Interconnectedness: The World with Global Value Chains [M]. International Monetary Fund, 2013.

[71] Sanyal K K. Vertical Specialization in a Ricardian Model with a Continuum of Stages of Production. [J]. Economica, 1983, 50 (197): 71 -78.

[72] Seyoum B. Revealed Comparative Advantage and Competitiveness in Aervices: A Study with Special Emphasis on Developing Countries [J]. Journal of Economic Studies, 2007, 34 (11): 376 -388.

[73] Stehrer R. Trade in Value Added and the Valued Added in Trade [R]. Wiiw Working Paper, 2012a.

[74] Stehre R, Foster N, Vries G D. Value Added and Factors in Trade: A Comprehensive Approach [R]. WIOD Working Paper, 2012b.

[75] Stehre R, Foster N, Value Added Content of Trade: A Comprehensive Approach [J]. Economics Letters, 2013, 120 (2), 354 -357.

[76] Timmer M P, The Word Input - Output Database (WIOD): Contents, Sources and Methods [R]. WIOD Working Paper, 2012a.

[77] Timmer M P, Erumban A, Los B, et al. Slicing Up Global Value Chains [R]. WIOD Working Paper, 2012b.

[78] Timmer M P, Los B, Stehrer R, et al. Fragmentation, Incomes and Jobs. An Analysis of European Competitiveness [J]. Economic Policy, 2013, 28 (76): 613 -661.

[79] Turner P, Dack J V. Measuring International Price and Cost Competitive-

ness [R]. BIS Working Paper, 1993.

[80] UNCTAD. World Investment Report 2013 [M]. Global Value Chains: Investment and Trade for Development, 2013.

[81] United Nations Industrial Development Organization (UNIDO) [R]. Competing through Innovation and Learning: UNIDO's Industrial Development, 2002.

[82] Wang Z, Wei S J, Zhu K F. Quantifying International Production Sharing at the Bilateral and Sector Levels [R]. NBER Working Paper, 2013.

[83] Wang Z, Wei S J, Yi K M. Value Chains in East Asian Production Networks [R]. USITC Working Paper, 2009.

[84] Winkler D, Milberg W. Bias in the Proportionality Assumption Used in the Measurement of Offshoring [J]. World Economics, 2012, 13 (4): 39-60.

[85] Yang C H, Chen X K. Processing Trade Biases the Measurement of Vertical Specialization in China [J]. Economic Systems Research, 2015, 27 (1): 60-76.

[86] Yeats, Alexander J. Just How Big is Global Production Sharing? [R]. World Bank Working Paper, 1998.

[87] 巴曙松，吴博，朱元倩．关于实际有效汇率计算方法的比较与评述[J]．管理世界，2007 (5): 24-29.

[88] 北京大学中国经济研究中心课题组．中国出口贸易中的垂直专门化与中美贸易 [J]．世界经济，2006 (5): 3-11.

[89] （美）保罗·R. 克鲁格曼，茅瑞斯·奥伯斯法尔德．国际经济学[M]．北京：中国人民大学出版社，2002.

[90] 陈宪，殷凤．服务贸易：国际特征与中国竞争力 [J]．财贸经济，2008 (1): 113-128.

[91] 陈丰龙，徐康宁．中国出口贸易垂直专业化的地区差异及其影响因素[J]．世界经济研究，2012 (6): 52-57.

[92] 陈继勇，余罡，葛明．全球价值链视角的中国对外贸易不平衡及结构研究 [J]．经济管理，2016a (4): 1-11.

[93] 陈继勇，余罡，葛明．基于增加值贸易视角的中国对外贸易统计研究[J]．世界经济研究，2016b (5): 42-51.

［94］陈雯，李强．全球价值链分工下我国出口规模的透视分析［J］．财贸经济，2014（7）：107－115.

［95］陈锡康，杨翠红．投入产出技术［M］．北京：科学出版社．2011.

［96］戴翔．中国制造业国际竞争力——基于贸易附加值的测算［J］．中国工业经济，2015a（1）：78－88.

［97］戴翔．中国服务出口竞争力：增加值视角下的新认识［J］．经济学家，2015b（3）：31－38.

［98］段玉婉，祝坤福，陈锡康等．区分内外资企业和贸易方式的非竞争型投入产出模型［J］．系统工程理论及实践，2013（9）：2204－2211.

［99］樊茂清，黄薇．基于全球价值链分解的中国贸易产业结构演进研究［J］．世界经济，2014（2）：50－70.

［100］高运胜，甄程成，郑乐凯．中国制成品出口欧盟增加值分解研究［J］．数量经济研究，2015（9）：73－87.

［101］葛明，林玲，赵素萍．全球生产网络背景下中美贸易失衡透析［J］．世界经济研究，2015（5）：30－41.

［102］葛明，赵素萍，林玲．中美双边贸易利益分配格局解构［J］．世界经济研究，2016a（2）：46－56.

［103］葛明，林玲．基于附加值贸易统计的中国对外贸易失衡研究［J］．国际经贸探索，2016b（2）：20－32.

［104］顾国达，周蕾．全球价值链角度下我国生产性服务贸易的发展水平研究——基于投入产出方法［J］．国际贸易问题，2010（5）：62－69.

［105］高敏雪，葛金梅．出口贸易增加值测算的微观基础［J］．统计研究，2013（10）：8－14.

［106］高铁梅．计量经济分析方法与建模（第二版）［M］．北京：清华大学出版社，2009.

［107］贺家铁．关于国际摩擦中的我国贸易顺差问题［J］．理论前沿，2008（2）：41－42.

［108］黄薇，任若恩．中国价格竞争力变动趋势分析：基于单位劳动成本的实际有效汇率测算研究［J］．世界经济，2008（6）：17－26.

[109] 胡昭玲，张咏华．中国制造业国际垂直专业化分工链条分析——基于非竞争投入产出表的测算［J］．财经科学，2012（9）：42－50.

[110] 黄先海，韦畅．中国制造业垂直专业化程度的测度与分析［J］．管理世界，2007（4）：158－159.

[111] 蒋庚华，林丽敏．中日双边贸易分解：基于世界投入产出数据库的研究［J］．现代日本经济，2014（3）：52－62.

[112] Lawrence J. Lau 等．非竞争型投入占用模型及其应用——中国贸易顺差透视［J］．中国社会科学，2007（5）：91－103.

[113] 黎谧，冯迪．中国制造业显性比较优势再测算——基于价值链的视角［J］．求索，2015（12）：15－19.

[114] 李昕．用于贸易增加值核算的全球三大 ICIO 数据库比较［J］．经济统计学季刊，2014（1）：75－99.

[115] 李昕，徐滇庆．中国外贸依存度和失衡度的重新估算［J］．中国社会科学，2013（1）：29－55.

[116] 李昕．贸易总额与贸易差额的增加值统计研究［J］．统计研究，2012（10）：15－22.

[117] 李金昌，项莹．中国制造业出口增加值份额及国别（地区）来源——基于 SNA－08 框架下《世界投入产出表》的测度与分析［J］．中国工业经济，2014（8）：84－95.

[118] 李亚新，余明．关于人民币实际有效汇率的测算与应用研究［J］．国际金融研究，2002（10）：62－67.

[119] 李冀申，中国在全球生产网络中的转型路径与双边贸易失衡的定量分析［J］．世界经济研究，2012（10）：40－47.

[120] 黎峰．全球价值链分工下的双边贸易收益核算：以中日贸易为例［J］．现代日本经济，2015（4）：30－40.

[121] 黎峰．全球价值链分工下的双边贸易收益及影响因素［J］．上海财经大学学报，2016（2）：85－95.

[122] 黎谧，张亚斌，冯迪．基于行业增加值出口的显性比较优势测算及国际比较研究［J］．财政理论与实践，2016（7）：93－98.

[123] 刘志彪，刘晓昶．垂直专业化：经济全球化中的贸易和生产模式［J］．经济管理与经济理论，2001（10）：5－10.

[124] 刘洪愧，张定胜，邹恒甫．新兴市场与全球价值链——基于增加值贸易的视角［J］．中央财经大学学报，2015（12）：85－99.

[125] 刘维林．中国式出口的价值创造之谜——基于全球价值链的解析［J］．世界经济，2015（3）：3－28.

[126] 刘威．失衡中的利益分配与中国贸易调整（第一版）［M］．北京：社会科学文献出版社，2014.

[127] 卢万青．我国贸易顺差的成因及变动趋势——基于东亚产品内国际分工的新视角［J］．国际贸易问题，2009（7）：61－70.

[128] 马涛，刘仕国．全球价值链下的增加值贸易核算方法及其影响[J]．国际经济评论，2013（4）：97－109.

[129] 马海涛．当前我国经济发展方式转变进程中的财税政策选择［J］．上海金融学院学报，2010（6）：5－12.

[130] 牛华，马艳昕．中国实际有效汇率新判：基于 KWW 方法［J］．上海金融，2016（1）：14－19.

[131] 牛华，宋旭光，马艳昕．全球价值链视角下中国制造业实际有效汇率测算［J］．上海经济研究，2016（5）：19－29.

[132] 牛华，马艳昕，宋旭光．服务业显性比较优势的变迁及中美比较［J］．产经评论，2016（7）：90－102.

[133] 牛华，马艳昕．全球价值链视角下中国服务业出口变化测算［J］．亚太经济，2016（5）：52－59.

[134] 潘文卿，李根强．垂直专业化、贸易增加值与增加值贸易核算[J]．经济学报，2014（12）：188－207.

[135] 潘文卿，王丰国，李根强．全球价值链背景下增加值贸易核算理论综述［J］．统计研究，2015（3）：69－75.

[136] 孙玮瑛，黎峰．区域分工视角下的中印增加值贸易分解［J］．现代经济探讨，2015（10）：83－87.

[137] 盛斌，张运婷．全球价值链视角下的中国国际竞争力：基于任务与产

品实际有效汇率的研究［J］．世界经济研究，2015（2）：43－52.

［138］商务部研究院．中国推进全球价值链合作的研究与行动［R］．中华人民共和国商务部，2016.

［139］沈国兵．显性比较优势与美国对中国产品反倾销的贸易效应［J］．世界经济，2012（12）：62－82.

［140］拓晓瑞，许久香．增加值统计法视角下我国贸易平衡问题研究［J］．统计与信息论坛，2016（3）：11－15.

［141］童剑锋．全球价值链贸易增加值系列之二：增值贸易统计研究的国际进展［J］．国际商务财会，2013（4）：5－9.

［142］王直，魏尚进，祝坤福．总贸易核算法：官方贸易统计与全球价值链的度量［J］．中国社会科学，2015（9）：108－205.

［143］王岚，盛斌．全球价值链分工背景下的中美增加值贸易与双边贸易利益［J］．财经研究，2014（9）：97－108.

［144］王相宁，甘燕．比较和分析不同计算法中的人民币有效汇率［J］．运筹与管理，2005（8）：130－135.

［145］魏浩，王聪．附加值统计口径下中国制造业出口变化的测算［J］．数量经济技术经济研究，2015（6）：105－119.

［146］魏浩，王露西，李翀．中国制成品出口比较优势及贸易结构研究［J］．经济学（季刊），2011（4）：1281－1310.

［147］文东伟，冼国明．垂直专业化与中国制造业竞争力［J］．中国工业经济，2009（6）：77－87.

［148］徐鹏．全球价值链时代的中日贸易分析——基于增加值视角［J］．国际贸易问题，2015（4）：75－84.

［149］徐清军．贸易增加值统计方法改革研究［J］．国际贸易，2013（5）：25－28.

［150］徐建炜，田丰．中国行业层面实际有效汇率测算：2000～2009［J］．世界经济，2013（5）：21－36.

［151］徐久香，拓晓瑞．中国仅仅是制造大国吗——基于出口增加值测度角度［J］．南方经济，2016（6）：51－65.

［152］肖艳，郑学党．全球价值链下的贸易增值与碳排放责任承担研究［J］．理论探讨，2016（4）：172－176.

［153］吴明．全球价值链空间分布测度及中国位置——基于国际投入产出模型的研究［D］．昆明：云南大学博士学位论文，2012.

［154］谢清华．DMC 和 MF 视角下的中国区域资源可持续利用研究［D］．北京：北京师范大学博士学位论文，2016.

［155］熊芳．中国贸易失衡问题：基于跨时贸易理论的研究［D］．广州：暨南大学博士学位论文，2012.

［156］熊珍琴．中国对外贸易顺差研究［D］．福州：福建师范大学博士学位论文，2010.

［157］杨坤鹏，戴翔．我国服务业增加值率的变迁及其国际比较［J］．上海经济研究，2016（2）：12－18.

［158］尹伟华．中国制造业参与全球价值链的程度与方式——基于世界投入产出表的分析［J］．经济与管理研究，2015（8）：12－20.

［159］尹伟华．中、美两国服务业国际竞争力比较分析［J］．上海经济研究，2015（12）：42－51.

［160］尹伟华．基于全球价值链视角的中美制造业双边贸易分解与失衡分析［J］．统计与信息论坛，2016（3）：21－27.

［161］尹伟华．全球价值视角下中日制造业国际竞争力的比较分析［J］．国际经贸探索，2016（6）：58－70.

［162］余永定，覃东海．中国的双顺差：性质、根源和解决办法［J］．世界经济，2006（3）：31－41.

［163］余永定．全球经济不平衡、中国汇率政策和双顺差［J］．国际金融研究，2006（1）：26－28.

［164］余玲．产业结构调整、对外经贸战略选择与中国国际收支结构失衡研究［M］．长春：东北师范大学出版社，2013.

［165］贾怀勤．中国贸易统计如何应对全球化挑战［J］．统计研究，2012（5）：10－15.

［166］张磊等．全球价值链下的国际贸易统计［M］．上海：上海人民出版

社，2015.

［167］张咏华．中国制造业增加值出口与中美贸易失衡［J］．财经研究，2013（12）：15－25.

［168］张建清，郑雨楠．基于增加值核算法的中美和中韩贸易还原［J］．经济经纬，2015（11）：41－46.

［169］张运婷．附加值实际有效汇率——结合全球价值链测算中国国际竞争力新方法［J］．现代管理科学，2014（10）：45－47.

［170］张丽娜．中国部门显性比较优势分析——基于国际投入产出关系的测算［J］．首都经济贸易大学学报，2015（5）：17－23.

［171］邹宏元，罗大为．人民币分行业实际有效汇率及其对我国各行业出口量的影响［J］．数量经济技术经济研究，2014（11）：37－53.

［172］佐藤清隆，清水顺子，Nagenda S.，张沙娟．行业层面实际有效汇率：中国与日本的比较研究［J］．世界经济，2013（5）：3－20.

［173］郑国姣，杨来科．中印外贸依存度及其行业结构解析比较［J］．产经评论，2016（1）：126－134.

［174］中国2007年投入产出表分析应用课题组．正确认识出口贸易对中国经济增长的贡献［J］．统计研究，2010（11）：3－8.

［175］祝坤福，唐志鹏，裴建锁等．正确认识出口贸易对中国经济增长的贡献［J］．管理评论，2007（9）：42－48.

［176］张明．全球经济再平衡：美国和中国的角色［J］．世界经济与政治，2010（9）：132－148.

后 记

近年来，贸易增加值核算成为国际贸易与经济统计领域兴起的一个新方向，它与现行海关统计方法有本质区别，是以各经济体从贸易商品中投入的实际劳动力、资本和技术等生产要素为核算对象，而非进出口海关的商品总价值。科学的测算方法可以有效地避免海关统计中的重复核算与进出口虚增现象，有利于真实地反映世界贸易格局及各经济体在进行对外贸易中的利得，因此，贸易增加值核算一经提出便受到国内外学者的广泛关注。我对本领域研究的契机是基于2014年春季北京师范大学开设的高级国民经济核算课程，宋旭光老师讲授的由中国人民大学高敏雪老师发表在《统计研究》上的《出口增加值核算的微观基础》一文。作为资深统计学者，他敏锐地感觉到贸易增加值核算方法的价值所在，由于各经济体微观数据不可得及对接问题，他鼓励我从宏观视角利用当时WIOD最新发布的世界投入产出数据进行研究，重点是新贸易增加值核算方法应用后在国际贸易领域的新问题识别和相应的经济影响分析，尤其是中国与世界贸易关系。

在一次不经意谈话中，北京师范大学统计学院李昕教授为我拨开了一层迷雾，并毫不吝啬地分享她的观点，指出外贸失衡、实际有效汇率、比较优势、关税等开放宏观领域中的问题在贸易增加值视角下都会发生变化。经过长达三年的中外文献的阅读和方法的学习，最终我以“贸易增加值核算方法及应用”为主题完成了博士论文，本书是在论文的基础上修改而成。一篇博士论文好比建造“一栋大厦”，需要同时兼顾整体与细节，因此，它几乎汇聚了我在读博期间所有的知识与思想，凝结了所有的智慧与汗水。随着时间的推移，我发现这栋“大厦”并非想象中那么完美，于是在论文完稿一年之后，结合国内外贸易增加值核算在开放宏观经济领域中的最新理论及方法重新对其进行了必要的修改、调整与增补，进而能以本书的形式呈现给大家。

在近十年的学习和工作中，我曾得到许多师长、领导、家人和朋友的关怀与支持，使本书得以问世，在此一并表示感谢。值得注意的是，本书虽几经修改和完善，仍有诸多不足之处，敬请各位读者和同行批评指正。

牛华

2019 年 6 月 6 日